萩・津和野
下関・門司

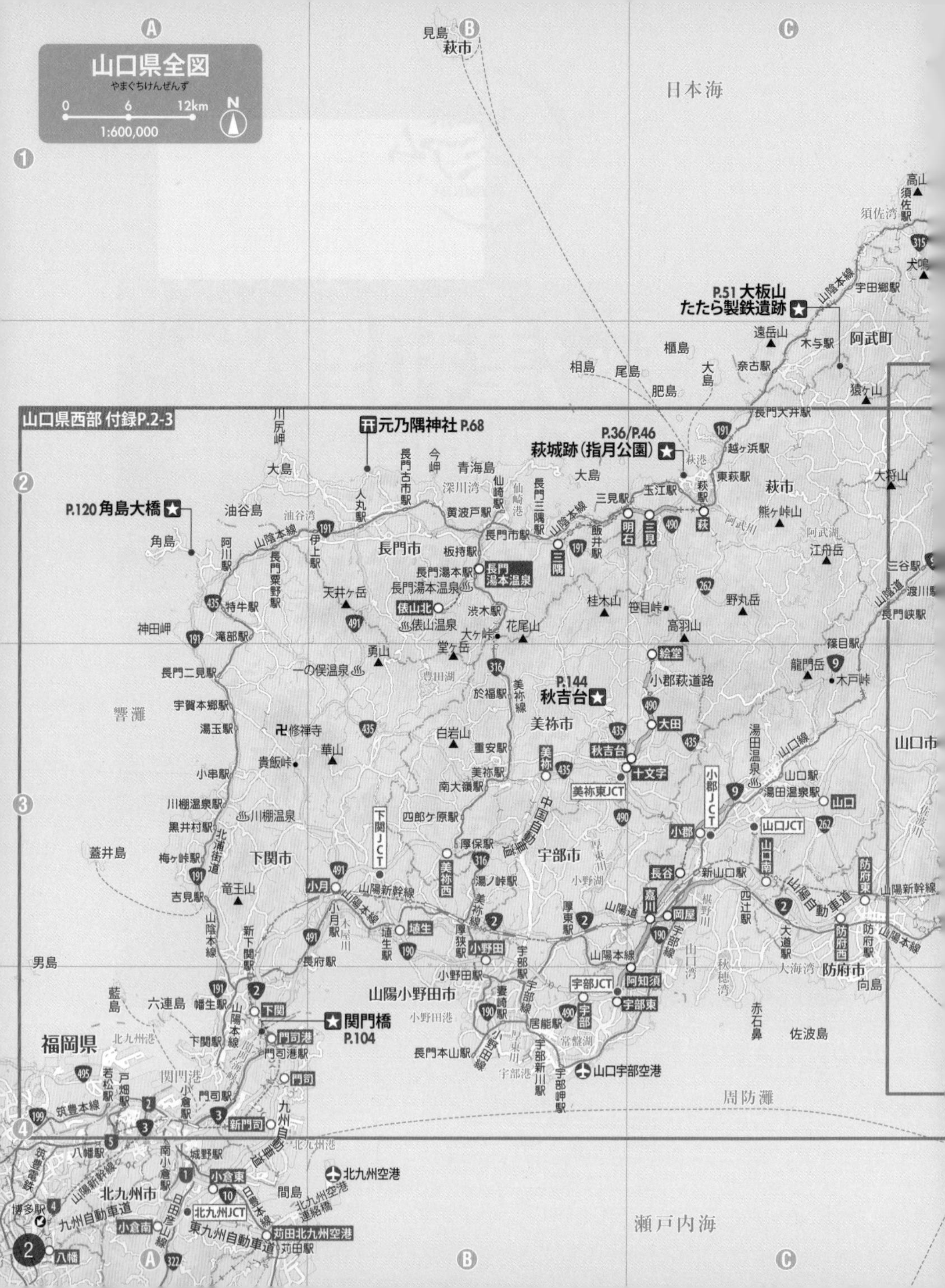

山口県全図
やまぐちけんぜんず
0 6 12km
1:600,000
N
日本海
萩市
見島
P.51 大板山 たたら製鉄遺跡
阿武町
山口県西部 付録P.2-3
元乃隅神社 P.68
P.36/P.46 萩城跡（指月公園）
P.120 角島大橋
長門市
萩市
長門湯本温泉
俵山温泉
一の俣温泉
P.144 秋吉台
美祢市
山口市
下関市
宇部市
山陽小野田市
防府市
関門橋 P.104
福岡県
北九州市
北九州空港
山口宇部空港
周防灘
瀬戸内海
響灘
山陽新幹線
山陰本線
山口線
美祢線
中国自動車道
山陽自動車道
九州自動車道
東九州自動車道

MAP

録 街歩き地図

萩・津和野

関・門司

山口県西部
やまぐちけんせいぶ
周辺図 本書P.2-3
0 4 8km
1:380,000
N
A
B
C
1
2
3
4
角島 P.21下図
牧崎
夢崎
角島
角島大橋 P.120
観光・見どころ
寺院
神社
教会
飲食店
カフェ・甘味処
ショップ
ショッピングセンター
宿泊施設
観光案内所
道の駅
温泉
ビーチ
空港
バス停
川尻岬
元乃隅神社 P.68
大島
長門市
雨乞岳
油谷島
手長島
油谷湾
竹島
油谷湾温泉
長門粟野駅
伊上駅
人丸駅
山陰本線
長門古市駅
黄波戸温泉
黄波戸駅
深川湾
今岬
長門市
長門湯本温泉
長門湯本駅
長門湯本温泉
山陰道
(長門・俵山道路)
阿川駅
北浦街道ほうほく
長門・仙崎 P.12-13
天井ヶ岳
特牛駅
粟野川
俵山北
俵山温泉
神田岬
滝部駅
滝部温泉
一の俣桜公園
P.21
P.123
一の俣温泉
観光ホテル
一の俣温泉
堂ヶ岳
長門二見駅
P.123
一の俣温泉
グランドホテル
宇賀本郷駅
響灘
狗留孫山
修禅寺
湯玉駅
蛍街道西ノ市
白岩山
華山
女島
男島
貴飯峠
小串駅
P.124
川棚グランドホテル お多福
P.124 玉椿旅館
P.124 小天狗さんろじ
観音崎
川棚温泉駅
川棚温泉
黒井村駅
P.118
東行庵・
下関市立東行記念館
きくがわ
P.118 奇兵隊陣屋跡
蓋井島
鐘ヶ崎
梅ヶ峠駅
北浦街道
下関JCT
小月
下関市
山陽新幹線
吉見駅
竜王山
山陽本線
小月駅
木屋川
厚保
美祢西
加茂島
山口県
福江駅
山陰本線
埴生
埴生駅
厚狭駅
安岡駅
山陽小野田市
男島
長府駅
周防灘
梶栗郷台地駅
新下関駅
綾羅木駅
長府 P.21上図
小野田
目出
藍島
南中川駅
六連島
幡生駅
下関
下関・門司 P.16-17
関門橋 P.104
小野田港
南小野田駅
小野田港駅
馬島
山陽本線
部崎
雀田
北九州港
門司港
浜河内駅
八幡岬
下関駅
下関港
門司港駅
長門本山駅
福岡県
北九州市
関門港
九州工大前駅
藤ノ木駅
若松駅
戸畑駅
西小倉駅
小森江駅
門司
蕪島
奥洞海駅
小倉駅
大瀬戸
北九州港
門司駅
九州自動車道
二島駅
筑豊本線
(若松線)
新門司
枝光駅

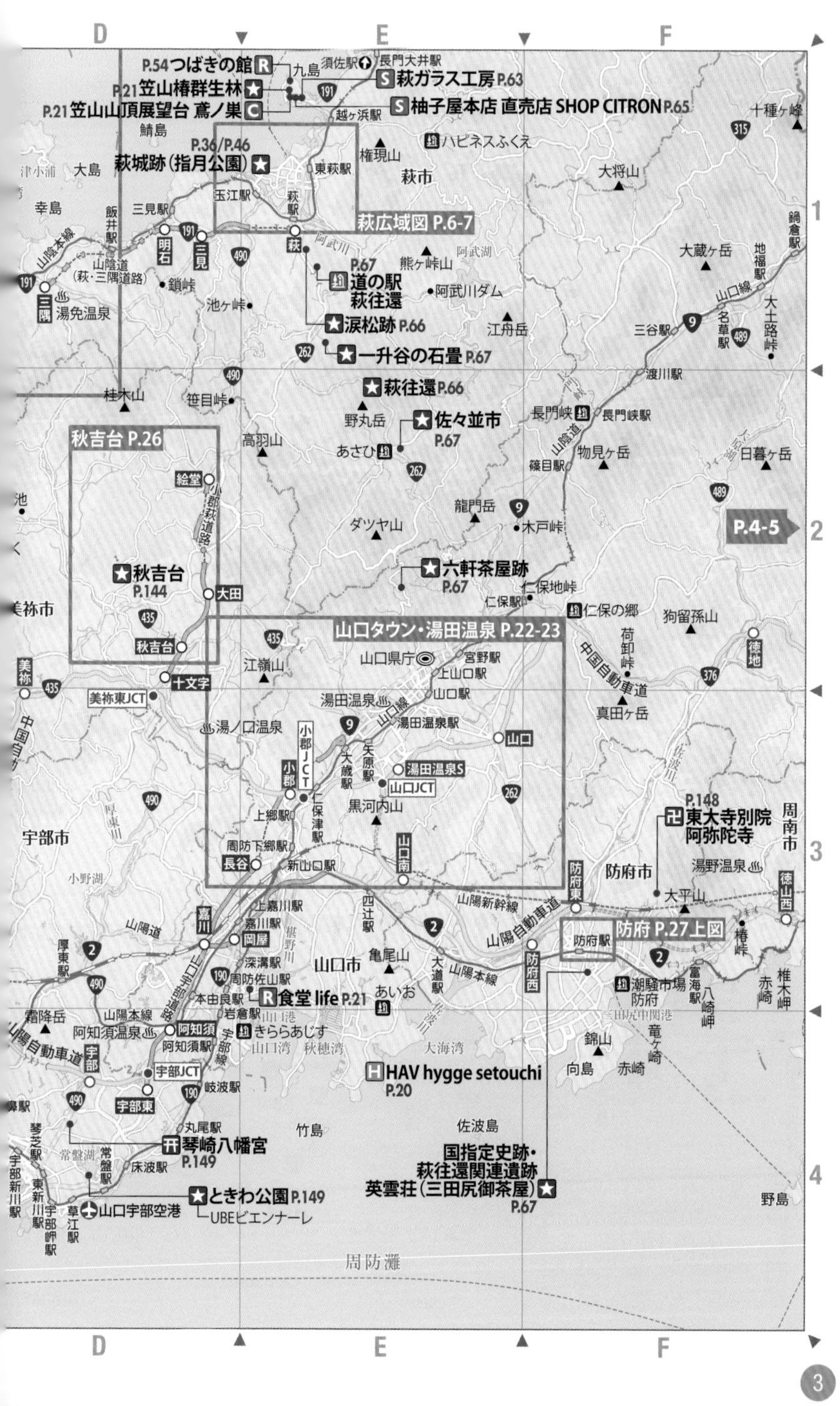

P.54つばきの館
P.21笠山椿群生林
P.21笠山山頂展望台 鳶ノ巣
萩ガラス工房P.63
柚子屋本店 直売店 SHOP CITRON P.65
萩城跡(指月公園)
P.36/P.46
萩広域図 P.6-7
道の駅 萩往還 P.67
涙松跡P.66
一升谷の石畳P.67
萩往還P.66
佐々並市 P.67
秋吉台 P.26
秋吉台 P.144
六軒茶屋跡 P.67
P.4-5
山口タウン・湯田温泉 P.22-23
東大寺別院 阿弥陀寺 P.148
防府 P.27上図
食堂 life P.21
HAV hygge setouchi P.20
琴崎八幡宮 P.149
ときわ公園 P.149
国指定史跡・萩往還関連遺跡 英雲荘(三田尻御茶屋) P.67
萩市
山口市
防府市
宇部市
美祢市
周南市
周防灘

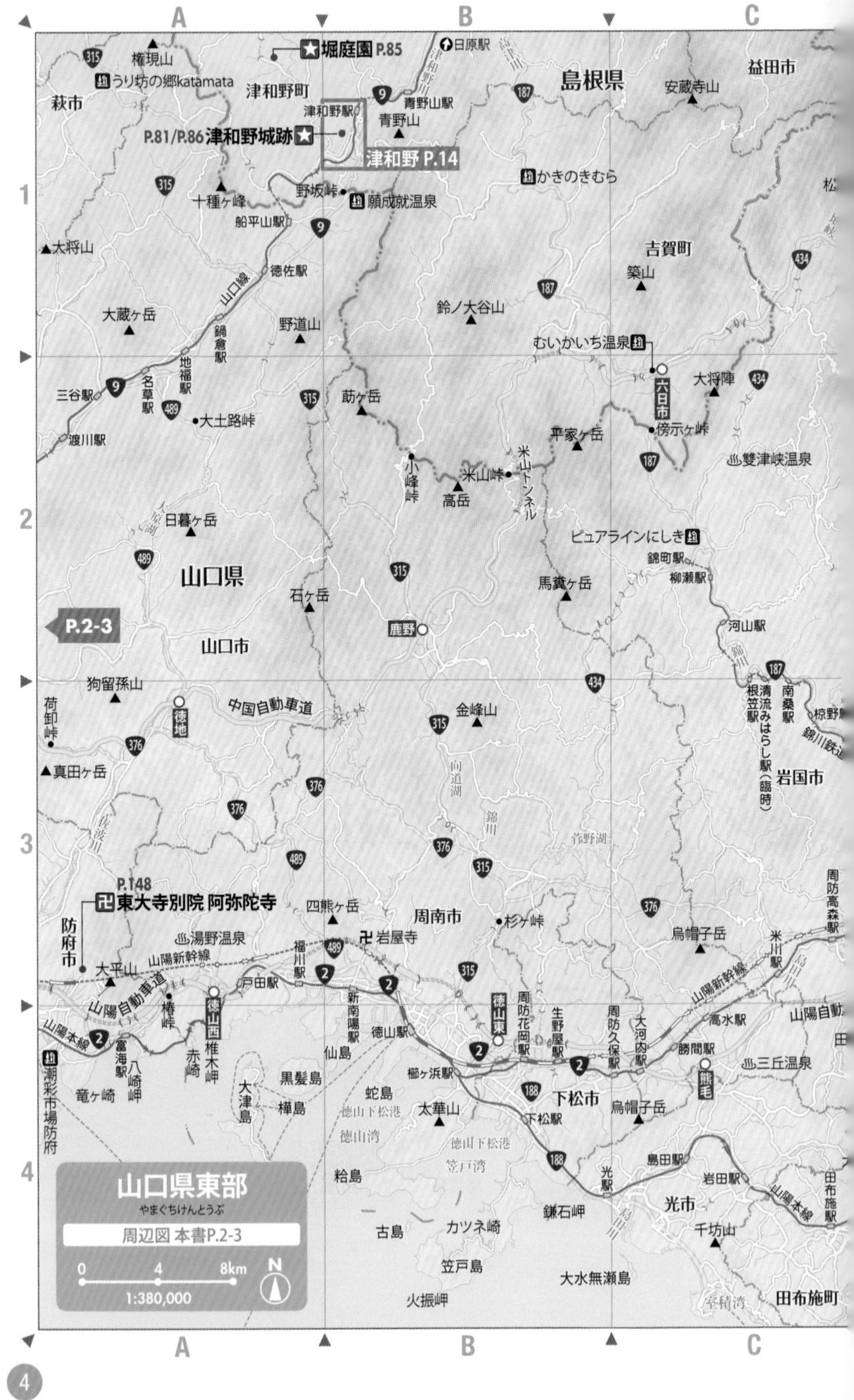
山口県東部
やまぐちけんとうぶ
周辺図 本書P.2-3
1:380,000
堀庭園 P.85
津和野城跡
P.81/P.86
津和野 P.14
P.2-3
東大寺別院 阿弥陀寺
P.148
島根県
山口県
萩市
津和野町
益田市
吉賀町
山口市
周南市
下松市
光市
防府市
岩国市
田布施町
鹿野
六日市
徳地
徳山西
徳山東
熊毛
中国自動車道
山陽自動車道
山陽新幹線
山陽本線
山口線
錦川鉄道
湯野温泉
三丘温泉
雙津峡温泉
願成就温泉
むいかいち温泉
かきのきむら
ピュアラインにしき
うり坊の郷katamata
潮彩市場防府
徳山湾
笠戸湾
大津島
黒髪島
仙島
粭島
笠戸島
大水無瀬島

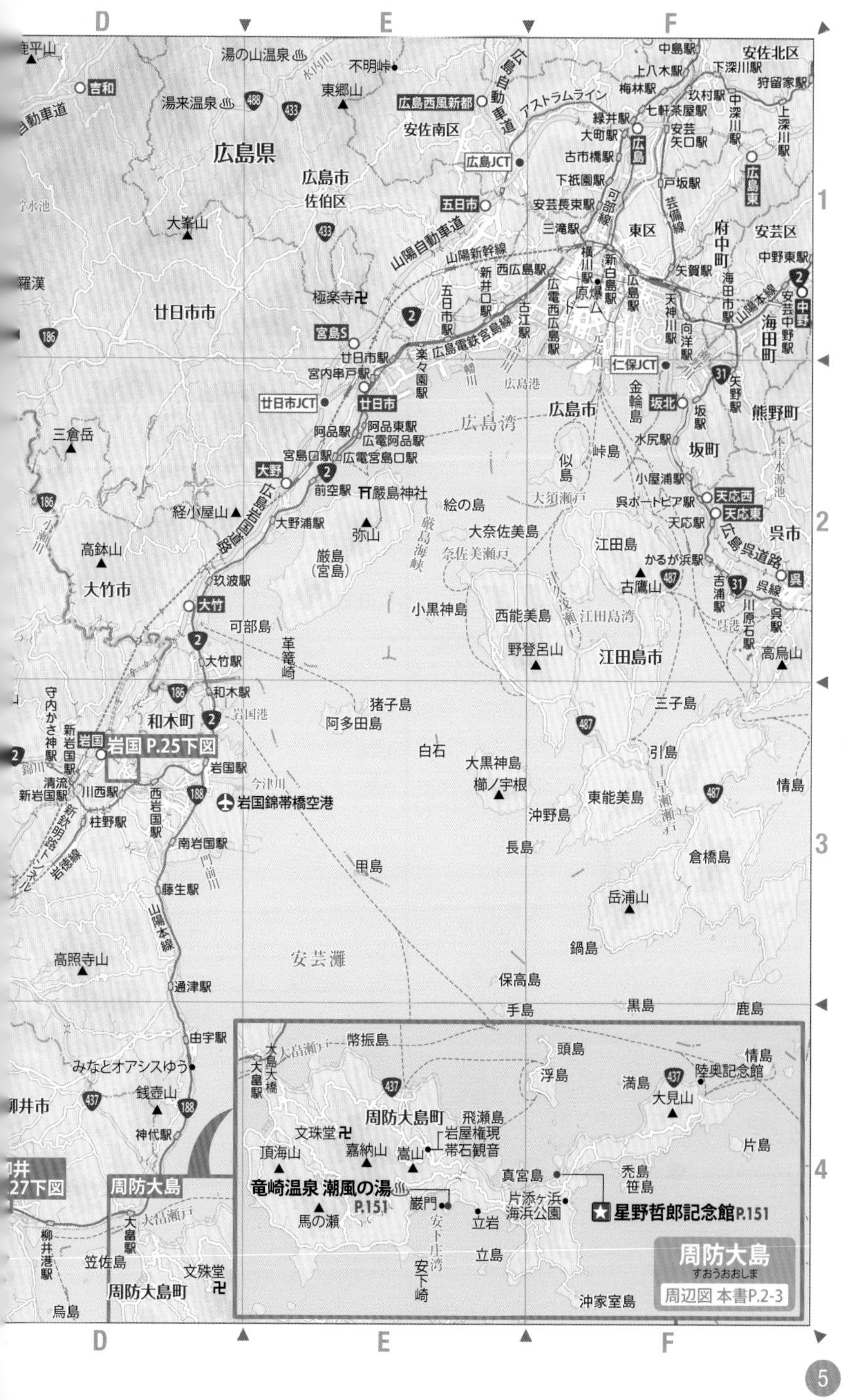
D
E
F
1
2
3
4
広島県
広島市
佐伯区
安佐南区
安佐北区
東区
安芸区
府中町
海田町
熊野町
坂町
廿日市市
大竹市
和木町
江田島市
呉市
湯の山温泉
湯来温泉
不明峠
東郷山
大峯山
極楽寺
三倉岳
経小屋山
高鉢山
弥山
厳島神社
厳島（宮島）
広島湾
安芸灘
山陽自動車道
広島岩国道路
広島呉道路
山陽新幹線
山陽本線
可部線
芸備線
呉線
岩徳線
アストラムライン
広島電鉄宮島線
広島西風新都
広島JCT
五日市
宮島S
廿日市JCT
廿日市
大野
大竹
岩国
岩国 P.25下図
仁保JCT
坂北
天応西
天応東
呉
中野
広島東
吉和
中島駅
上八木駅
梅林駅
七軒茶屋駅
緑井駅
大町駅
古市橋駅
下祇園駅
安芸長束駅
三滝駅
横川駅
新白島駅
広島駅
西広島駅
広電西広島駅
新井口駅
五日市駅
古江駅
楽々園駅
廿日市駅
宮内串戸駅
阿品駅
阿品東駅
広電阿品駅
宮島口駅
広電宮島口駅
前空駅
大野浦駅
玖波駅
大竹駅
和木駅
岩国駅
西岩国駅
川西駅
柱野駅
南岩国駅
藤生駅
通津駅
由宇駅
神代駅
安芸矢口駅
戸坂駅
矢賀駅
天神川駅
向洋駅
海田市駅
安芸中野駅
矢野駅
坂駅
水尻駅
小屋浦駅
呉ポートピア駅
天応駅
かるが浜駅
吉浦駅
川原石駅
呉駅
玖村駅
下深川駅
狩留家駅
中深川駅
上深川駅
中野東駅
守内かさ神駅
新岩国駅
清流新岩国駅
原爆ドーム
広島港
岩国港
呉港
岩国錦帯橋空港
金輪島
似島
峠島
絵の島
大奈佐美島
江田島
古鷹山
小黒神島
西能美島
野登呂山
江田島湾
可部島
革篭崎
猪子島
阿多田島
白石
大黒神島
櫛ノ宇根
沖野島
東能美島
三子島
引島
情島
倉橋島
長島
甲島
岳浦山
鍋島
保高島
手島
黒島
鹿島
高烏山
大須瀬戸
奈佐美瀬戸
津久茂瀬戸
早瀬瀬戸
厳島海峡
今津川
門前川
小瀬川
錦川
高照寺山
みなとオアシスゆう
銭壺山
柳井市
柳井港駅
笠佐島
周防大島
周防大島町
文殊堂
大畠駅
大畠瀬戸
大島大橋
烏島
大島瀬戸
帯振島
頭島
浮島
情島
陸奥記念館
満島
大見山
周防大島町
飛瀬島
岩屋権現
帯石観音
文殊堂
頂海山
嘉納山
嵩山
竜崎温泉 潮風の湯 P.151
馬の瀬
嵩門
安下庄湾
安下崎
立岩
立島
真宮島
片添ヶ浜海浜公園
星野哲郎記念館 P.151
禿島
笹島
片島
沖家室島
周防大島
すおうおおしま
周辺図 本書P.2-3
186
188
433
437
487
488
2
31

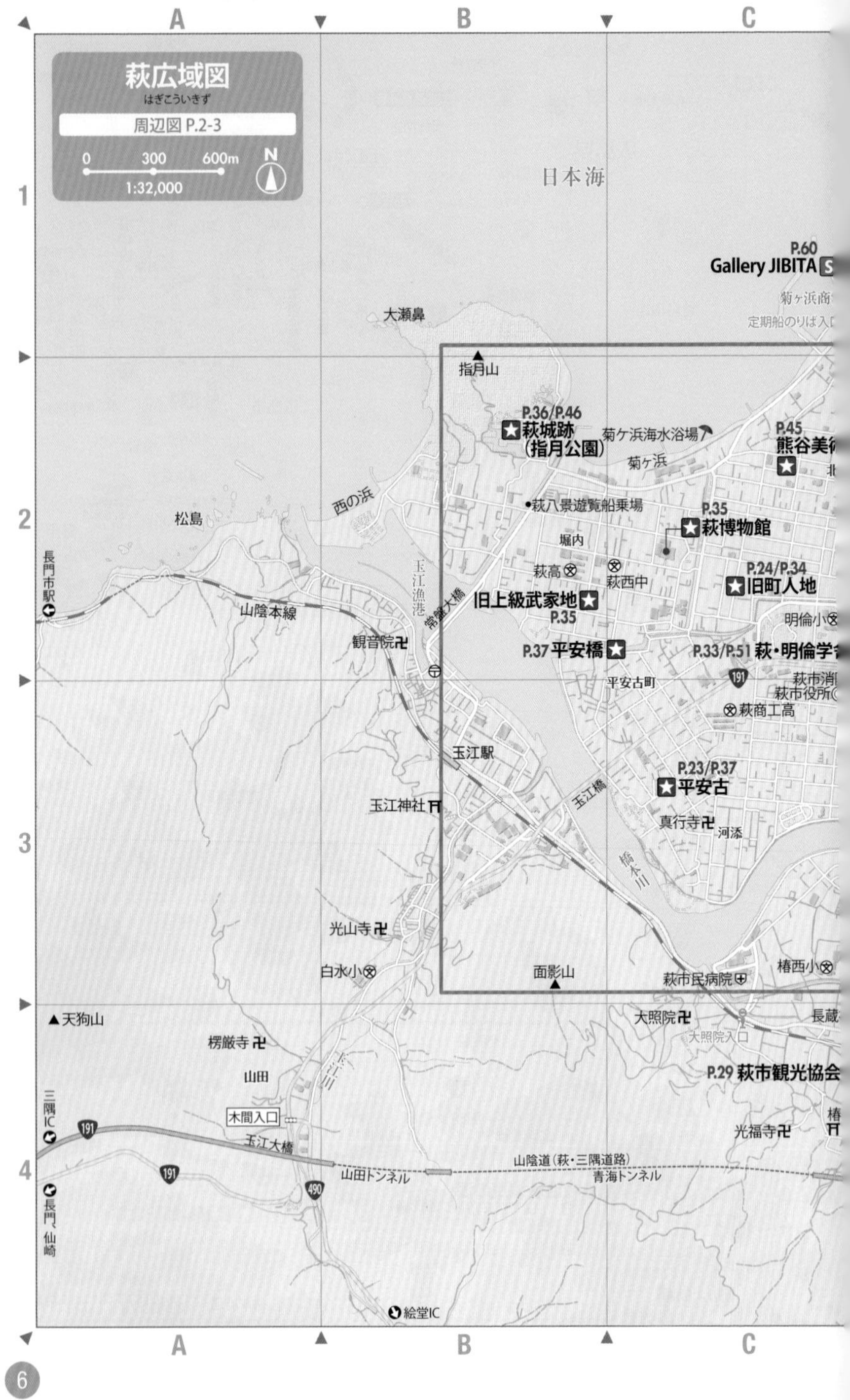

萩広域図
はぎこういきず
周辺図 P.2-3
0
300
600m
1:32,000
N
日本海
P.60
Gallery JIBITA
大瀬鼻
指月山
P.36/P.46
萩城跡
(指月公園)
菊ケ浜海水浴場
菊ケ浜
P.45
熊谷美術
西の浜
松島
萩八景遊覧船乗場
P.35
萩博物館
堀内
萩高
萩西中
P.24/P.34
旧町人地
玉江漁港
常盤大橋
山陰本線
旧上級武家地
P.35
明倫小
観音院
P.37 平安橋
P.33/P.51 萩・明倫学
平安古町
萩市役所
萩商工高
玉江駅
P.23/P.37
平安古
玉江神社
玉江橋
真行寺
河添
橋本川
光山寺
白水小
面影山
萩市民病院
椿西小
天狗山
大照院
大照院入口
長蔵
楞厳寺
山田
P.29 萩市観光協会
木間入口
光福寺
玉江大橋
山陰道(萩・三隅道路)
山田トンネル
青海トンネル
絵堂IC

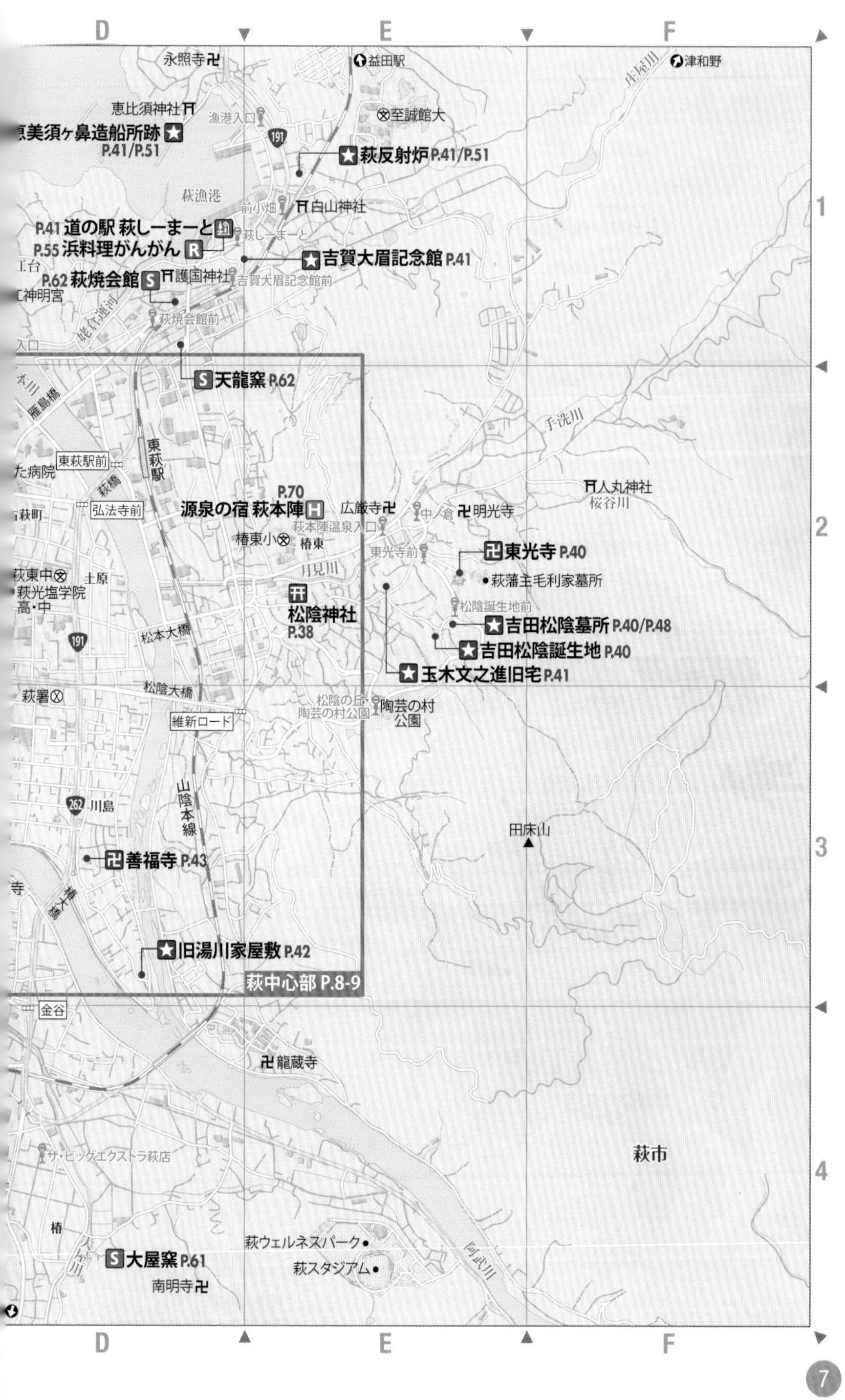
D
E
F
永照寺
益田駅
津和野
恵比須神社
漁港入口
至誠館大
恵美須ヶ鼻造船所跡 P.41/P.51
萩反射炉 P.41/P.51
萩漁港
前小畑
白山神社
P.41 道の駅 萩しーまーと
P.55 浜料理がんがん
萩しーまーと
吉賀大眉記念館 P.41
P.62 萩焼会館
護国神社
吉賀大眉記念館前
神明宮
萩焼会館前
天龍窯 P.62
手洗川
東萩駅
東萩駅前
弘法寺前
源泉の宿 萩本陣 P.70
広厳寺
明光寺
人丸神社
桜谷川
萩本陣温泉入口
椿東小
椿東
東光寺前
東光寺 P.40
月見川
萩藩主毛利家墓所
萩東中
土原
萩光塩学院 高・中
松陰神社 P.38
松陰誕生地前
吉田松陰墓所 P.40/P.48
松本大橋
吉田松陰誕生地 P.40
玉木文之進旧宅 P.41
松陰大橋
萩署
維新ロード
松陰の丘・陶芸の村公園
陶芸の村公園
山陰本線
川島
田床山
善福寺 P.43
旧湯川家屋敷 P.42
萩中心部 P.8-9
金谷
龍蔵寺
萩市
ザ・ビッグエクストラ萩店
椿
萩ウェルネスパーク
大屋窯 P.61
萩スタジアム
南明寺
阿武川
1
2
3
4

A
B
C
1
2
3
4
指月山
日本海
志都岐山神社
P.36/P.46
萩城跡(指月公園)
菊ヶ浜海水浴場
菊ヶ浜
萬福寺
梅蔵院
熊谷美術館
P.45
明圓寺
霊巌寺
妙蓮
萩八景遊覧船乗場
萩城址入口
端坊
堀内
P.35
萩博物館
報恩
萩高
萩西中
P.34 木戸孝允旧宅
西光寺
蓮池院
P.24/P.34 旧町人地
玉木病院
常盤大橋
P.35 旧上級武家地
金毘羅社 円政寺
P.34
春日神社
検察庁
裁
中央公園
明倫小
P.33/P.51 萩・明
萩市立図書館
萩・明
センタ
新堀川
平安橋 P.37
P.37
山口県立萩美術館・浦上記念館
堀内・城下町 P.10-11
平安古町
萩市役所
山口県漁港玉江浦支店前
村田清風別宅跡
P.37/P.50
平安寺
191
県総合庁舎
市民館
萩市役所
萩商工高校前
満行寺
萩商工高
安養寺
長門市駅
久坂玄瑞誕生地前
久坂玄瑞誕生地 P.48
徳隣寺
平安古
保健センター
保健センター
玉江駅前
普照寺
玉江駅
北浦街道
河添河川公園入口
平安古南団地前
自動車学校前
玉江橋
旧児玉家庭園 P.37
P.37
平安古 鍵曲
河添八丁団地入口
山田保育園前
玉江橋西詰
平安古 P.23/P.37
萩自動車学校
かんきつ公園
旧田中別邸 P.37
真行寺
玉江
河添
橋本川
玉江団地前
太陽フィットネスクラブ萩
道祖神社
191
野坂江月窯
P.61
山陰本線
宝教院
河添河川公園
椿西小
体育
面影山
萩駅
萩市民病院
萩市民病院・福祉複合施設かかやき
A
B
C

萩中心部
はぎちゅうしんぶ
周辺図 P.6-7
0
200
400m
1:16,000
N
D
E
F
1
2
3
4
和のオーベルジュ萩八景雁嶋別荘 P.71
旧山村家住宅 P.44
芳和荘
萩の宿常茂恵 P.71
割烹 千代 P.54
野山獄跡 P.45
萩の酒と萩の肴 MARU P.57
岩川旗店 P.65
Brasserie Lab P.57
萩おみやげ博物館 P.65
唐樋札場跡 P.66
サンリブ
萩税務署
アトラス
永林寺
藍場川の家 P.59
山縣有朋誕生地 P.42
善福寺 P.43
蓮正寺
藍場川 P.42
金谷神社 P.66
旧湯川家屋敷 P.42
元萩窯 P.63
桂太郎旧宅 P.43
萩心海 P.55
東萩駅観光案内所 P.29
ゆめまーと東萩
丸和
ヤマダ電機
ロイヤルインテリジェント
ダイニングまめだ P.55
源泉の宿 萩本陣 P.70
長屋門珈琲カフェ・ティカル P.59
奥平家長屋門 P.43
入江九一・野村靖誕生地 P.48
松陰神社 P.38
吉田稔麿誕生地 P.48
伊藤博文旧宅 P.41
伊藤博文別邸 P.41
松下村塾 P.39/P.47/P.51
吉田松陰幽囚ノ旧宅 P.39/P.47
吉田松陰歴史館
松陰神社宝物殿「至誠館」
松門神社
八卦大明神
荒神社
萩拘置支所
萩署
萩東中
萩光塩学院高・中
椿東小
明安寺
小南寺
郡司鋳造所遺構広場
松陰神社北
松陰神社前
維新ロード
新川
吉田町
古萩町
弘法寺
弘法寺前
東萩駅前
東萩駅
山陰本線
益田駅
萩駅
松本川
松本大橋
松陰大橋
中津江橋
藍場川
萩バイパス
萩往還
橋本橋
椿大橋
雁島橋
萩橋
雁島しろ魚通り
野山獄跡入口
三千坊
東田町
札場跡
唐樋町
御許町
土原
土原1区
川島
萩市
大久保通
旅行前
エヌティーエー
アトラス萩店前
上野台
上野
上野の1
王太郎
月見川
萩本陣温泉入口
松陰神社北・郡司鋳造所遺構広場前
萩焼窯元服部天龍前
新川交差点前
新川南
コープ葬祭前
椿東ショッピングセンター前
萩東中学校前
サンライフ萩前
藍場川入口
金谷
椿町
191
262

A
B
C
1
2
3
4
指月山
日本
志都岐山神社
潮入門跡
石彫公園
P.36/P.46
萩城跡（指月公園）
天守閣跡
菊ヶ浜
萩焼資料館
東門跡
指月小橋
千春楽前
千春楽
毛利輝元像
南門跡
菊ヶ浜入口・萩一輪前
スマイル貸自転車
堀内体育館
萩体育館
P.35
旧厚狭毛利家
萩屋敷長屋
萩八景
遊覧船乗場
指月橋
萩城跡・指月公園入口・
北門屋敷入口
萩セミナーハウス
旧周布家長屋門
旧繁沢家長
萩城址入口
天樹院墓所 P.35
萩ユースホステル
萩八景遊覧船
P.36
P.61 ギャラリー佳
P.70
堀内
萩城三の丸 北門屋敷
旧福原家屋敷門
問田益田氏旧宅土塀
萩博物館
P.35
深野橋
P.56
網焼きレストラン 見蘭
ミドリヤファーム入口
萩西中
萩高
常盤大橋
江風山月書楼跡
旧上級武家地 P.35
常盤橋
旧二宮家長屋門
阿武神社
旧祖式家長屋
旧梨羽家書院
萩病院
口羽家住宅 P.35
春日神社
橋本川
堀内 鍵曲 P.35
旧児玉家長屋
春日橋
堀内・城下町
ほりうち・じょうかまち
周辺図 P.8-9
0
100
200m
N
1:8,000
新堀川
平安橋 P.37

D
E
F
1
2
3
4
旧小池家土蔵 P.45
浜崎町
旧山村家住宅 P.44
P.44 旧山中家住宅
P.45 旧萩藩御船倉
住吉神社
浜崎局
梅屋七兵衛旧宅 P.45
浜崎新町
女台場入口
P.45 泉福寺
萬福寺
今魚店町
長泉寺
泉流寺
菊ヶ浜海水浴場
女台場
北古萩町
熊谷町
熊谷美術館前
梅蔵院
本行寺
熊谷美術館 P.45
寺町
萩看護学校
明圓寺
海潮寺
光國本店 P.65
萩看護学校前
樽屋町
霊巌寺
妙蓮寺
俊光寺
多越神社
西生寺
旧益田家物見矢倉
長寿寺
春若町
広雲寺
細工町
総門 P.34
塩屋町
光楽寺
津守町
古魚店町
端坊
濠公園
法華寺
P.59 指月茶寮
御茶処 惺々庵 P.58
恵美須町
米屋町
光源寺
上五間町
報恩寺
義一像
旧久保田家住宅 P.34
博物館前
P.60 彩陶庵
清光寺
晦事 P.58
瓦町
萩市
P.34 菊屋家住宅
呉服町
P.29/P.35 Kimono Style Café
城東
P.34 木戸孝允旧宅
萩たまち局
西光寺
南片河町
菊屋横町
蓮池院
ジョイフルたまち
P.65 art shop tazz.
P.34/P.48 杉晋作誕生地
P.34 青木周弼旧宅
玉木病院
長州藩医学館 好生堂之跡(好生館址)
西田町
東田町
P.24/P.34 旧町人地
利人橋
玉木病院前
万歳橋
新堀
新堀橋
彩花橋
ホトリテイ P.58
金毘羅社 円政寺 P.34
伊勢屋横町
御成道・たまち駐車場入口
晋作広場
江戸屋横町
検察庁
295
裁判所
石井茶碗美術館
南古萩町
人力車 立場 P.29
明倫小
城東橋
中央公園
萩合同庁舎
萩美術館 浦上記念館・萩城城下町入口
萩市立図書館
城東南区
江向
P.37 山口県立萩美術館・浦上記念館
P.33/P.51 萩・明倫学舎
萩・明倫センター
JA

A
B
C
1
2
3
4
長門湯本温泉
ながとゆもとおんせん
0
200m
1:20,000
N
長門・仙崎
ながと・せんざき
周辺図 P.2-3
0
1.5
3km
1:150,000
美祢線
長門湯本駅
316
(長門・俵山道路)
門前
P.72 山村別館 せせらぎ亭しぇふず
湯本温泉ホテル枕水
湯本
湯本観光ホテル西京
湯本温泉入口
音信川
原田屋旅館
利重旅館
湯本
P.72 玉仙閣
おとずれ川テラス
大寧寺
立ち寄り湯 恩湯
六角堂
長門湯本足湯
一福旅館
湯本ハイランドホテルふじ
界 長門
大谷山荘
深川湯本
P.72 大谷山荘 別邸 音信
川尻岬
大島
P.68
元乃隅神社
畑島
川尻漁港
沖ノ島
小田大浜海水浴場
P.69 千畳敷
東後畑棚田 P.6
楊貴妃の墓
大浦漁港
雨乞岳
油谷島
江ノ島
長門市
久原漁港
俵島
泊崎
手長島
油谷湾
掛渕川
竹島
夷島
油谷総合運動公園
191
油谷湾温泉
人丸駅
長門粟野駅
伊上駅
山陰本線
491
熊野岳
191
阿川ほうせんぐり海浜公園
宝蔵山
大藤山
阿川駅
大浦岳
角島
Animal Resort HARERUYA
P.20
川棚温泉
下関市
粟野川
天井ヶ岳
川棚温泉駅
一の俣温泉

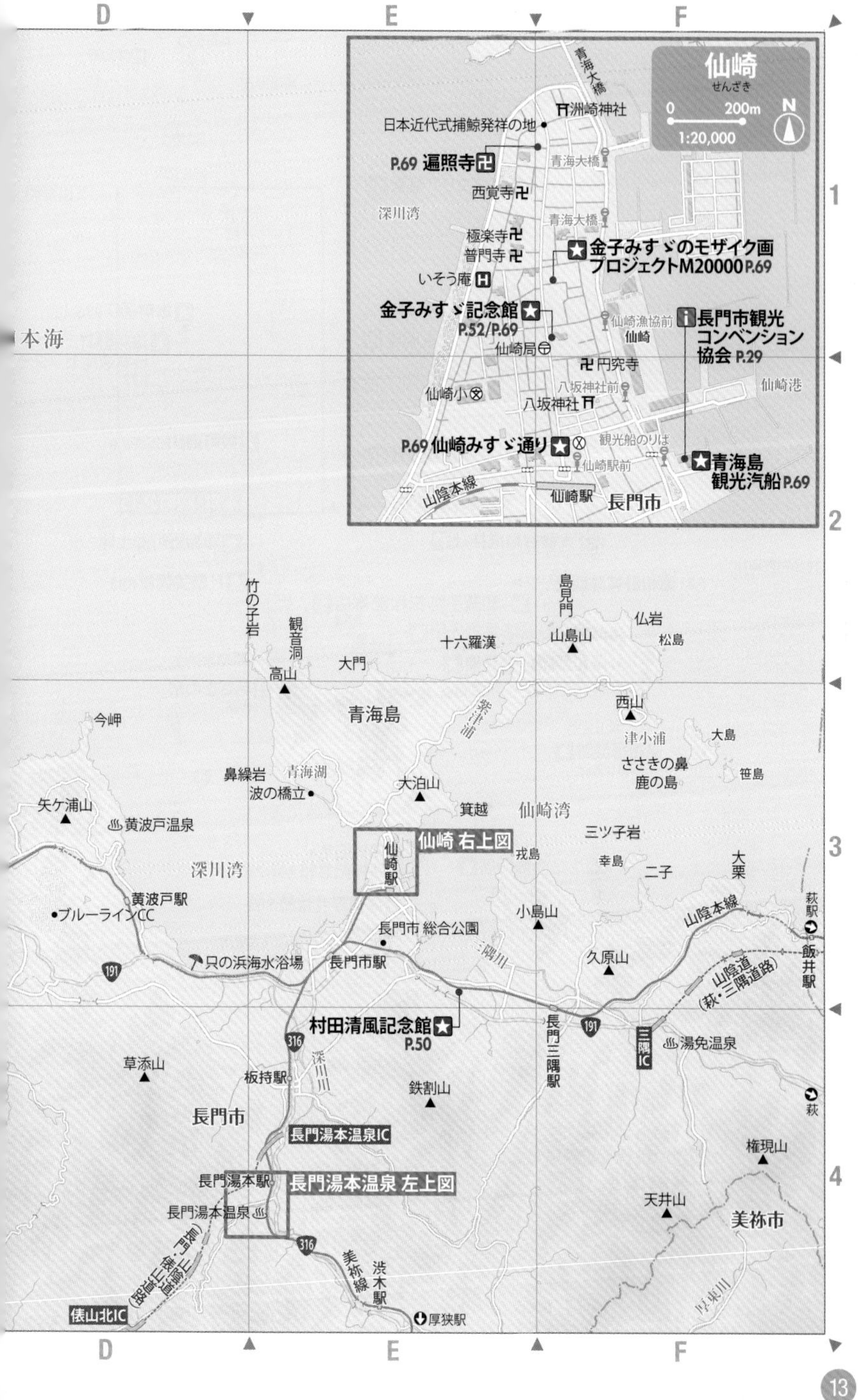

D
E
F
1
2
3
4
仙崎
せんざき
0
200m
1:20,000
N
青海大橋
洲崎神社
日本近代式捕鯨発祥の地
P.69 遍照寺
青海大橋
西覚寺
深川湾
青海大橋
極楽寺
普門寺
金子みすゞのモザイク画プロジェクトM20000 P.69
いそう庵
金子みすゞ記念館 P.52/P.69
長門市観光コンベンション協会 P.29
仙崎漁協前
仙崎
仙崎局
円究寺
仙崎港
八坂神社前
仙崎小
八坂神社
P.69 仙崎みすゞ通り
観光船のりば
青海島観光汽船 P.69
仙崎駅前
山陰本線
仙崎駅
長門市
本海
竹の子岩
観音洞
島見門
仏岩
十六羅漢
山島山
松島
大門
高山
西山
今岬
青海島
紫津浦
津小浦
大島
鼻繰岩
青海湖
ささきの鼻
鹿の島
笹島
波の橋立
大泊山
矢ケ浦山
黄波戸温泉
箕越
仙崎湾
三ツ子岩
仙崎 右上図
仙崎駅
戎島
深川湾
幸島
二子
大栗
黄波戸駅
ブルーラインCC
小島山
山陰本線
萩駅
長門市 総合公園
三隅川
飯井駅
只の浜海水浴場
長門市駅
久原山
山陰道（萩・三隅道路）
191
村田清風記念館 P.50
長門三隅駅
191
三隅IC
316
湯免温泉
草添山
深川川
板持駅
鉄割山
萩
長門市
長門湯本温泉IC
権現山
長門湯本駅
長門湯本温泉 左上図
天井山
長門湯本温泉
美祢市
316
長門・俵山道路（俵山三道路）
美祢線
渋木駅
厚東川
俵山北IC
厚狭駅

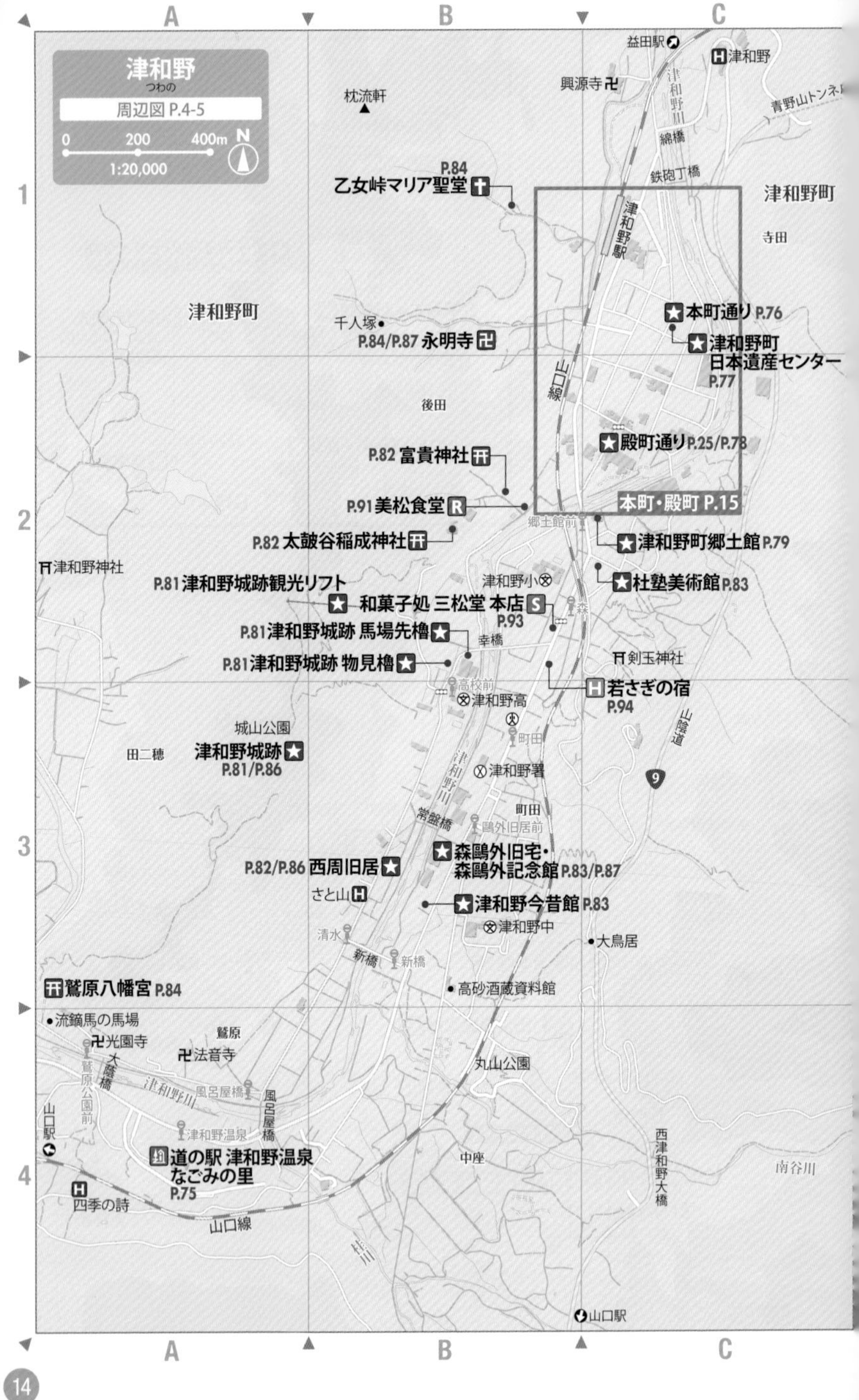

津和野
つわの
周辺図 P.4-5
0
200
400m
N
1:20,000
A
B
C
1
2
3
4
益田駅
津和野
興源寺
枕流軒
津和野川
綿橋
青野山トンネル
鉄砲丁橋
P.84
乙女峠マリア聖堂
津和野町
津和野駅
寺田
津和野町
本町通り P.76
千人塚
P.84/P.87 永明寺
津和野町
日本遺産センター
P.77
山口線
後田
殿町通り P.25/P.78
P.82 富貴神社
P.91 美松食堂
本町・殿町 P.15
郷土館前
P.82 太皷谷稲成神社
津和野町郷土館 P.79
津和野神社
津和野小
杜塾美術館 P.83
P.81 津和野城跡観光リフト
和菓子処 三松堂 本店
P.93
森
P.81 津和野城跡 馬場先櫓
幸橋
P.81 津和野城跡 物見櫓
剣玉神社
高校前
若さぎの宿
P.94
津和野高
山陰道
城山公園
町田
田二穂
津和野城跡
P.81/P.86
津和野川
津和野署
9
町田
常盤橋
鷗外旧居前
森鷗外旧宅・
森鷗外記念館 P.83/P.87
P.82/P.86 西周旧居
さと山
津和野今昔館 P.83
津和野中
清水
大鳥居
新橋
新橋
高砂酒蔵資料館
鷲原八幡宮 P.84
流鏑馬の馬場
鷲原
光園寺
法音寺
丸山公園
大隆橋
鷲原公園前
津和野川
風呂屋橋
風呂屋橋
山口駅
津和野温泉
道の駅 津和野温泉
なごみの里
P.75
西津和野大橋
中座
南谷川
四季の詩
山口線
山口駅

本町・殿町
ほんまち・とのまち
周辺図 P.14
1:5,000
益田駅
津和野駅
鉄砲町
石見交通
釜井商店 P.75
レンタサイクル
駅前
津和野町
寺田
山陰道
光明寺
P.75 津和野町観光協会
P.79 桑原史成写真美術館
高岡通り
駅通り
大定院
安野光雅美術館
P.79/P.93
P.90
小さな農家レストラン ちしゃの木
鯉の米屋（吉永米店）
P.76
みのや
P.92
つわの
後田
Pino Rosso
P.91
寿司割烹 あおき P.88
Tsuwano Guesthouse & Cafe Lounge 野窓
P.20
祇園丁
津和野局
祇園町
津和野川
P.89
季節料理 とくまさ
永太院
津和野町家ステイ戎丁
P.95
本町通り P.76
郷土料理 遊亀
P.90
P.89 割烹 石心亭
津和野町日本遺産センター P.77
のれん宿 名月
P.94
クンストホーフ津和野 P.79/P.93
山口線
興海寺
遍證寺
妙寿寺
本町
常光寺
P.93 山田竹風軒 本町店
天神橋
華泉酒造
幸楽
津和野町家ステイ上新丁
P.95
古橋酒造
P.78
本町入口
津和野温泉宿 わた屋
分銅屋七右衛門
P.93
バスセンター
沙羅の木 本店
P.92
殿町通り P.25/P.78
東殿町
殿町
津和野カトリック教会
P.78
P.79
郡庁跡
町民体育館
津和野コミュニティーセンター
丸山橋
P.78
稲成丁
多胡家老門
藩校養老館 P.79/P.86
津和野川
鷺舞広場
共存病院
稲成下
稲成丁
P.87
津和野大橋
森村
P.83
弥栄神社
山口駅

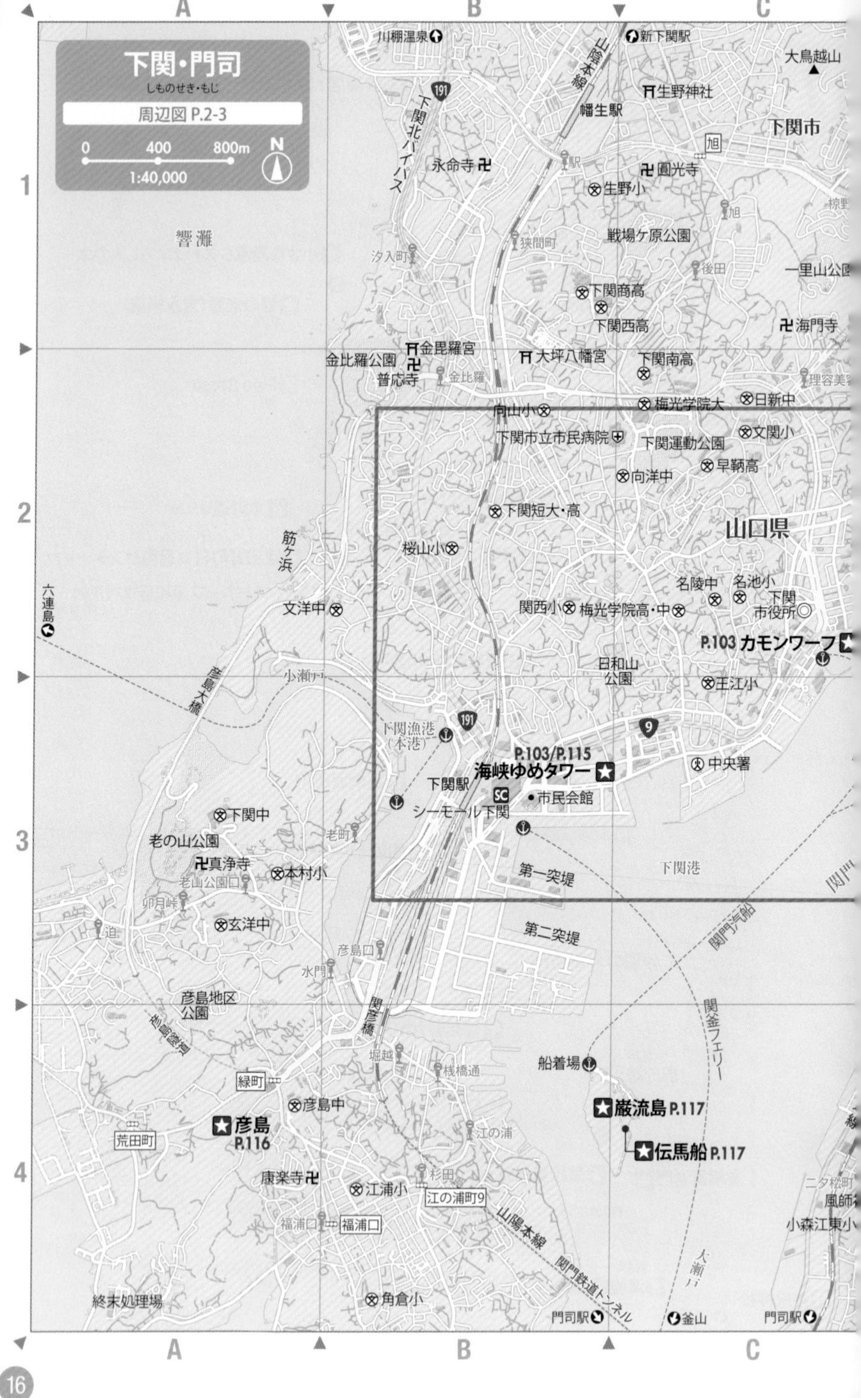

下関・門司
しものせき・もじ
周辺図 P.2-3
0 400 800m
1:40,000
N
A
B
C
1
2
3
4
川棚温泉
新下関駅
大鳥越山
生野神社
幡生駅
下関市
旭
永命寺
圓光寺
生野小
響灘
狭間町
戦場ケ原公園
汐入町
後田
一里山公園
下関商高
下関西高
海門寺
金比羅宮
金比羅公園
大坪八幡宮
下関南高
普応寺
金比羅
理容美容
梅光学院大
日新中
向山小
下関市立市民病院
下関運動公園
文関小
向洋中
早鞆高
下関短大・高
山口県
筋ケ浜
桜山小
名陵中
名池小
六連島
文洋中
関西小
梅光学院高・中
下関市役所
P.103 カモンワーフ
日和山公園
王江小
彦島大橋
小瀬戸
下関漁港（本港）
P.103/P.115
海峡ゆめタワー
中央署
下関駅
市民会館
シーモール下関
下関中
老の山公園
老町
真浄寺
本村小
老山公園口
第一突堤
下関港
卯月峠
玄洋中
第二突堤
関門汽船
迫
彦島口
水門
彦島地区公園
関彦橋
関釜フェリー
堀越
栈橋通
船着場
緑町
彦島中
巌流島 P.117
彦島
P.116
荒田町
江の浦
伝馬船 P.117
杉田
康楽寺
江浦小
江の浦町9
二タ松町
風師
福浦口
山陽本線
小森江東小
関門鉄道トンネル
大瀬戸
終末処理場
角倉小
門司駅
釜山
山陰本線
下関北バイパス

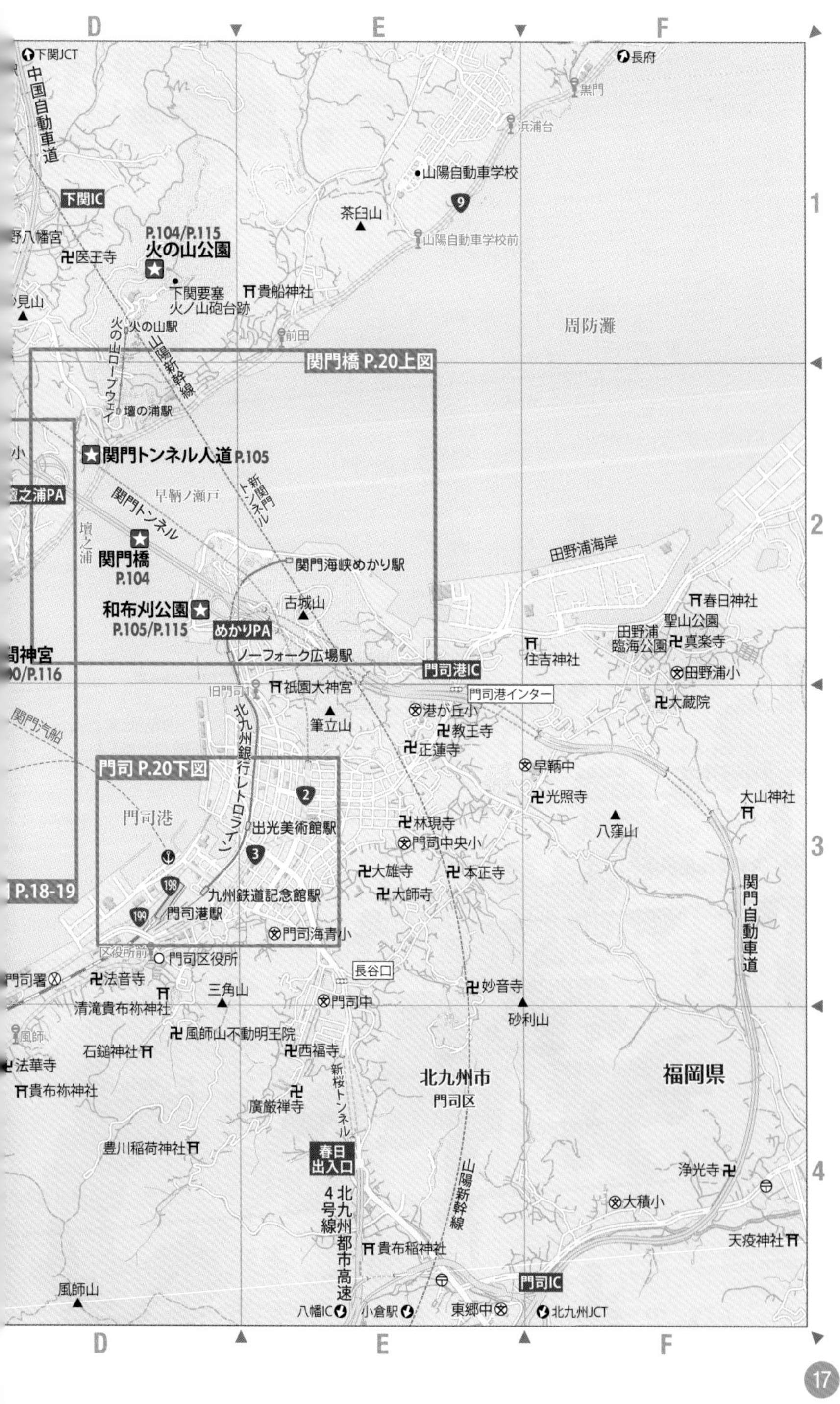
D
E
F
下関JCT
中国自動車道
長府
黒門
浜浦台
山陽自動車学校
下関IC
茶臼山
9
山陽自動車学校前
P.104/P.115
火の山公園
医王寺
下関要塞
火ノ山砲台跡
貴船神社
火の山駅
火の山ロープウェイ
山陽新幹線
前田
周防灘
関門橋 P.20上図
壇の浦駅
関門トンネル人道 P.105
早鞆ノ瀬戸
新関門トンネル
関門トンネル
壇之浦PA
壇之浦
関門橋
P.104
田野浦海岸
関門海峡めかり駅
古城山
和布刈公園
P.105/P.115
めかりPA
春日神社
聖山公園
田野浦臨海公園
真楽寺
住吉神社
ノーフォーク広場駅
門司港IC
田野浦小
旧門司1
祇園大神宮
門司港インター
港が丘小
大蔵院
関門汽船
北九州銀行レトロライン
筆立山
教王寺
正蓮寺
早鞆中
門司 P.20下図
2
光照寺
大山神社
門司港
林現寺
八窪山
出光美術館駅
門司中央小
3
大雄寺
本正寺
関門自動車道
P.18-19
198
九州鉄道記念館駅
大師寺
199
門司港駅
門司海青小
区役所前
門司区役所
長谷口
門司署
法音寺
三角山
妙音寺
清滝貴布祢神社
門司中
砂利山
風師
風師山不動明王院
石鎚神社
西福寺
法華寺
新桜トンネル
北九州市
門司区
福岡県
貴布祢神社
廣厳禅寺
豊川稲荷神社
春日出入口
山陽新幹線
浄光寺
4号線
北九州都市高速
大積小
貴布稲神社
天疫神社
門司IC
風師山
八幡IC
小倉駅
東郷中
北九州JCT
1
2
3
4

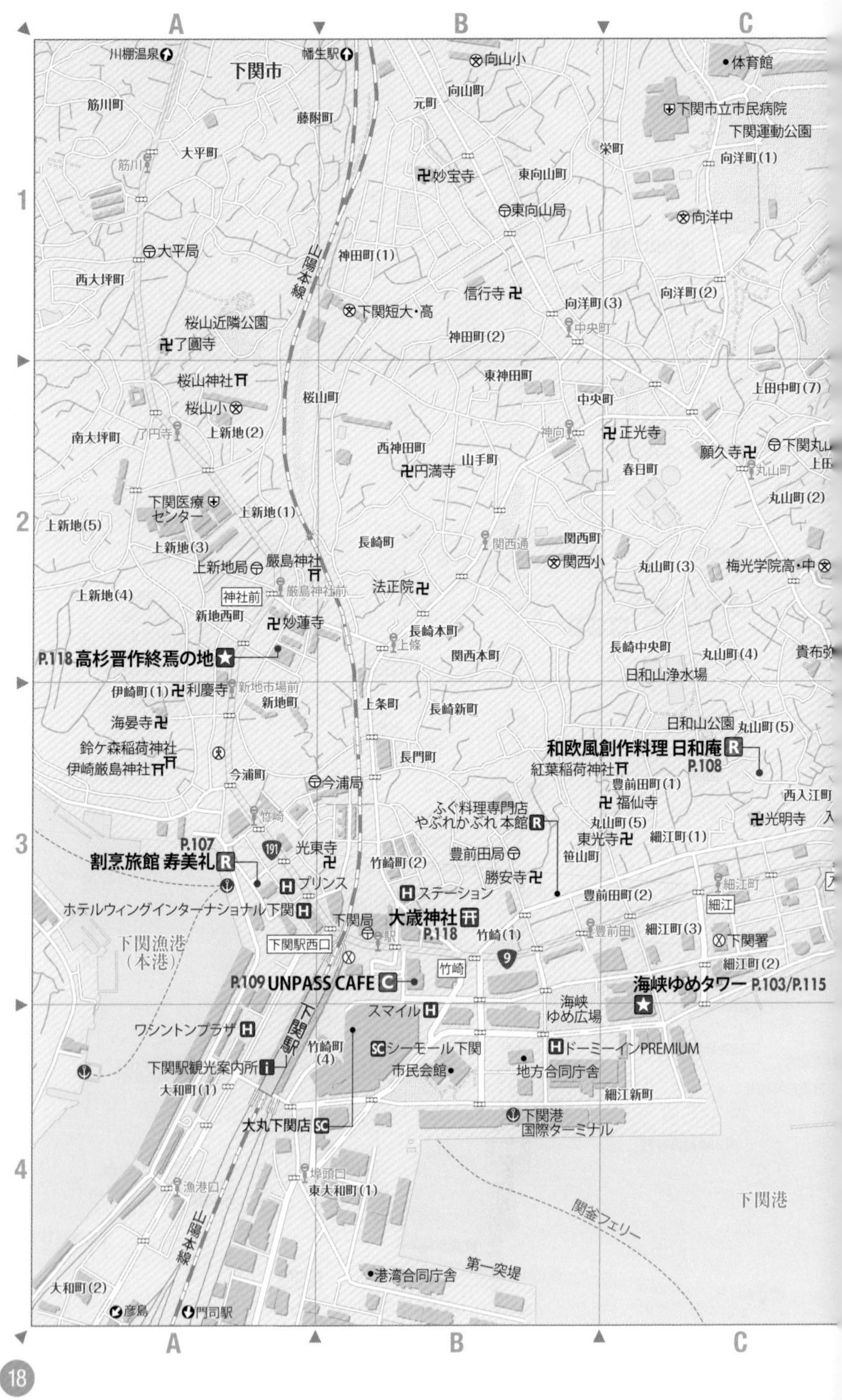
A
B
C
1
2
3
4
下関市
川棚温泉
幡生駅
向山小
体育館
筋川町
藤附町
元町
向山町
下関市立市民病院
下関運動公園
大平町
栄町
向洋町(1)
筋川
妙宝寺
東向山町
東向山局
向洋中
大平局
神田町(1)
西大坪町
山陽本線
信行寺
向洋町(3)
向洋町(2)
下関短大・高
中央町
桜山近隣公園
了圓寺
神田町(2)
桜山神社
東神田町
上田中町(7)
桜山町
中央町
桜山小
正光寺
南大坪町
了円寺
上新地(2)
神向
下関丸山
西神田町
山手町
願久寺
円満寺
春日町
丸山町
下関医療センター
丸山町(2)
上新地(5)
上新地(1)
長崎町
関西通
関西町
上新地(3)
関西小
丸山町(3)
梅光学院高・中
上新地局
厳島神社
神社前
厳島神社前
法正院
上新地(4)
新地西町
妙蓮寺
長崎本町
P.118 高杉晋作終焉の地
上條
関西本町
長崎中央町
丸山町(4)
日和山浄水場
伊崎町(1)
利慶寺
新地市場前
新地町
上条町
長崎新町
海晏寺
日和山公園
丸山町(5)
和欧風創作料理 日和庵
P.108
鈴ケ森稲荷神社
長門町
伊崎厳島神社
紅葉稲荷神社
今浦町
今浦局
豊前田町(1)
西入江町
福仙寺
竹崎
ふぐ料理専門店 やぶれかぶれ 本館
丸山町(5)
光明寺
東光寺
細江町(1)
P.107
光東寺
割烹旅館 寿美礼
竹崎町(2)
豊前田局
笹山町
勝安寺
プリンス
細江町
ステーション
豊前田町(2)
ホテルウィングインターナショナル下関
細江
大歳神社
下関局
P.118
竹崎(1)
豊前田
細江町(3)
下関漁港(本港)
下関署
下関駅西口
駅
竹崎
細江町(2)
P.109 UNPASS CAFE
海峡ゆめタワー P.103/P.115
海峡ゆめ広場
スマイル
下関駅
ワシントンプラザ
ドーミーインPREMIUM
竹崎町(4)
シーモール下関
下関駅観光案内所
市民会館
地方合同庁舎
大和町(1)
細江新町
下関港国際ターミナル
大丸下関店
埠頭口
東大和町(1)
下関港
漁港口
関釜フェリー
山陽本線
第一突堤
港湾合同庁舎
大和町(2)
彦島
門司駅

下関
しものせき
周辺図 P.16-17
1:15,000
P.20上図
P.109 BAGDAD CAFE
P.106 春帆楼 本店
P.100/P.116 赤間神宮
Ristorante Felice P.108
末廣稲荷神社 P.119
P.101 引接寺
日清講和記念館 P.101
旧下関英国領事館 P.101
本陣伊藤邸跡 P.119
亀山八幡宮 P.101
P.101 旧秋田商会ビル
市場食堂 よし P.102
P.101 下関南部町郵便局
唐戸市場 P.102
カモンワーフ P.103
わたつみ P.103
源平太鼓 P.103
LAカフェ P.103
下関グランドホテル P.122
下関市立しものせき水族館「海響館」P.103
はい! からっと横丁 P.103
青春交響の塔 P.118
下関市
関門トンネル
関門自動車道
壇之浦PA
下関IC
門司港IC
関門橋
関門汽船
関門海峡
巌流島
門司
下関市役所
唐戸
下関(唐戸ターミナル)
旅籠屋
東京第一ホテル下関
唐戸セントラル
マックスバリュ
福田正義記念館
田中絹代ぶんか館
藤原義江記念館
やまぎん史料館
プラザホテル下関

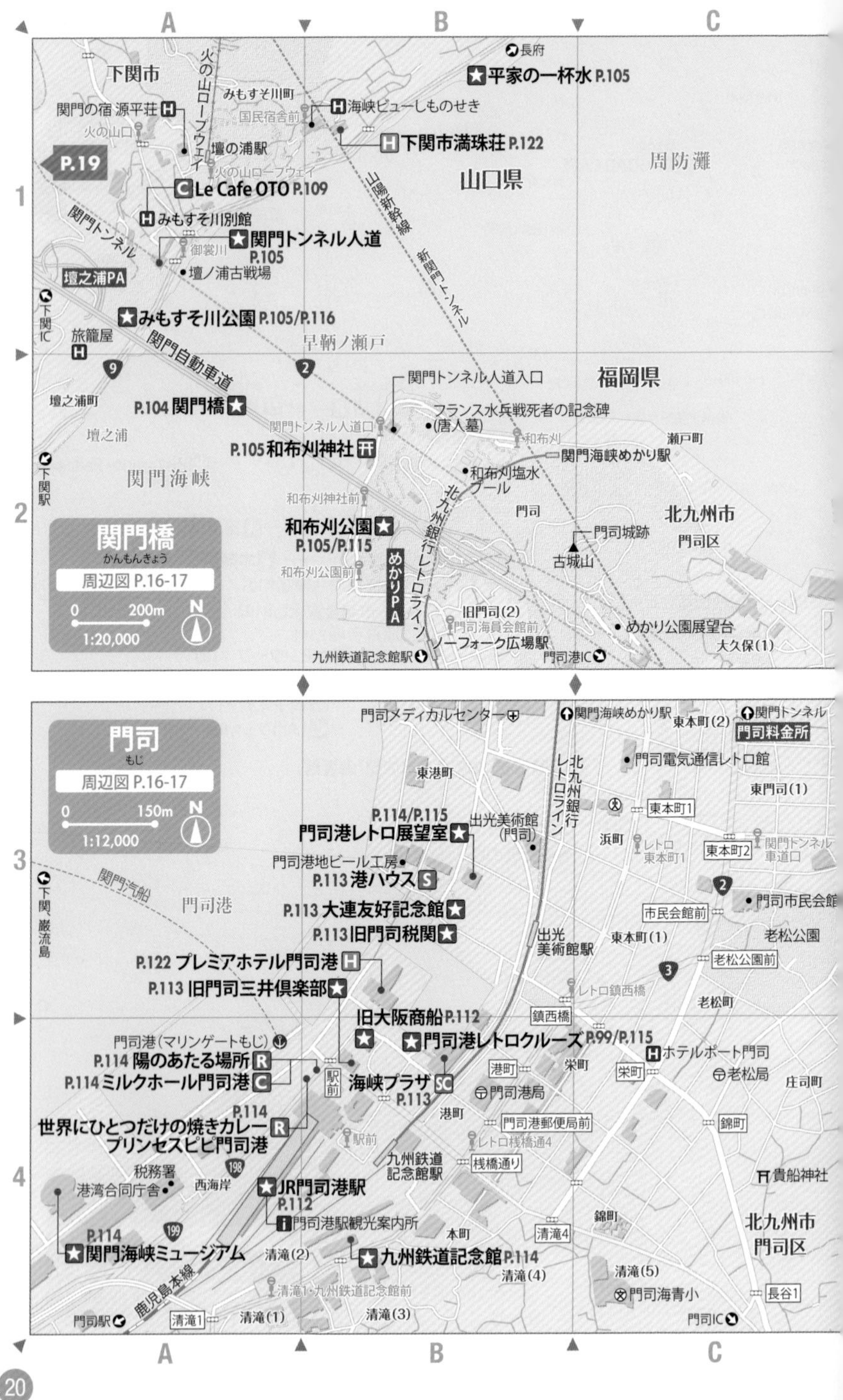
関門橋
かんもんきょう
周辺図 P.16-17
1:20,000
下関市
関門の宿 源平荘
火の山ロープウェイ
みもすそ川町
海峡ビューしものせき
平家の一杯水 P.105
長府
下関市満珠荘 P.122
壇の浦駅
P.19
Le Cafe OTO P.109
みもすそ川別館
関門トンネル人道 P.105
壇ノ浦古戦場
壇之浦PA
みもすそ川公園 P.105/P.116
山口県
周防灘
山陽新幹線
新関門トンネル
関門トンネル
関門自動車道
旅籠屋
早鞆ノ瀬戸
福岡県
P.104 関門橋
壇之浦町
壇之浦
関門海峡
関門トンネル人道入口
フランス水兵戦死者の記念碑(唐人墓)
和布刈
瀬戸町
P.105 和布刈神社
関門海峡めかり駅
和布刈塩水プール
北九州銀行レトロライン
門司
北九州市
門司区
和布刈公園 P.105/P.115
門司城跡
古城山
めかりPA
旧門司(2)
めかり公園展望台
大久保(1)
ノーフォーク広場駅
九州鉄道記念館駅
門司港IC
門司
もじ
周辺図 P.16-17
1:12,000
門司メディカルセンター
関門海峡めかり駅
関門トンネル
門司料金所
東本町(2)
門司電気通信レトロ館
東港町
東門司(1)
東本町1
P.114/P.115 門司港レトロ展望室
出光美術館(門司)
浜町
東本町2
門司港地ビール工房
P.113 港ハウス
関門汽船
門司港
門司市民会館
P.113 大連友好記念館
市民会館前
P.113 旧門司税関
出光美術館駅
東本町(1)
老松公園
P.122 プレミアホテル門司港
老松公園前
P.113 旧門司三井倶楽部
老松町
旧大阪商船 P.112
鎮西橋
門司港(マリンゲートもじ)
門司港レトロクルーズ P.99/P.115
ホテルポート門司
P.114 陽のあたる場所
港町
栄町
老松局
P.114 ミルクホール門司港
海峡プラザ P.113
門司港局
庄司町
P.114 世界にひとつだけの焼きカレー プリンセスピピ門司港
門司港郵便局前
錦町
九州鉄道記念館
栈橋通り
税務署
港湾合同庁舎
西海岸
JR門司港駅 P.112
貴船神社
門司港駅観光案内所
本町
清滝4
錦町
北九州市
門司区
P.114 関門海峡ミュージアム
清滝(2)
九州鉄道記念館 P.114
清滝(4)
清滝(5)
門司海青小
鹿児島本線
門司駅
清滝1
清滝(1)
清滝(3)
長谷1
門司IC

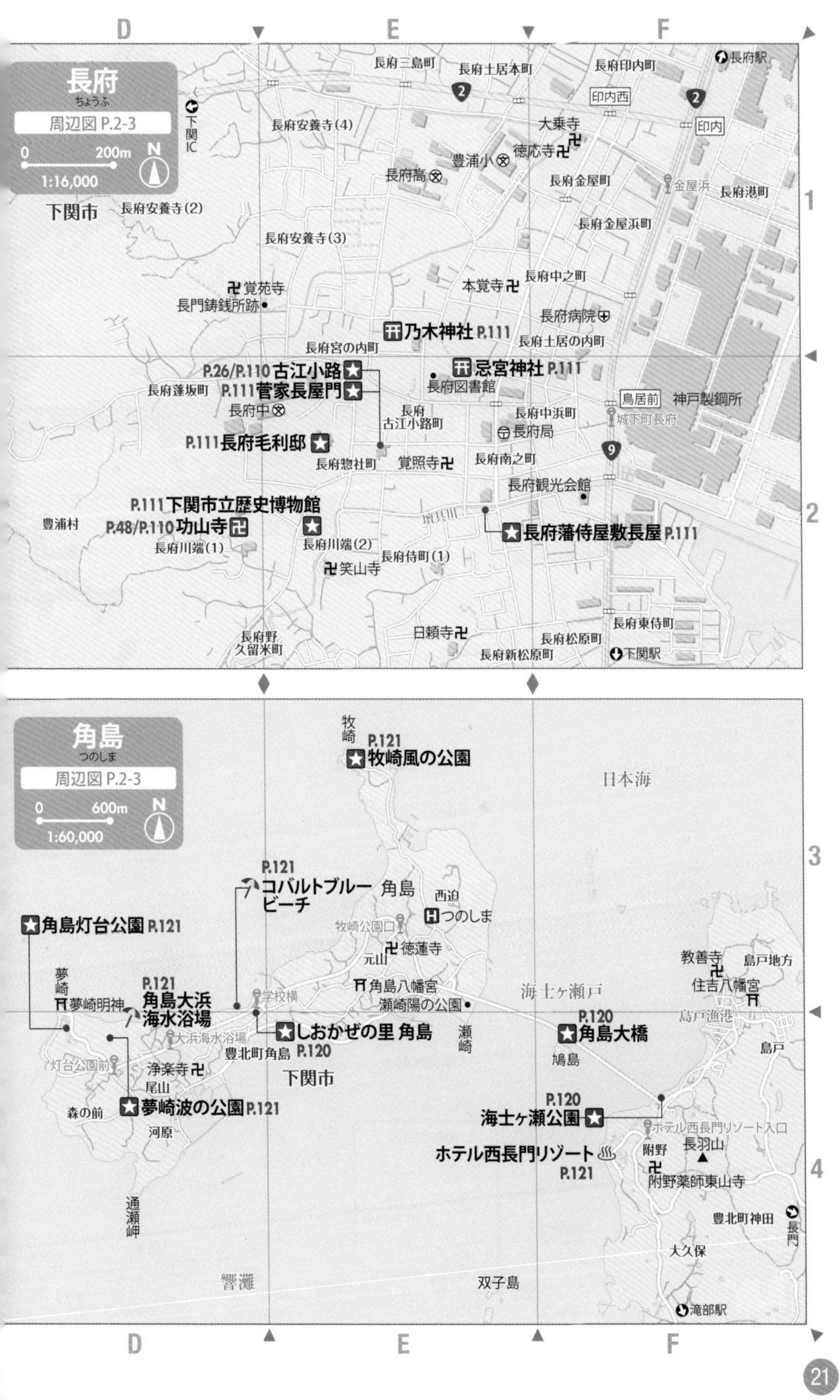
長府
ちょうふ
周辺図 P.2-3
0 200m
1:16,000
下関市
長府三島町
長府土居本町
長府印内町
長府駅
印内西
印内
下関IC
長府安養寺(4)
大乗寺
徳応寺
豊浦小
長府高
長府金屋町
金屋浜
長府港町
長府安養寺(2)
長府安養寺(3)
長府金屋浜町
覚苑寺
長門鋳銭所跡
本覚寺
長府中之町
長府病院
乃木神社 P.111
長府宮の内町
長府土居の内町
P.26/P.110 古江小路
P.111 菅家長屋門
忌宮神社 P.111
長府図書館
長府蓬坂町
長府中
長府古江小路町
長府中浜町
長府局
鳥居前
神戸製鋼所
城下町長府
P.111 長府毛利邸
長府惣社町
覚照寺
長府南之町
長府観光会館
P.111 下関市立歴史博物館
P.48/P.110 功山寺
豊浦村
長府川端(1)
長府川端(2)
壇具川
長府藩侍屋敷長屋 P.111
笑山寺
長府侍町(1)
長府野久留米町
日頼寺
長府松原町
長府東侍町
長府新松原町
下関駅
角島
つのしま
周辺図 P.2-3
0 600m
1:60,000
牧崎
P.121 牧崎風の公園
日本海
P.121 コバルトブルービーチ
角島
西迫
つのしま
牧崎公園口
徳蓮寺
元山
角島灯台公園 P.121
夢崎
夢崎明神
P.121 角島大浜海水浴場
学校横
角島八幡宮
瀬崎陽の公園
海士ヶ瀬戸
教善寺
島戸地方
住吉八幡宮
島戸漁港
大浜海水浴場
しおかぜの里 角島 P.120
豊北町角島
瀬崎
P.120 角島大橋
鳩島
島戸
灯台公園前
浄楽寺
尾山
下関市
夢崎波の公園 P.121
森の前
河原
P.120 海士ヶ瀬公園
ホテル西長門リゾート入口
ホテル西長門リゾート P.121
附野
長羽山
附野薬師東山寺
通瀬岬
豊北町神田
長門
大久保
響灘
双子島
滝部駅
D E F
1 2 3 4

山口タウン・湯田温泉
やまぐちたうん・ゆだおんせん
周辺図 P.2-3
0
1
2km
N
1:80,000
P.26
A
B
C
1
2
3
4
丸岳
鳳翩山トンネル
鼓ヶ岳
古吉山
大内氏遺跡附
凌雲寺跡
西ノ浴川
東ノ浴川
木戸ノ浴川
寺領川
長田川
香掛川
桂ヶ岳
江嶺山
湯田CC
泉山
郷川
湯田温泉 P.25上図
龍蔵寺
美祢市
圓正寺
古四之宮神
山口バイパス
秋葉山
金山
維新百年記念公
朝田墳墓群
吉敷川
椙木山
朝田IC
大歳小
大歳駅
山口秋吉台公園自転車道線
山口宇部道路
美祢東JCT
中国自動車道
流通センターIC
山口線
椹野川
西京高
四十八瀬川
山口農高
仁保津駅
ナギ自生
北限地帯
中国自動車
小郡JCT
宇部市
伽藍山
小郡IC
上郷小
椹野川橋
八幡山
山口学芸大
狐ヶ峰
海善寺
上郷駅
黒河内
小郡トンネル
山口県鴻城高
禅定寺山
龍光寺
第二赤岸トンネル
第一赤岸トンネル
新山口駅周辺 右下図
周防下郷駅
西岸寺
陶陶窯跡
正護寺
八雲神社
新山口駅
長谷IC
山陽本線
河内川
陶小
春日神社
宇部線
陶IC
圓覚寺
山陽新幹線
椹野川大橋
周防鋳
新下関駅
宇部駅
小郡道路
防府駅

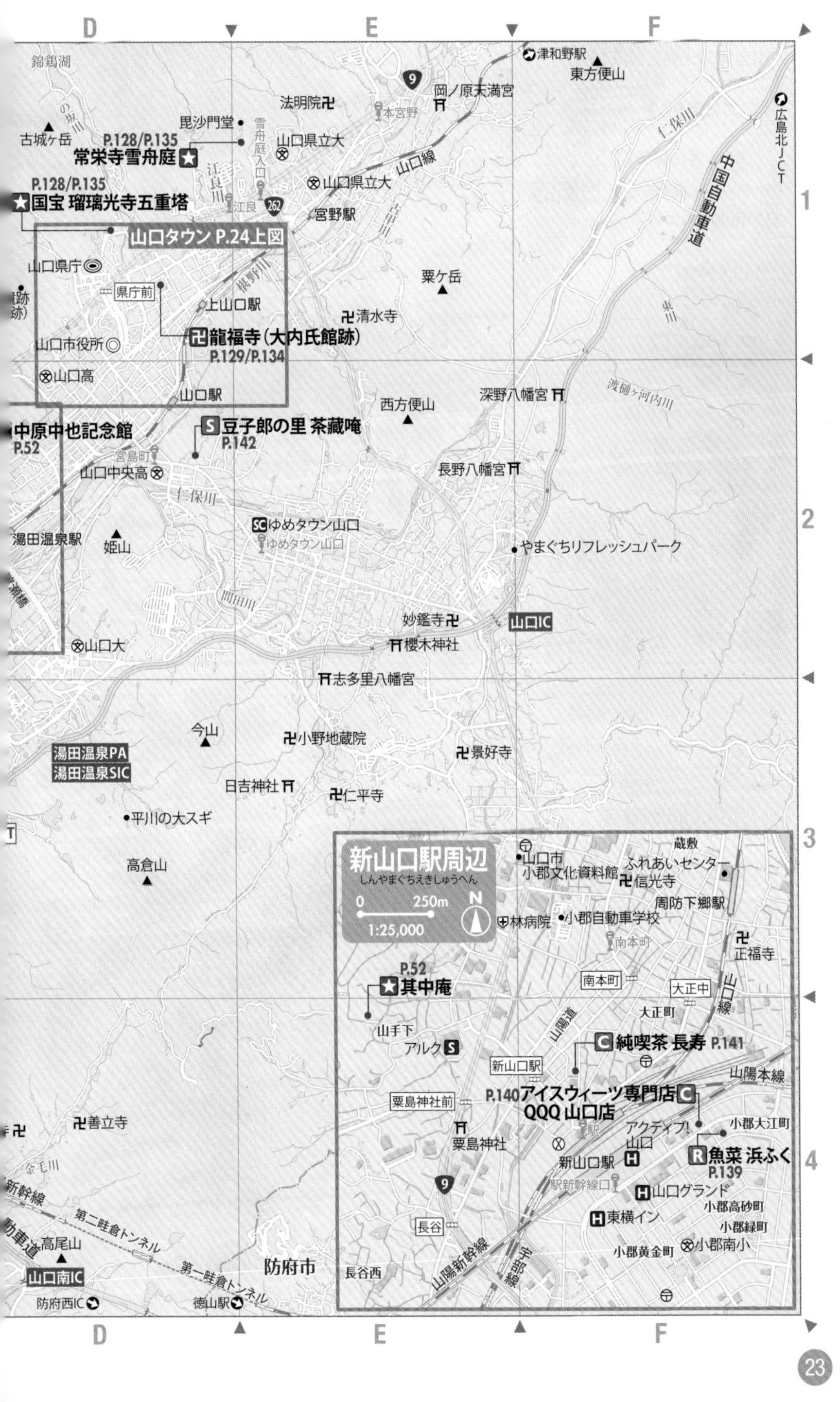

D
E
F
1
2
3
4
錦鶏湖
津和野駅
東方便山
法明院
岡ノ原天満宮
本宮野
広島北JCT
毘沙門堂
雪舟庭入口
古城ヶ岳
P.128/P.135
常栄寺雪舟庭
山口県立大
仁保川
山口線
P.128/P.135
国宝 瑠璃光寺五重塔
江良
山口県立大
中国自動車道
宮野駅
山口タウン P.24上図
山口県庁
県庁前
上山口駅
粟ヶ岳
清水寺
龍福寺（大内氏館跡）
山口市役所
P.129/P.134
山口高
山口駅
西方便山
深野八幡宮
渡樋ヶ河内川
中原中也記念館
P.52
豆子郎の里 茶蔵庵
P.142
宮島町
山口中央高
長野八幡宮
仁保川
ゆめタウン山口
湯田温泉駅
姫山
やまぐちリフレッシュパーク
問田川
妙鑑寺
山口IC
山口大
櫻木神社
志多里八幡宮
今山
小野地蔵院
景好寺
湯田温泉PA
湯田温泉SIC
日吉神社
仁平寺
平川の大スギ
高倉山
新山口駅周辺
しんやまぐちえきしゅうへん
0 250m
1:25,000
N
山口市小郡文化資料館
蔵敷
ふれあいセンター
信光寺
周防下郷駅
林病院
小郡自動車学校
南本町
正福寺
P.52
其中庵
南本町
大正中
山口線
大正町
山手下
山陽道
アルク
純喫茶 長寿 P.141
新山口駅
山陽本線
P.140 アイスウィーツ専門店
QQQ 山口店
栗島神社前
アクティブ!山口
小郡大江町
善立寺
栗島神社
新山口駅
魚菜 浜ふく
P.139
新幹線口
山口グランド
小郡高砂町
東横イン
小郡緑町
第二岐倉トンネル
高尾山
長谷
小郡黄金町
小郡南小
山口南IC
防府市
長谷西
山陽新幹線
宇部線
第一岐倉トンネル
防府西IC
徳山駅

A
B
C
1
2
3
4
山口タウン
やまぐちたうん
周辺図 P.22-23
0 250m
1:25,000
N
国宝 瑠璃光寺五重塔 P.128/P.135
瑠璃光寺
香山公園
香山公園五重塔前
S 長州苑 本館 P.143
雲谷庵跡 P.135
P.130 枕流亭
P.127 i 香山公園前観光案内所
木町橋
P.131 山口市菜香亭
野田学園前
陸上自衛隊山口駐屯地
仁壁神社
P.131 香山墓所
洞春寺
P.129 洞春寺
露山堂 P.130
今八幡宮 P.129
五重塔入口
山口線
聖サビエル記念公園
P.140 Rubino café
山口県庁
山口赤十字病院
椹野川
山口大神宮 P.129
県庁前
龍福寺(大内氏館跡) P.129/P.134
一の坂川
P.137 山口市歴史民俗資料館
県教育会館
大殿小
上山口駅
山口市
一の坂川 P.133
善生寺
県庁西門口
普門寺
亀山公園
山口大附属小
山口バイパス
P.129 古熊神社
山口市役所
大路小路 P.24下図
市民会館
白石小
市民会館前
S 特産品ショップ やまぐちさん P.142
早間田
大殿中
白石中
米屋町
山口高
S 御堀堂 本店 P.142
P.139 味わい処 あかぎ
i 山口観光案内所 P.127
長寿寺
本圀寺
中央
裁判所
中村女子高
P.25上図
P.127 福武貸自転車
山口駅
湯田温泉駅
大路小路
おおじこうじ
周辺図 P.24上図
0 150m
1:12,000
県庁東門
野田学園高・中
野田
水の上町
山口県庁
新伊勢橋
山口バイパス
伊勢大路
八坂神社 P.129
滝町
警察体育館前
築山館跡
P.131 山口県政資料館
警察体育館
八坂神社前
後河原
P.130 旧山口藩庁門
P.132 山口ふるさと伝承総合センター
萩往還
下竪小路
P.129/P.134 龍福寺(大内氏館跡)
日赤病院入口
山口赤十字病院
大手町
大殿大路
石観音町
日赤入口
県庁前
春日町
観音堂
十朋亭維新館 P.132
津和野駅
P.143 焼き菓子 やをぜ 後河原店
P.132 大路ロビー
S アトリエ a.p.r P.143
県教育会館
大殿小
道祖町
一の坂川 P.133
山口県立山口博物館 P.137
博物館前
P.133 C カフェ&ギャラリー ラ・セーヌ
豊栄
山陰道
竪小路
美術館前
県立図書館
円政寺町
亀山公園
C 珈琲館 琥珀 P.141
P.133 むくの木
万福寺
毛利敬親公之像
長山城跡
竪小路
P.133 クリエイティブ・スペース 赤れんが
山口県立美術館 P.137
堂の前町
永福寺
白石
椹野川
古熊(2)
亀山町
P.136 山口サビエル記念聖堂
一の坂川交通交流広場
山口市
中河原町
西京橋
市役所前
大市町
山口市役所
C Olive Oil & Café CHIACCHIERA P.140
市役所前
中市町
山口駅

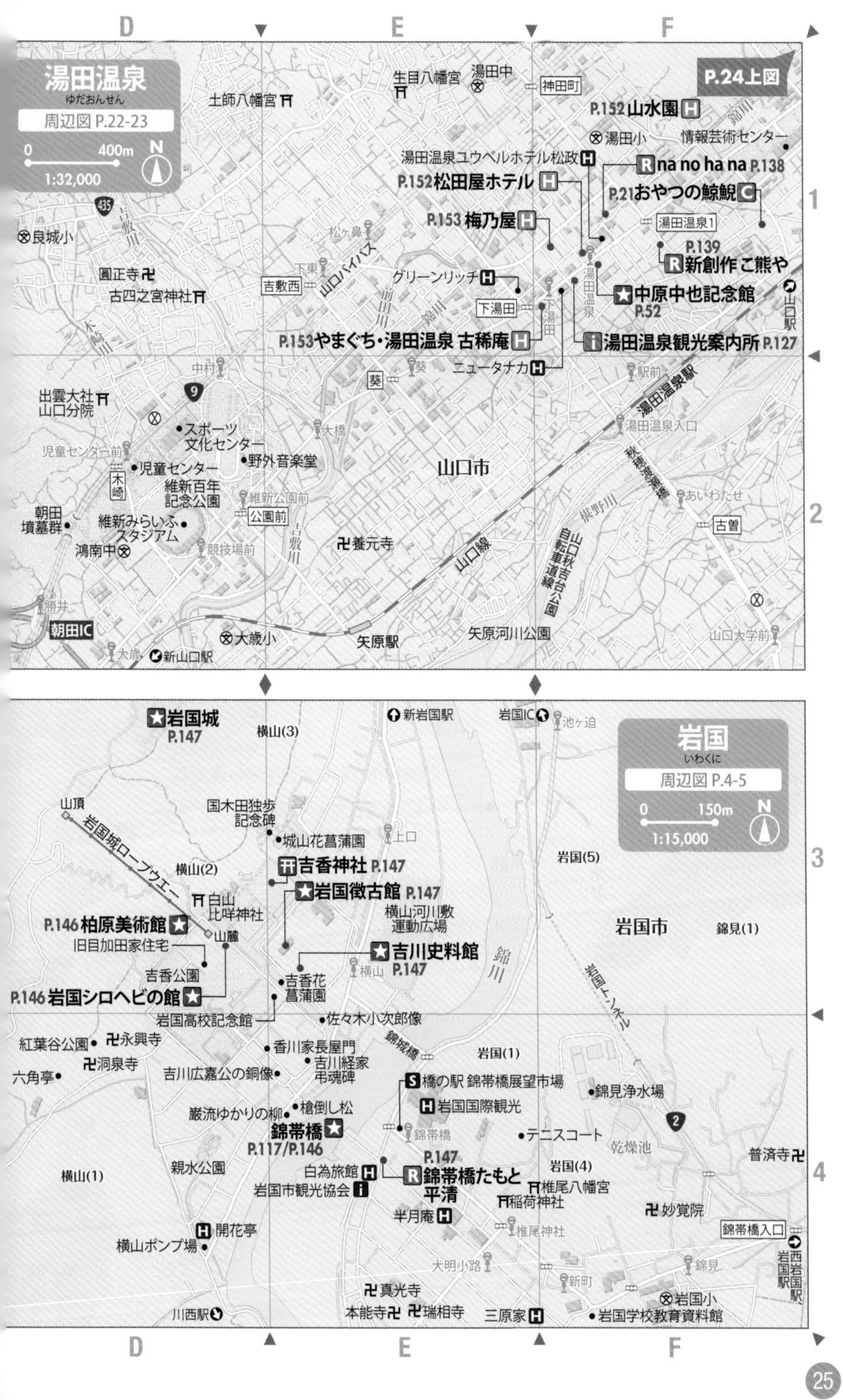

湯田温泉
ゆだおんせん
周辺図 P.22-23
1:32,000
P.24上図
P.152 山水園
na no ha na P.138
P.152 松田屋ホテル
P.21 おやつの鯨舘
P.153 梅乃屋
P.139 新創作 こ熊や
中原中也記念館 P.52
P.153 やまぐち・湯田温泉 古稀庵
湯田温泉観光案内所 P.127
湯田温泉ユウベルホテル松政
グリーンリッチ
ニュータナカ
情報芸術センター
山口市
湯田温泉駅
山口線
矢原駅
新山口駅
朝田IC
岩国
いわくに
周辺図 P.4-5
1:15,000
岩国城 P.147
吉香神社 P.147
岩国徴古館 P.147
P.146 柏原美術館
吉川史料館 P.147
P.146 岩国シロヘビの館
錦帯橋 P.117/P.146
P.147 錦帯橋たもと 平清
橋の駅 錦帯橋展望市場
岩国国際観光
白為旅館
岩国市観光協会
半月庵
開花亭
三原家
岩国市
新岩国駅
川西駅
西岩国駅

秋吉台
あきよしだい
周辺図 P.2-3
1:70,000
景清洞 P.145
トロン温泉
秋吉台自然動物公園
(秋吉台サファリランド)
三島神社
宮の馬場
佐山
大正洞 P.145
秋吉台エコ・ミュージアム
絵堂IC
高山
寺山
烏帽子岳
真名ヶ岳
中尾洞
帰水
地獄台
秋吉台道路
北山
鞍掛山
鞍掛山トンネル
十南台
美祢市
長者ヶ森 P.145
長者ヶ峯
秋吉台 P.144
中国自然歩道
秋吉台林道
カルストロード
小郡萩道路
明楽寺
常福寺
棚岩
長登銅山文化交流館
極寒山
若竹山
西山
鬼の穴
ながじゃくり
中山
中山トンネル
美祢市立秋吉台科学博物館 P.145
龍護峰
秋芳洞黒谷口
秋吉台カルスト展望台 P.144
Karstar (Mine 秋吉台ジオパークセンター) P.144
P.145 秋芳洞
エレベーター口
御器伏
秋芳洞案内所
大田小
美東中
秋芳稲荷宮
秋吉台国際芸術村
地蔵院
秋吉台観光交流センター
経塚山
美東病院
大田
宝林寺
みとう
大田IC
岩永台
自住禅寺
秋芳中
上八重
秋吉小
鼓ヶ岳
常在寺
土師神社
松ヶ岳
常念寺
岩永八幡宮
等覚寺
明厳寺
山口駅
秋吉台IC
美祢IC
美祢東JCT
P.22

防府
ほうふ
周辺図 P.2-3
1:25,000
天神山
防府競輪場
防府市
新山口CC
法花寺
天神山公園
毛利重就公の像
護国寺
防府天満宮
防府天満宮 P.148
毛利家祖霊社
毛利博物館・毛利氏庭園 P.148
歴史館
暁天楼
周防国分寺 P.148
成海寺
安養寺
定念寺
芦樵寺
万行寺
佐波神社
毛利本邸入口
上多々良
萩往還
町の駅うめてらす
国分寺
松崎小
佐波小
ゆめタウン防府
サン
アルファーワン
八王子
天神入口
国庁通
周防国衙跡
戒町
国分寺入口
東林寺
アパ
文化福祉会館
公会堂
国衙跡
スーパー
防府駅てんじんぐち
防府駅西
税務署
国府中
駅前
アスピラート（地域交流センター）
覚正寺
駅南口
防府駅
新山口駅
岸津神社
イオン
天御中主神社
山陽本線
徳山駅
防府市役所
防府署
勝間小
防府商工高
柳井
やない
周辺図 P.4-5
1:8,000
バタフライアリーナ
柳井小
光台寺
柳井市
やない西蔵 P.150
秋葉神社
姫田
柳井
柳井市観光協会
佐川醤油店
柳井縞の会 からり P.150
古市・金屋地区 P.26
誓光寺
P.52
国木田独歩旧宅
白壁の街並み
町並み資料館
三賓大荒神
宝来橋
柳井津
国森家住宅 P.150
中央(3)
緑橋
普慶寺
商家博物館むろやの園 P.150
遊気百菜館
姫田川
JA会館
本橋
むろやの園
柳井グランド
天神並木通り
中央(2)
両運橋
瑞相寺
徳山駅
柳井ビジネス
柳井川
山陽本線
土手町
中央(1)
柳井局
MrMax
駅前
駅南
休日夜間応急診療所
三角橋
柳井駅
NTT柳井支店前
天神
南町(1)
南町(2)
岩国駅
D
E
F
1
2
3
4

とりはずして使える

MAP

付録 街歩き地図

萩・津和野

下関・門司

おとな旅プレミアム
PREMIUM

TAC出版
TAC PUBLISHING

切り取り線

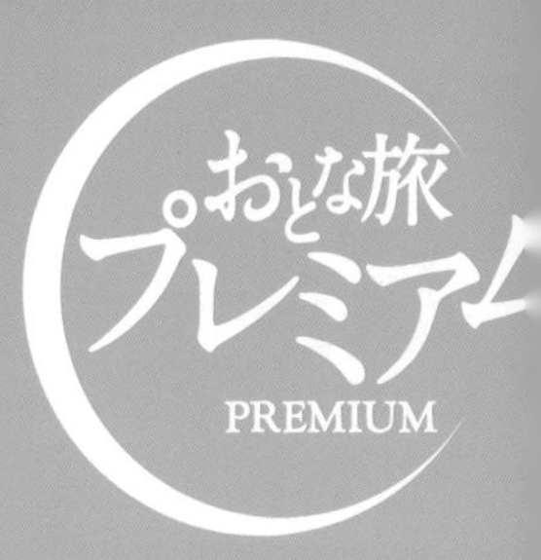

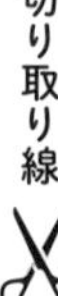

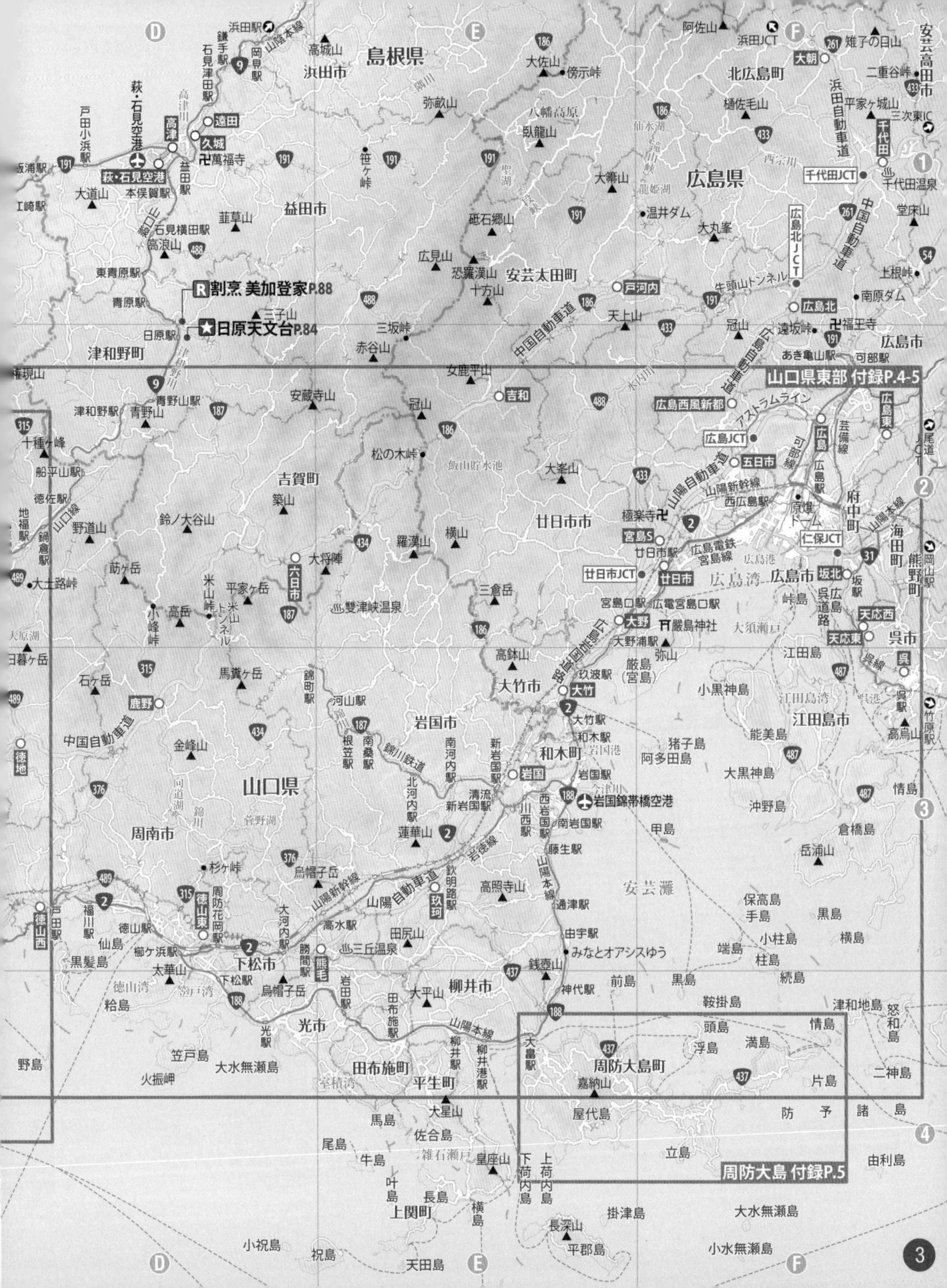

D
E
F
浜田駅
山陰本線
鎌手駅
石見津田駅
岡見駅
高城山
島根県
浜田市
大佐山
傍示峠
阿佐山
浜田JCT
雉子の日山
安芸高田市
大朝
北広島町
二重谷峠
萩・石見空港
戸田小浜駅
高津川
高津
遠田
久城
萬福寺
萩・石見空港
本俣賀駅
益田駅
飯浦駅
大道山
江崎駅
弥畝山
笹ヶ峠
八幡高原
臥龍山
聖湖
樋佐毛山
浜田自動車道
平家ヶ城山
三次東IC
千代田
千代田JCT
千代田温泉
広島県
大箒山
龍姫湖
温井ダム
大丸峯
益田市
菲草山
石見横田駅
高浪山
山口線
砥石郷山
広島北JCT
中国自動車道
堂床山
東青原駅
広見山
恐羅漢山
安芸太田町
十方山
戸河内
牛頭山トンネル
上根峠
南原ダム
青原駅
割烹 美加登家P.88
日原駅
日原天文台P.84
三子山
三坂峠
天上山
冠山
遠坂峠
広島北
福王寺
津和野町
赤谷山
あき亀山駅
可部駅
広島市
権現山
女鹿平山
吉和
山口県東部 付録P.4-5
津和野駅
青野山駅
青野山
安蔵寺山
冠山
広島西風新都
アストラムライン
広島東
十種ヶ峰
松の木峠
広島JCT
五日市
尾道
船平山駅
徳佐駅
地福駅
鍋倉駅
吉賀町
飯山貯水池
大峯山
山陽自動車道
山陽新幹線
西広島駅
原爆ドーム
府中町
山陽本線
海田町
熊野町
野道山
鈴ノ大谷山
箕山
横山
廿日市市
極楽寺
宮島S
廿日市駅
仁保JCT
羅漢山
大将陣
六日市
廿日市JCT
廿日市
広島電鉄宮島線
広島港
広島湾
広島市
坂北
坂駅
岡山駅
大土路峠
米山峠
平家ヶ岳
米山トンネル
三倉岳
小峰峠
高岳
雙津峡温泉
宮島口駅
広電宮島口駅
大野
嚴島神社
大須瀬戸
天応西
天応東
呉市
大原湖
日暮ヶ岳
大野浦駅
弥山
高鉢山
厳島（宮島）
江田島
呉
石ヶ岳
馬糞ヶ岳
錦町駅
河山駅
玖波駅
大竹市
大竹
小黒神島
江田島湾
呉駅
鹿野
中国自動車道
錦川鉄道
岩国市
大竹駅
和木駅
江田島市
能美島
高烏山
竹原駅
徳地
金峰山
根笠駅
南桑駅
南河内駅
新岩国駅
和木町
岩国港
猪子島
阿多田島
大黒神島
岩国
岩国駅
向道湖
錦川
山口県
北河内駅
清流新岩国駅
川西駅
西岩国駅
岩国錦帯橋空港
南岩国駅
沖野島
情島
周南市
菅野湖
蓮華山
岩徳線
甲島
藤生駅
倉橋島
岳浦山
杉ヶ峠
烏帽子岳
山陽自動車道
欽明路駅
玖珂
高照寺山
安芸灘
徳山西
戸田駅
福川駅
徳山東
周防花岡駅
大河内駅
高水駅
山陽本線
通津駅
保高島
手島
黒島
仙島
徳山駅
櫛ケ浜駅
勝間駅
熊毛
三丘温泉
田尻山
由宇駅
みなとオアシスゆう
小柱島
端島
横島
柱島
黒髪島
太華山
下松市
下松駅
烏帽子岳
銭壺山
前島
黒島
続島
徳山湾
笠戸湾
岩田駅
田布施駅
大平山
柳井市
神代駅
鞍掛島
津和地島
怒和島
粭島
光駅
光市
山陽本線
頭島
情島
浮島
満島
大畠駅
周防大島町
二神島
野島
笠戸島
大水無瀬島
火振岬
田布施町
柳井駅
柳井港駅
平生町
嘉納山
片島
室積湾
大星山
屋代島
防
予
諸
島
馬島
佐合島
尾島
雑石瀬戸
皇座山
下荷内島
上荷内島
立島
周防大島 付録P.5
由利島
牛島
叶島
長島
上関町
横島
掛津島
大水無瀬島
長深山
小祝島
祝島
平郡島
小水無瀬島
天田島

あなただけの
プレミアムな
おとな旅へ！
ようこそ！

HAGI TSUWANO
SHIMONOSEKI MOJI

萩・津和野・下関・門司への旅

幕末が波立った海峡から志士の熱情を生んだ街へ

幕末、高杉晋作は萩で結成した奇兵隊で、欧米の艦隊と関門海峡で一戦を交え、敗退。その後この地で病死。墓は下関にある。坂本龍馬もこの時期頻繁に下関に来て木戸孝允らと会い、晋作にも加勢した。のちに妻おりょうと厳流島に遊んだりし、一人京都へ出て暗殺された。ともに20代であった。海峡で幕末は動乱し、彼らにとってはまさしく青春の地。その昔、平家の最期となった壇ノ浦もここにある。歴史を沈めてくつろぐ海峡から、志士を育てた山陰の街へ。

SIGHTSEEING

萩の街では吉田松陰が維新の志士を育てあげた

【松下村塾】➡P.39

若き英傑たちが躍動した地で
激動の時代に思いを馳せたい
関門海峡に架かる関門橋は、
本州と九州をつなぐシンボル
SIGHTSEEING
萩で過ごした
高杉晋作たち
ゆかりの場所も
見逃せない
旧町人地 ➡P.34
SIGHTSEEING
壇之浦を望み
平家一門を祀る。
壮麗な水天門が
印象的だ
赤間神宮 ➡P.100

地元が誇る山海の幸を味わい
奥深き伝統工芸の世界を知る
食材と先人の知恵が結実した料理が並ぶ
GOURMET
下関グルメを代表する「ふく」。匠の技が光る薄造りに注目
割烹旅館 寿美礼 ➡P.107
萩焼のショップを巡り自分だけの逸品探し
GOURMET
萩での食事は日本海の幸とブランド肉を楽しみたい
萩の酒と萩の肴 MARU ➡P.57

古き良き街並みに優美な建築、
目の覚めるような絶景に出会う
津和野の殿町通りで
城下町の面影を探す
SIGHTSEEING
山口市には
大内氏の繁栄を
伝える建造物が
点在する
国宝 瑠璃光寺五重塔 ➡P.128
コバルトブルーの海に
架かる角島大橋を渡る
SIGHTSEEING
海沿いに
無数に立ち並ぶ
鳥居が印象的な
長門の神社
元乃隅神社 ➡P.68

CONTENTS

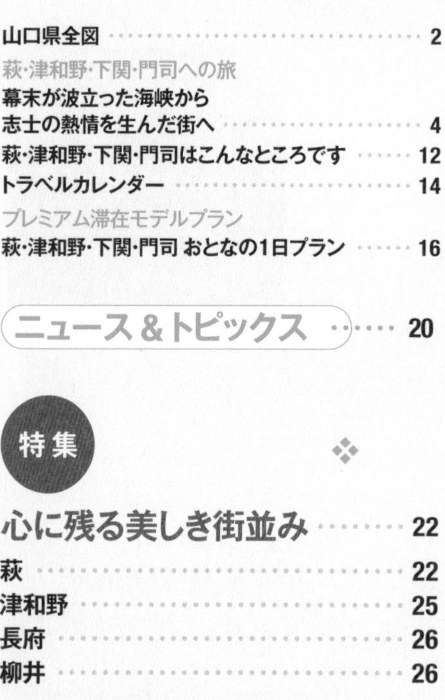

萩

津和野

下関・門司

山口

付録地図

本書のご利用にあたって

● 本書中のデータは2023年10～12月現在のものです。料金、営業時間、休業日、メニューや商品の内容などが、諸事情により変更される場合がありますので、事前にご確認ください。

● 本書に紹介したショップ、レストランなどとの個人的なトラブルに関しましては、当社では一切の責任を負いかねますので、あらかじめご了承ください。

● 営業時間、開館時間は実際に利用できる時間を示しています。ラストオーダー(LO)や最終入館の時間が決められている場合は別途表示してあります。

● 営業時間等、変更する場合がありますので、ご利用の際は公式HPなどで事前にご確認ください。

● 休業日に関しては、基本的に定休日のみを記載しており、特に記載のない場合でも年末年始、ゴールデンウィーク、夏季、旧盆、保安点検日などに休業することがあります。

● 料金は消費税込みの料金を示していますが、変更する場合がありますのでご注意ください。また、入館料などについて特記のない場合は大人料金を示しています。

● レストランの予算は利用の際の目安の料金としてご利用ください。Bが朝食、Lがランチ、Dがディナーを示しています。

● 宿泊料金に関しては、「1泊2食付」「1泊朝食付」「素泊まり」は特記のない場合1室2名で宿泊したときの1名分の料金です。曜日や季節によって異なることがありますので、ご注意ください。

● 交通表記における所要時間、最寄り駅からの所要時間は目安としてご利用ください。

● 駐車場は当該施設の専用駐車場の有無を表示しています。

● 掲載写真は取材時のもので、料理、商品などのなかにはすでに取り扱っていない場合があります。

● 予約については「要予約」(必ず予約が必要)、「望ましい」(予約をしたほうがよい)、「可」(予約ができる)、「不可」(予約ができない)と表記していますが、曜日や時間帯によって異なる場合がありますので直接ご確認ください。

● 掲載している資料および史料は、許可なく複製することを禁じます。

データの見方

- ☎ 電話番号
- 所 所在地
- 開 開館／開園／開門時間
- 営 営業時間
- 休 定休日
- 料 料金
- 交 アクセス
- P 駐車場
- 室 宿泊施設の客室数
- in チェックインの時間
- out チェックアウトの時間

地図のマーク

- ★ 観光･見どころ
- 卍 寺院
- ⛩ 神社
- ✝ 教会
- R 飲食店
- C カフェ･甘味処
- S ショップ
- SC ショッピングセンター
- H 宿泊施設
- i 観光案内所
- ✈ 空港
- ♨ 温泉
- ビーチ
- バス停

旅のきほん 1

エリアと観光のポイント

萩・津和野・下関・門司はこんなところです

海に面した城下町・萩、山々に囲まれた津和野、関門海峡を望む下関、山口県の中心都市・山口。山陰と山陽にまたがる広い範囲に、魅力あるエリアが点在している。

日本海
石見津田駅
萩・石見空港
飯浦駅
須佐駅
須佐湾
江崎駅
戸田小浜駅
本俣賀駅
益田駅
益田市
石見横田駅
東青原駅
日原天文台
青原駅
宇田郷駅
阿武町
木与駅
津和野
日原駅
津和野町
山口線
奈古駅
山陰本線
萩
長門大井駅
堀庭園
津和野駅
青野山駅
萩城跡（指月公園）
越ヶ浜駅
津和野城跡
元乃隅神社
長門大島
青海島
黄波戸駅
仙崎駅
長門三隅駅
大島
東萩駅
船平山駅
長門粟野駅
油谷湾
長門・仙崎
深川湾
鍋倉駅
徳佐駅
島根県
角島
阿川駅
伊上駅
人丸駅
古市駅
長門市駅
三見駅
飯井駅
萩駅
松陰神社
地福駅
名草駅
吉賀町
角島大橋
山陰本線
板持駅
長門湯本駅
萩市
三谷駅
特牛駅
渋木駅
萩往還
渡川駅
長門峡駅
滝部駅
長門市
大原湖
篠目駅
長門二見駅
豊田湖
美祢線
秋吉台
山口
山口市
鹿野
於福駅
美祢市
絵堂
響灘
宇賀本郷駅
大田
国宝 瑠璃光寺五重塔
湯玉駅
秋吉台
湯田温泉駅
山口線
重安駅
美祢
十文字
小郡JCT
山口駅
中国自動車道
徳地
山口県
小串駅
美祢駅
山口
南大嶺駅
美祢東JCT
川棚温泉駅
四郎ヶ原駅
湯田温泉S
佐波川
周南市
黒井村駅
菅野湖
蓋井島
梅ヶ峠駅
美祢西
厚保駅
小郡
山口JCT
宇部市
新山口駅
下関JCT
湯ノ峠駅
山陽本線
山口南
防府東
防府天満宮
周防花岡駅
下関市
小月
防府市
吉見駅
山陽新幹線
厚東駅
四辻駅
福川駅
徳山駅
大河内駅
新下関駅
小月駅
埴生駅
埴生
厚狭駅
小野田
宇部線
椹野川
大道駅
防府西
防府駅
防府
戸田駅
徳山西
櫛ヶ浜駅
下松市
長府駅
宇部駅
秋穂湾
大海湾
徳山湾
下松駅
下関・門司
長府
小野田駅
宇部
宇部JCT
向島
笠戸湾
福岡県
下関
火の山公園
小野田港
居能駅
宇部
山陽本線
光駅
下関駅
門司港
長門本山駅
ときわ公園
若松駅
戸畑駅
門司港駅
旧門司税関
妻崎駅
小野田線
宇部新川駅
常盤駅
野島
笠戸島
小倉駅
門司駅
門司
山口宇部空港
宇部岬駅
周防灘
筑豊本線（若松線）
新門司
九州自動車道
北九州港
北九州市
北九州空港

歴史の転換を見守った雄大な海峡風景

下関・門司 ➡P.98

しものせき・もじ

山口県・福岡県

本州の最西端、壇ノ浦の戦いなどさまざまな歴史的事件が繰り広げられた海峡の街・下関。高杉晋作や坂本龍馬など志士とのゆかりも深く、人気の名所が多く点在する。市場など海沿いならではの魅力も豊富で、名物のふぐ料理も絶品。晋作が決起した長府や、関門海峡を隔てた九州側のレトロな港町・門司など、周辺の見どころも多い。

観光のポイント 豊富な歴史スポットとビュースポットのほか、海峡沿いの唐戸市場やカモンワーフも人気だ

⬆下関といえばふぐ。本場ならではの上質なふぐ料理を堪能できる

➡関門海峡に架かる関門橋を、和布刈公園や火の山公園から眺めたい

近代日本へ歴史を動かした維新の出発点

萩 はぎ ➡P.28 山口県

江戸時代、長州藩・毛利元就が居城地として開いた城下町を中心に発展。幕末から明治時代にかけて活躍した志士たちを輩出した歴史ロマンあふれる街で、日本の近代化を主導した長州藩の実績から、萩城下町や松下村塾などゆかりのスポットが世界遺産にも登録されている。港町でもあり、豊富に味わえる旬の地魚も人気。

観光のポイント
長州藩の活躍と密接に関わる城下町・堀内と松陰神社周辺が観光の定番。藍場川沿いや、海沿いの浜崎も独特の風情が楽しめるのでおすすめ

○松陰神社境内に建つ小舎が松下村塾だ

○萩城下町旧町人地の菊屋横町には、日本の道百選にも選ばれた美しい道が続く

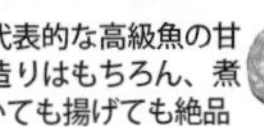

○萩の代表的な高級魚の甘鯛。お造りはもちろん、煮ても焼いても揚げても絶品

山あいの隠れ里のような風情の城下町

津和野 つわの ➡P.74 島根県

島根県西部、山口県との県境近くの内陸の街。江戸時代に津和野藩の城下町として整備され、『津和野百景図』に描かれた幕末をしのばせる風景や風物が多く残されている。風情ある街並みを見下ろして、山上には雄大な山城跡がそびえ、山里らしい地の食材や郷土料理も楽しめる。

観光のポイント
城下町中心部の本町・殿町は気軽に巡れる広さで散策を楽しめる。津和野城跡周辺の見どころにも足を運びたい

○険しい山頂にある津和野城跡だが、観光リフトで気軽に上ることができる

○津和野を代表する銘菓「源氏巻」は上品な甘さ

○殿町通りの掘割では色鮮やかな錦鯉が群れをなし、「鯉が泳ぐ城下町」とも呼ばれる

文化財の数々が語る栄華の面影

山口 やまぐち ➡P.126 山口県

室町時代に大内氏の本拠地として当時京都に匹敵する栄華を極めた街。幕末には藩庁が萩から移され、地方行政の中心地に復権。歴史的価値の高い大内文化の数々の寺社建築や、幕末の長州藩ゆかりの歴史的名所が魅力だ。

観光のポイント
大内文化の生んだ神社仏閣や庭園は必見。併せて幕末の史跡も巡りたい

○大内文化の最高傑作として名高い国宝 瑠璃光寺五重塔

○宿泊は美肌の湯で有名な湯田温泉の宿を利用したい

気候や季節ごとの行事、味覚をチェック

トラベルカレンダー

歴史あるエリアらしく、さまざまな歴史的事件ゆかりの行事が開催されている。特産品を扱うイベントも人気だ。一年を通じてさまざまな魚介が楽しめるのも魅力。

1月	2月	3月	4月	5月	6月
一年で最も寒い季節。日本海側は季節風の影響で特に冷え込む。	観光の定番シーズンではないが、秋吉台山焼きなど大型イベントも。	気温が徐々に上向き、桜が開花する下旬には観光客が急増する。	桜で彩られた寺社や史跡は風情満点。各地で桜関連のイベントも。	街なかも秋吉台などの高原も新緑が美しく、観光に適した季節。	上旬には梅雨入りする年が多く、観光客の数がやや落ち着く時期。

- 萩・月平均気温(℃)
- 下関・月平均気温(℃)
- 萩・月平均降水量(mm)
- 下関・月平均降水量(mm)

	1月	2月	3月	4月	5月	6月
萩・月平均気温(℃)	5.7	6.4	9.1	13.6	18.3	21.9
下関・月平均気温(℃)	7.2	7.5	10.3	14.7	19.1	22.5
萩・月平均降水量(mm)	94.5	76.3	124.5	120.4	134.7	206.5
下関・月平均降水量(mm)	80.0	75.9	121.2	130.8	154.2	253.6

冬はしばしば降雪があり、気温が低い内陸部ほど積もりやすい。大雪になることもあるので注意が必要

桜の見頃は3月下旬～4月中旬。例年、各名所は大混雑をみせる

ホタルが見られる清流も多く、イベントも多数

1月

上旬

松陰神社勧学祭

受験生たちの合格を祈願する行事。学問の神として祀られる吉田松陰のご神徳にあやかろうと、たくさんの参拝者が訪れる。

成人の日

奉射祭

忌宮神社(P.111)の神事。仲哀天皇が新羅の塵輪を射倒された故事に倣い、弓矢を放って邪鬼を祓い、五穀豊穣などを祈願する「奉射祭」を行う。

2月

2・3日

節分祭・牛替(うしかえ)神事

神くじにより、御神幸祭(裸坊祭)の神牛役を選ぶ防府天満宮(P.148)の神事。牛以外にも、数千点の景品が用意され、当選者に授けられる。

第3日曜

秋吉台山焼き

カルスト台地・秋吉台(P.144)の野焼きで、1日に行われるものとしては日本最大規模(天候により日程変更の場合あり)。

3月

10日

萩の真ふぐ祭り

2～4月が最盛期の真ふぐ漁。萩産真ふぐ鍋や、真ふぐの刺身、寿司などの販売が行われる。

4月

上旬の土・日曜

湯田温泉白狐まつり

街が繁栄するきっかけになったとされる白狐伝説にあやかった祭りで、温泉の恵みに感謝。

29日

錦帯橋まつり

江戸時代の参勤交代を再現した大名行列が、錦帯橋(P.146)を練り歩く。周辺では岩国藩鉄砲隊の演武や岩国太鼓の演奏も行われる。

5月

1～5日

萩焼まつり

市内数十の窯元や販売店が集まり、即売を行う。品揃え豊富で通常よりも安く購入可能。

2～4日

先帝祭

壇ノ浦の戦いで幼くして入水した安徳天皇を偲ぶ赤間神宮(P.100)の神事。3日に行われる華やかな「上臈道中」が最大の見どころ。

6月

5月下旬～6月上旬

ほたる観賞Week!

山口市内を流れる一の坂川(P.133)で、一年のうちで最もホタルの見頃となる時期。期間中の土曜日にはさまざまな展示が催される。交通規制も実施され、ゆっくりとホタルの観賞が楽しめる。

- わさび 1～4月
- 鮎 6～11月
- 夏みかん 4月中旬～6月下旬
- ウニ 3～4月
- ウニ 6～8月
- ふく 11～3月
- 金太郎 11～3月
- 瀬つきあじ 4～7月
- ケンサキイカ 4～12月
- 甘鯛 通年

わさび

夏みかん

瀬つきあじ

甘鯛

ほたる観賞Week！

関門海峡花火大会

山口ゆらめき回廊

萩時代まつり

7月

中旬まで梅雨空が続く。梅雨の季節が終わると、一気に夏の気温になる。

26.5 / 26.2 / 273.5 / 309.4

瀬戸内海側よりも内陸や日本海側のほうが気温が高くなることもある

20～27日
山口祇園祭
八坂神社（P.129）の例祭で、約600年の歴史がある。20日の御神幸、24日の市民総踊り、27日の御還幸の順に行われる。

20・27日
鷺舞神事（さぎまい）
津和野にある弥栄神社（P.83）に伝わる神事で、国指定重要無形民俗文化財の古典芸能。2日間それぞれ、町内各所で舞が披露される。

8月

各地で夏祭りなどのイベントが開かれ、たくさんの観光客で賑わう。

27.9 / 27.0 / 178.0 / 190.0

1～3日
萩夏まつり
1日の「萩・日本海大花火大会」に始まり、3日の「お船謡」披露や神輿巡行と盛りだくさん。

13日
関門海峡花火大会
門司と下関、関門海峡の両岸で開催される西日本最大級の花火大会。海峡を挟んで競い合うように打ち上げられる花火は圧巻。

9月

上旬から中旬までは暑さが続く。台風の襲来にも注意が必要。

24.6 / 23.1 / 201.4 / 162.6

指定日
山口ゆらめき回廊
国宝 瑠璃光寺五重塔（P.128）のライトアップと、周辺散策路のキャンドルの灯火によって香山公園内は幻想的な雰囲気に包まれる。

10月

暑さが落ち着き、雨も少ないので観光に最適。秋の味覚も続々登場。

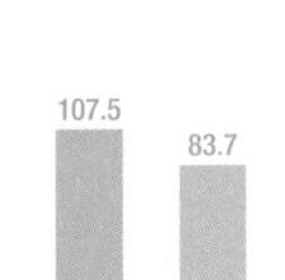

19.7 / 17.7 / 107.5 / 83.7

中旬
岩国祭
岩国最大のイベント。芸能大会、前夜祭や吹奏楽のパレード、市民総踊りなど、多数の催しが行われる。

第3日曜
芋煮と地酒の会
昔は地元の人同士で行われていた「芋煮会」を観光客向けに実施。津和野の秋の味覚である芋煮が地酒とともに振る舞われる。

11月

朝晩を中心に冷え込む日が増える。紅葉の時期には観光客が増加。

紅葉の見頃は11月中旬～下旬。山間部ほど色づきが早い

14.5 / 12.8 / 88.8 / 81.9

第2日曜
※日曜が8日の場合は15日
萩時代まつり
「平安古備組」と「古萩町大名行列」、合わせて200人以上の行列が萩の城下町を練り歩く。物産販売が行われる「萩ふるさとまつり」も、前日の土曜日から同時開催。

12月

寒さ対策が必要になる。名物の魚介も多くが旬を迎え、味わいを増す。

下関や山口などの都市部ではイルミネーションイベントも開催

9.5 / 8.0 / 86.9 / 69.1

1～31日
「12月、山口市はクリスマス市になる」
山口市には日本初のクリスマスミサが行われた歴史がある。期間中は市内各所で、多数のイルミネーションやクリスマスイベントを開催。

27～31日
萩・年末お魚市
年末年始の料理用の魚介が、道の駅 萩しーまーと（P.41）で、特売価格で販売される。おせち料理用の食材も豊富。

ウニ

鮎

ケンサキイカ

ふく

金太郎

ふく 11～3月

金太郎 11～3月

※日程は変動することがありますので、事前にHPなどでご確認ください。

プレミアム滞在 モデルプラン

萩・津和野・下関・門司 おとなの1日プラン

動乱の時を刻んだ城下町と海峡。さまざまな歴史ドラマが繰り広げられた舞台を、往時の風情を残す街並みを歩きながら、各地の在りし日や現在に伝わる文化に思いを馳せてみたい。

萩・平安古鍵曲(ひやこかいまがり)。城下町の風情が残る

8:55 東萩駅

約15分
東萩駅前からまぁーるバス・東回りコースで13分、松陰神社前下車すぐ

9:10 松陰神社

約5分
松陰神社前からまぁーるバス・東回りコースで3分、松陰神社北・郡司鋳造所遺構広場前下車すぐ

10:45 吉田松陰誕生地/吉田松陰墓所

約20分
松陰誕生地前バス停からまぁーるバス・東回りコースで18分、萩市役所下車、徒歩2分

11:30 萩・明倫学舎

約10分
旧町人地まで徒歩約10分

13:00 旧町人地/旧上級武家地/萩城跡(指月公園)

約40分
萩城跡・指月公園入口北門屋敷入口バス停からまぁーるバス・西回りコースで35分、萩駅前下車すぐ

18:00 萩駅

庭園を眺めながらランチをいただけるホトリテイ(P.58)

新時代を導いた志士の故郷・萩を訪れる

時代を動かす原動力が生まれ育まれた、長州藩ゆかりの名所を巡る。

維新を成し遂げる精神を育てた 吉田松陰 ゆかりの地へ

松陰神社 ➡P.38
しょういんじんじゃ

吉田松陰が愛用した赤間硯(あかますずり)と手紙を御神体に、松陰を祀って建てられた神社。境内には世界遺産の松下村塾と吉田松陰幽囚ノ旧宅をはじめ、さまざまな史跡が残る。松陰の人生を紹介する歴史館や、遺品・遺墨を展示する宝物殿など見どころ豊富。

松下村塾 ➡P.39
しょうかそんじゅく

吉田松陰がのちの明治維新の牽引者たちを指導した場所。

松陰の肖像画などが見られる講義室

プランニングのアドバイス

便利な循環バス(P.30)を利用して無理なく移動し、萩の2大観光スポットにして世界遺産でもある松下村塾(松陰神社)と萩城下町を巡る。萩城下町は広範囲にわたって往時の見事な景観が保存され、見どころも非常に多いため、見学時間はたっぷりと確保しておきたい。旧町人地には休憩にぴったりのカフェや萩焼などのおみやげ探しにおすすめのショップもあるので覚えておきたい。特に飲食店が集中しているエリアはないので、昼食は訪れた観光ポイントの周辺で探したい。夕食も萩でと考えるなら、循環バスは17時台が終発なのでタクシーを利用するか、萩駅から東萩駅に移動し駅周辺の店へ。おすすめは萩ならではの地魚料理だ。

若き日の吉田松陰が過ごした地に立ち寄る

吉田松陰誕生地 ➡P.40

よしだしょういんたんじょうち

「団子岩」と呼ばれる風光明媚な高台から、萩城下町や指月山、日本海と、松陰も眺めた風景を望む。

吉田松陰墓所

よしだしょういんぼしょ

➡P.40

松陰の遺髪を埋葬した墓所が誕生地に隣接し、墓碑には松陰が用いた号から「松陰二十一回猛士墓」と刻まれる。幕府を恐れず名前入りで寄進された水盤や花立が、松陰と教え子たちの絆を感じさせてくれる。

旧藩校跡に建つ観光起点で萩を知る

萩・明倫学舎 ➡P.33

はぎ・めいりんがくしゃ

旧萩藩校・明倫館の跡地に建てられた旧明倫小学校の校舎を観光起点としてリニューアル。萩観光のさまざまな情報が得られ、世界遺産ビジターセンターや幕末ミュージアムも開設している。

世界遺産の町並み・萩城下町を歩く

旧町人地 ➡P.34

きゅうちょうにんち

城下町入口から外堀までの区画。中下級武士や御用商人が生活した旧宅が立ち並ぶ。高杉晋作などが生まれ育った地で、幕末好きなら見逃せない。

旧上級武家地 ➡P.35

きゅうじょうきゅうぶけち

外堀から内堀までの区画で、上級武士の邸宅があった地区。萩城とともに藩政の中心を担った。長屋門や物見櫓、鍵曲など城下町ならではの見どころが点在し、萩博物館(P.35)もある。

萩城跡(指月公園) ➡P.36

はぎじょうあと(しづきこうえん)

長州藩を治めた毛利氏の政治拠点で居城跡。明治7年(1874)に天守などの建物は解体されたが、石垣や堀の一部が保存され、一帯は指月公園として整備されている。背後の指月山や水面に映る石垣の景観が美しい。

春は桜の名所として人気のスポット

「山陰の小京都」津和野を巡る

山々に抱かれ箱庭のようにつつましく美しい城下町を歩き、天空の城跡を目指す。

9:00 津和野駅

約5分
本町通りまで徒歩約5分

9:05 本町通り／殿町通り

約15分
殿町通りの津和野カトリック教会から津和野駅前の貸自転車店まで徒歩10分、レンタサイクルで太皷谷稲成神社の参道入口まで5分

13:00 太皷谷稲成神社

約15分
太皷谷稲成神社の参道入口からレンタサイクルで津和野城跡の麓まで5分、山頂までリフトで5分

15:00 津和野城跡

約20分
山頂から麓までリフトで5分、津和野駅前までレンタサイクルで10分

17:00 津和野駅

カフェ休憩と合わせておみやげも買える沙羅の木 本店(P.92)

城下町のメインストリート 本町通りと殿町通りを散策

本町通り ➡P.76
ほんまちどおり

商家が多く立ち並んだ通りで、古い酒蔵や風情あふれる町家が残る。耐寒性の高い石州瓦の赤茶色が趣深い。

殿町通り ➡P.78
とのまちどおり

武家屋敷が立ち並んだ通り。なまこ壁や鯉の泳ぐ掘割が美しい。津和野カトリック教会のほか見どころも多い。

千本鳥居の参道を上り、稲成神社に参詣する

太皷谷稲成神社 ➡P.82
たいこだにいなりじんじゃ

津和野城の鬼門にあたる東北の方角にある太皷谷の峰に鎮座。社殿のある高台へは車でも上れるが、ぜひ約1000本もの鳥居が並ぶ表参道を歩きたい。参道入口から社殿までは約15分ほど。

山頂に建つ 山城跡 から城下を眺める

津和野城跡 ➡P.81
つわのじょうあと

街の南、標高367mの霊亀山(れいきさん)山上に築かれた津和野城。全曲輪の石垣が現存し、津和野の街並みを眼下に見渡すことができる。

石垣のスケールの大きさに圧倒される

プランニングのアドバイス

本町通り・殿町通りは合わせても1km足らずで、気軽に散策が楽しめる。通り沿いの老舗やショップでおみやげ探しも忘れずに。散策後はいったん駅前に戻り、レンタサイクルを借りて津和野城跡を目指す。途中で太皷谷稲成神社も参詣したい。飲食店は本町・殿町に多いので、散策が一段落したら昼食を。おすすめは郷土料理で、日中しか食べられない店も多い。夕食も本町・殿町周辺が店を探しやすい。夏〜秋はぜひ旬の鮎料理を味わってみたい。

9:00 **下関駅**

約10分
サンデン交通バス・国民宿舎前行きで9分、赤間神宮前下車すぐ

9:10 **赤間神宮**

約15分
赤間神宮前バス停からサンデン交通バス・国民宿舎前行きで6分、火の山ロープウェイ下車、ロープウェイで山頂まで4分

10:20 **火の山公園**

約10分
ロープウェイで山頂から麓まで4分、火の山ロープウェイバス停からサンデン交通バス・下関駅行きで3分、御裳川下車

11:30 **関門トンネル人道**

約15分
関門トンネル人道口バス停から西鉄バス・74系統戸畑渡場行きで13分、門司港駅前下車、旧大阪商船まですぐ

12:10 **旧大阪商船／旧門司税関**

約20分
マリンゲートもじから関門連絡船で下関の唐戸桟橋まで5分、唐戸バス停からサンデン交通バス・下関駅行きで7分、終点下車

17:45 **下関駅**

プランニングのアドバイス

火の山公園にアクセスできるバスは本数が少ないので注意。関門トンネル人道の入口には、壇ノ浦古戦場跡にあたる「みもすそ川公園」(P.105)もあるので、時間に余裕があれば立ち寄りたい。門司観光後、下関へ戻る際は関門連絡船(P.99)を利用。唐戸に着いたら、カモンワーフ(P.103)に立ち寄って下関みやげを探すのもいい。ランチは門司港に着いてから、港を望むカフェでいただくのがおすすめ。ディナーにはぜひ下関名物のふぐ料理をコースで味わいたい。

関門海峡を越えて下関から門司へ

平家滅亡の舞台となった下関とレトロな港町・門司を併せて観光する。

悲劇の幼帝を祀る 赤間神宮 へ行く

赤間神宮 ➡P.100

あかまじんぐう

壇ノ浦の戦いで入水し、平家の滅亡とともに幼くして命を落とした安徳天皇を祀る。

源平最後の合戦地・壇ノ浦 を望む

火の山公園 ➡P.104

ひのやまこうえん

山頂に展望台がある、関門海峡を見晴らすビュースポット。冬季以外ならロープウェイで気軽にアクセスできるので、ぜひ絶景をその目に焼き付けたい。

きらびやかな海峡夜景を見に行くのもおすすめ

徒歩で 関門海峡 越えに挑戦する

関門トンネル人道 ➡P.105

かんもんトンネルじんどう

本州と九州を結ぶ、全長780mの関門トンネルには車道のほか人道も併設。歩いて海峡を渡れると人気だ。

門司港レトロ地区 で美しい洋館を見学

旧大阪商船 ➡P.112

きゅうおおさかしょうせん

国際貿易都市として賑わった門司港を象徴する、八角形の塔屋が目印の洋館。

旧門司税関 ➡P.113

きゅうもじぜいかん

重厚な造りで存在感のある旧税関庁舎。赤レンガを使用した外観が港に映える。

近くには展望室を備えた高層ビルが建つ

ニュース＆トピックス

先人たちから受け継いだ気性と文化は今も健在で、新しく生まれたものの中に随所に見られる。施設も地域の魅力を伝えるために日々工夫を凝らし、訪れる人々へ驚きや感動、癒やしを提供する。

自然、動物、歴史…コンセプチュアルな お宿 に注目!

さわやかな海、静かな空気が漂う歴史ある街、愛犬と過ごせる宿。さまざまな滞在のスタイルが叶う、こだわりコンセプトの宿が各地にオープンしている。

2023年7月オープン

愛犬用の食事やデザートも用意があるため、一緒に食事時間が楽しめる

Animal Resort HARERUYA
アニマル リゾート ハレルヤ

築94年の古民家を再生した、ペットと過ごせる古民家リゾートゲストハウス。愛犬と一緒に食事をしたり、ドッグランで遊んだり宿泊したり。ショップには愛犬用のこだわり商品を取り揃えている。

下関 MAP 付録 P.12 A-4

☎083-227-3108 所山口県下関市豊北町阿川3761 交JR阿川駅から徒歩12分 Pあり in15:00 out10:00 室3室 予算1泊朝食付1万9800円～(愛犬1頭目は無料、2頭目から＋1000円)

食事処では山口県のこだわり食材を使った料理を提供

宿泊は2階のお部屋がメイン。お風呂やトイレは1階の共有スペースに

予約制のアフタヌーンティーカフェ「CALM」もある

目の前に広がるプライベートビーチで、のんびりと流れる時間を満喫できる

2023年4月オープン

HAV hygge setouchi
ハウ ヒュッゲ セトウチ

瀬戸内のプライベートビーチに個性あふれる4つのコテージがたたずむ。BBQが楽しめるデッキや露天風呂、ロフト付きなど楽しみ方もさまざま。瀬戸内の恵みを堪能できる食事やアクティビティも人気。

山口市 MAP 付録 P.3 E-4

☎083-981-4050 所山口県山口市秋穂東4709(中道海水浴場) 交JR新山口駅から車で約25分 Pあり in15:00 out10:00 室4室 予算1泊2食付1棟4万6585円(MARU)～

洞窟のなかの秘密基地みたいな棟「TSUKI」。てっぺんは展望台になっている

2人乗りのクリアカヤックでプライベートビーチを満喫(1時間5500円)

2023年7月オープン

Tsuwano GuestHouse & Cafe Lounge 野窓
ツワノ ゲストハウス＆カフェ ラウンジ のまど

日常生活から少し離れ、「心の空気の入れ替え」ができる窓のような存在にという思いを込めた、小さな居心地のよいお宿。世界を旅した宿主がつくるぬくもり感じる空間で、思い思いのひとときを。

津和野 MAP 付録 P.15 D-2

☎0856-73-7170 所島根県津和野町後田イ80-13 交JR津和野駅から徒歩5分 Pあり in16:00 out10:00 室3室 予算1泊朝食付個室5600円～

客室は“津”“和”“野”の3タイプ。すべての部屋にソファマットレスを用意

朝食には津和野産の米や卵、野菜を中心に使用した和食を

おいしい&ヘルシーが最高♪ 健康志向 な食事とスイーツを

無添加、無農薬、糖質オフ。だけど妥協はしたくない。健康志向かつおいしく食べられるご飯やおやつを提供するショップで、心も体も満たされ元気満タンに。

おやつの鯨鯢
おやつのげいげい

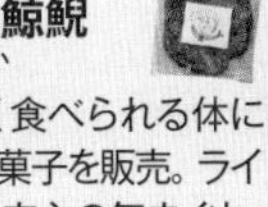

罪悪感なく食べられる体にやさしいお菓子を販売。ラインナップは店主の気まぐれ。何に出会えるかお楽しみだ。

湯田温泉 MAP 付録 P.25 F-1

☎なし 所山口県山口市松美町1-62 営15:00～19:00 休不定休(Instagramを要確認) 交JR湯田温泉駅から徒歩15分 Pあり

2023年6月オープン

カプチーノ350円と乳製品不使用の生地に季節の素材を合わせた季節のマフィン300円

店主の個性が光る内装にときめく

食堂 life
しょくどう ライフ

2023年7月オープン

1日限定20食のこだわりワンプレートランチはデザートも付いて1800円

「お米の可能性研究所」の店舗を間借りする形で火～土曜に営業。素材の個性を生かした味付けが絶品と評判。

有機人参のキャロットケーキなどカフェメニューも

周防佐山 MAP 付録 P.3 E-3

☎090-2002-8329 所山口県山口市佐山渚2206 営11:00～16:00(LO15:00) 休日・月曜(最終日曜は営業)※Instagramを確認 交JR周防佐山駅から徒歩17分 Pなし(渚自治会館駐車場利用)

お米を使った「梅干しおこめんうどん」850円

おしゃれ&眺望抜群の癒やし空間♥ 気になるカフェ を訪れたい

2023年4月オープン

鳶(トビ)の目線でゆったりと過ごせるカフェ

笠山山頂展望台 鳶ノ巣
かさやまさんちょうてんぼうだい とびのす

笠山山頂展望台内にオープン。日本海と萩の島々を一望する絶景と、とっておきのスイーツやドリンクを楽しめる。

萩 MAP 付録 P.3 E-1

☎070-2025-2136 所山口県萩市椿東1190-130 営10:00～16:00(12～2月は～15:00) 休月曜(祝日の場合は翌日) 交JR越ヶ浜駅から車で6分 Pあり

バスク風チーズケーキや夏みかんジュースが人気

平らな島々が並ぶ美しい日本海の大パノラマを望む

市街地や観光名所からひと足延ばして 人気の絶景スポット を訪れたい

歴史の足跡が色濃く残る山口にも、各地に絶景ポイントが点在。鮮やかな花々に、幻想的な水景色など自然の風景の美しさに心が癒やされる。

笠山椿群生林
かさやまつばきぐんせいりん

約60種2万5000本のヤブツバキが自生する林。花がそのまま木から落ちて遊歩道を赤く彩る"落ち椿"の様子は特に幻想的。

萩 MAP 付録 P.3 E-1

☎0838-25-3139(萩市観光課)
所山口県萩市椿東越ヶ浜虎ヶ崎周辺
開休料散策自由
交JR越ヶ浜駅から車で10分 Pあり

2月中旬～3月下旬に見頃を迎える

一の俣桜公園
いちのまたさくらこうえん

山間の温泉地にある公園。その中の蒼霧鯉池(あおきりこいいけ)は、立ち枯れの水没林が澄んだ水面から突き出る景観で話題。

一の俣温泉周辺

MAP 付録 P.2 C-2

☎083-766-0031(豊田町観光協会) 所山口県下関市豊田町一ノ俣 開休料散策自由 交JR小月駅から車で40分 Pあり

ゆったりと鯉が泳ぎ、水面に枯れた木が映り込む絵画のような情景

昔と変わらぬたたずまいで旅人を魅了する

心に残る美しき街並み

武家屋敷や商家の邸宅が立ち並ぶ、昔ながらの街へとタイムスリップ。
脈々と受け継がれてきた日本の美しい暮らしの風景がそこにある。
古地図と見比べ、かつての街の姿に思いを巡らせながら、歩くのも一興。

萩（はぎ）

明治維新胎動の地
街全体が博物館に

鍵曲

左右を高い土塀で囲み、道を鍵の手(直角)に曲げている

特集

江戸時代の古地図を頼りに今も変わらぬ地割を歩く

平安古

➡P.37

ひやこ

MAP 付録 P.8 B-3

武士の屋敷地で藩政期の風情をとどめる街路は、時代劇の撮影にも使われる。

旧町人地 ➡P.34

きゅうちょうにんち

MAP 付録P.11 D-4

碁盤目状の道筋に中・下級の武家屋敷が軒を連ねていたエリア。

藩の豪商・江戸屋の名が残る地元の志士が暮らした町角

江戸屋横町

木戸孝允の生家や青木周弼の旧宅が残り、黒板塀のある町

時を経て今なお威厳のある御用商人の暮らしを想う

菊屋横町

長州藩御用達の菊屋家の屋敷は幕府巡見使の宿にもなった

津和野（つわの）

山あいにある隠れ里
雅で小さな城下町

ゆったりとした時間が流れ
心が癒やされる古い街並み

殿町通り ➡P.78

とのまちどおり

MAP 付録 P.15 E-3

白壁の土塀が映え、かつて家老屋敷が隣接していた地区。教会もまた風景に溶け込む。

掘割と鯉

鯉が優雅に泳ぐ掘割に花菖蒲が咲き乱れる絵巻物の世界

ちょうふ
長府
古代に栄えた街の
栄枯盛衰を感じる

高い壁に囲まれた石畳の道
名士の足跡をたどる散歩

古江小路 ➡P.110
ふるえしょうじ
MAP 付録 P.21 E-2
上級武士が暮らしていた一帯。合戦に備えた土塀が往時の姿で今も残る。

練塀と石垣
石垣の上に土塀(練塀)を築き、背後には植栽をしている

やない
柳井
往時の活気が漂う
岩国藩の御納戸

穏やかな気候と自然の恵み
どこか懐かしい白壁の街

古市･金屋地区
ふるいち・かなやちく
MAP 付録 P.27 E-3
江戸時代の商家で、本瓦葺きの家並みが続く。現在も商人の家系を継ぐ者が所有している。
交 JR柳井駅から徒歩10分

白壁の町並み(P.150)
土蔵造りの白壁が美しい家が建つ。金魚ちょうちんがお出迎え

萩

毛利・長州藩の中心として栄えた萩は、
吉田松陰、高杉晋作、久坂玄瑞など
幕末、多くの維新の志士が育った場所。
日本近代化の先駆けとなった頃の様子は、
今も街に残り、その歩みを語りかける。
海鮮にブランド牛といった豊かな食文化、
奥深い萩焼にふれられるお店も魅力だ。

エリアと観光のポイント

萩はこんなところです

白壁に土塀、武家屋敷など、城下町特有の風景が街のいたるところで見られる。吉田松陰を祀る神社をはじめ、激動の幕末時代を知ることのできるスポットも多い。

江戸期の町割が残る街を巡る

萩は橋本川と松本川に挟まれた三角州にできた街。北西で海へ突き出した指月山に毛利氏が築いた萩城を中心に、城下町が形成されている。城から外堀の間の「堀内」が重臣たちの居住地で、外堀の周辺は中・下級武士と商人の街だった。このあたりまで城下町の面影がよく残り、世界遺産の指定区域となっている。萩観光の目玉、もうひとつの世界遺産である松下村塾は、松本川を渡った東側の旧松本村にある。

移動の起点は、鉄道駅より街の中心にある萩・明倫学舎や市役所、萩バスセンターなどがバス路線を複数利用できて、わかりやすい。また、中心部はJR萩駅ではなく東萩駅のほうが近いが、観光案内所はどちらにもある。

城近くに残る歴史を感じる街並み

城下町・堀内 ➡P.32

じょうかまち・ほりうち

現在も武家屋敷が残る一帯で、世界遺産にも登録されている。維新の志士の生家などを訪ね歩こう。

観光のポイント 萩・明倫学舎 P.33
旧町人地 P.34

⬆細い路地沿いに木戸孝允旧宅など武家屋敷が残る

松下村塾を中心とした維新の里

松陰神社周辺 ➡P.38

しょういんじんじゃしゅうへん

松下村塾のある松陰神社が散策の中心。さらに東の山側にある毛利氏の菩提寺・東光寺も興味深い。

観光のポイント 松陰神社 P.38
東光寺 P.40

⬆吉田松陰と多くの志士たちがともに過ごした松下村塾

水路沿いの特徴的な家並み

藍場川 ➡P.42

あいばがわ

江戸中期に作られた人工の水路で、古い景観がよく残る。水を活用する工夫が各所に見られる。

観光のポイント 旧湯川家屋敷 P.42
桂太郎旧宅 P.43

⬆川には多くの石橋が架けられている

ひと味違う港町の風情

浜崎 ➡P.44

はまさき

城下町とともに発達した港町で、物流に携わる人や船大工が集まっていた。古い町家が多く残る。

観光のポイント 旧山中家住宅 P.44
旧山村家住宅 P.44

⬆町人町らしく庶民的な雰囲気。迷路のような細い路地も

山口へ向かう歴史の道

萩往還 ➡P.66

はぎおうかん

長州藩主・毛利氏が参勤交代のために開き、幕末にも維新の志士が往来。道沿いに史跡や名所が点在する。

⬆歴史情緒あふれる石畳の道も残っている

美しい海と温泉地が待つ

長門・仙崎 ➡P.68

ながと・せんざき

国定公園でもある日本海に面した海岸の景観が見どころ。長門湯本温泉をはじめ、温泉地もいくつかある。

⬆鮮やかな赤の鳥居が続く元乃隅神社

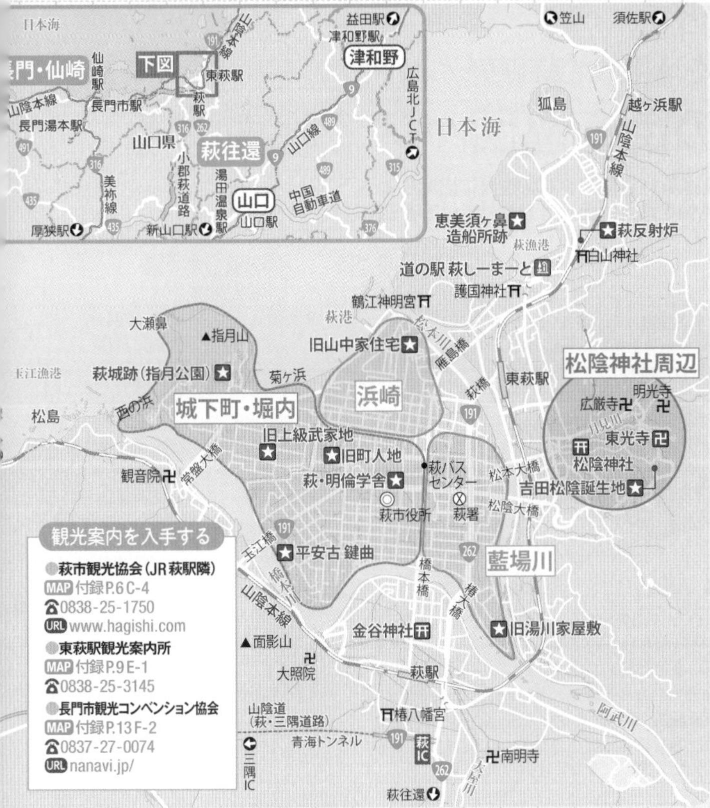

日本海
長門・仙崎
仙崎駅
下図
東萩駅
萩駅
山陰本線
長門市駅
長門湯本駅
山口県
萩往還
美祢線
小郡萩道路
湯田温泉駅
山口
山口駅
中国自動車道
山口線
厚狭駅
新山口駅
益田駅
津和野駅
津和野
広島北JCT
笠山
須佐駅
狐島
越ヶ浜駅
日本海
山陰本線
東美須ヶ鼻造船所跡
萩反射炉
萩漁港
道の駅 萩しーまーと
白山神社
護国神社
鶴江神明宮
萩港
大瀬鼻
指月山
旧山中家住宅
松本川
雁島橋
松陰神社周辺
玉江漁港
萩城跡（指月公園）
菊ヶ浜
東萩駅
萩橋
明光寺
広厳寺
松島
西の浜
城下町・堀内
浜崎
月見川
東光寺
旧上級武家地
旧町人地
萩バスセンター
松本大橋
松陰神社
観音院
常盤大橋
萩・明倫学舎
萩市役所
萩署
松陰大橋
吉田松陰誕生地
玉江橋
平安古 鍵曲
橋本川
橋本橋
椿大橋
藍場川
山陰本線
金谷神社
旧湯川家屋敷
面影山
大照院
萩駅
山陰道（萩・三隅道路）
椿八幡宮
阿武川
三隅IC
青海トンネル
萩IC
南明寺
大屋川
萩往還

観光案内を入手する

●萩市観光協会（JR萩駅隣）
MAP 付録P.6 C-4
☎0838-25-1750
URL www.hagishi.com

●東萩駅観光案内所
MAP 付録P.9 E-1
☎0838-25-3145

●長門市観光コンベンション協会
MAP 付録P.13 F-2
☎0837-27-0074
URL nanavi.jp/

お役立ち information

人力車で萩観光

城下町入口の中央公園近くに建つ、古民家のような風情ある小屋が目印。40分・1時間・2時間で萩をまわる各種コースのほか、リクエストも可能。情感あふれる萩散策が楽しめる。

●人力車 立場（たてば）
城下町・堀内 MAP 付録P.11 E-4
☎0838-26-6474（俥宿 天十平）
営9:00～17:00
休悪天候時　料40分コース2名9000円など

便利なレンタサイクル

JR東萩駅前に最大100台、萩城跡入口に最大300台、萩バスセンター近くに20台を備えるレンタサイクル。自転車散策に便利な観光地図も用意しており、貸出時に伝えることで別の営業所に乗り捨てもOKになるのも便利。

●スマイル貸自転車
☎0838-22-2914　営8:00～18:00（12～2月は時短営業）　休悪天候時　料1時間300円 1日1500円

文化財施設をお得に見学

旧厚狭毛利家萩屋敷長屋、口羽家住宅、旧久保田家住宅、木戸孝允旧宅、青木周弼旧宅、旧田中別邸、桂太郎旧宅、旧湯川家屋敷、伊藤博文別邸の9施設（見学料各100円）のお得な共通券。

●萩市文化財施設1日券
料310円（対象9施設、萩市観光協会、萩市役所で販売）

着物に着替えて街歩き

萩では着物姿での城下町巡りが人気。同店の着物レンタルは和装小物も揃い、手ぶらで利用OK（足袋は持参、または購入650円～）。200以上の柄があり浴衣や男性用も充実している。

●Kimono Style Café（キモノスタイルカフェ）
城下町・堀内 MAP 付録P.11 E-3
☎0838-21-7000（前日までに要予約）　所山口県萩市呉服町2-39　営10:00～18:00　休木曜（祝日の場合は営業）　料着物（当日、着付込み）3980円～
交JR萩駅からまぁーるバス・西回りで萩美術館 浦上記念館・萩城城下町入口下車、徒歩3分　Pあり

交通 information

萩の移動手段

市内移動には、萩を2つのコースで循環している1乗車100円のまぁーるバス（P.30）をうまく活用したい。運転手のガイド付きで萩市内を案内してくれる観光バス（要確認）もある。観光タクシーは城下町や松陰神社など主要な観光地を巡って、2時間1万2400円～など。

主要エリア間の交通

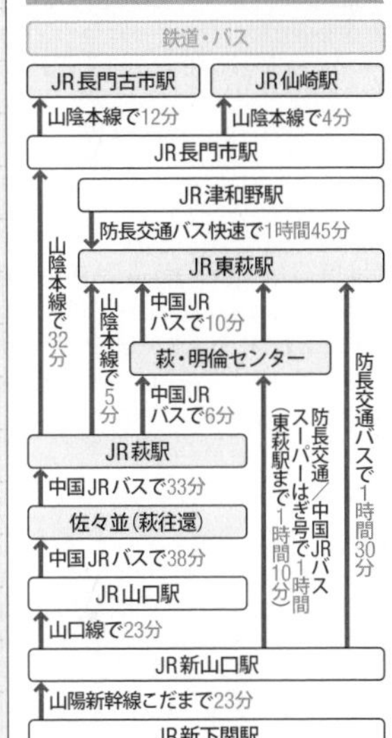

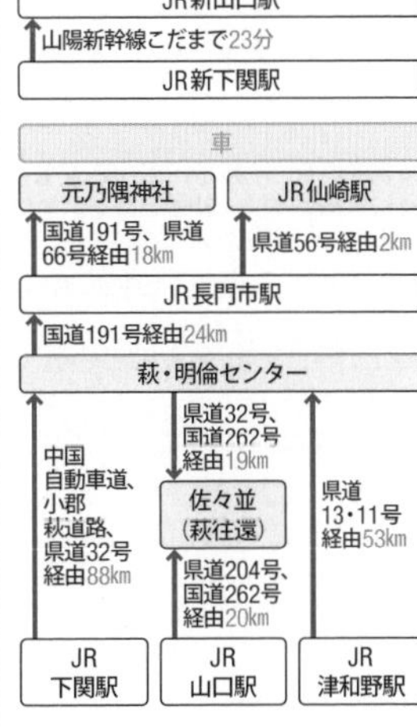

バスを活用して萩観光

萩の街を巡回バスで移動する

萩の街を巡るバスに乗って萩観光に出発しよう。共通乗車券を買えば何度でも乗り降りできて便利だ。

萩循環まぁーるバス

萩の街を西回り・東回りの2ルートで巡回する循環バス。両コースとも萩市役所から7時始発～17時30分終発で**45分おきに運行**している。料金はどこまで乗っても**1乗車100円**の定額制。主要な観光スポットも経由するので、地元の人はもちろん旅行客にも人気の移動手段だ。まぁーるバスで上手に萩観光を楽しみたい。

問い合わせ先
防長交通 萩営業所 ☎0838-22-3811
萩市商工振興課 ☎0838-25-3583

まぁーるバスの2コースを把握しよう

西回りコースは高杉晋作にちなんだ「晋作くん」の愛称で、城下町方面を中心に巡る。東回りコースは吉田松陰ゆかりの松陰神社方面を巡っており、愛称は「松陰先生」。ルートや停留所を把握して使い分ければ、効率よく萩観光ができる。ただし**ルートは一方通行**となっているので注意。なお、**萩駅前・東萩駅前、萩バスセンター、萩市役所、萩・明倫センター、萩市民病院・福祉複合施設かがやき**などのバス停は両コースが停車し、乗り換えができる（乗り継ぎ割引はなし）。

観光に便利な西回りコースのバス停
- 藍場川…藍場川入口下車（萩駅から17分）
- 城下町・堀内…萩美術館 浦上記念館・萩城城下町入口下車（東萩駅から21分）、萩城跡・指月公園入口・北門屋敷入口下車（東萩駅から11分、玉江駅まで5分）
- 平安古…平安古下車（玉江駅から3分、萩駅まで26分）、平安古南団地前下車（玉江駅から20分、萩駅まで9分）

観光に便利な東回りコースのバス停
- 萩漁港周辺…萩しーまーと下車（東萩駅から9分）
- 松陰神社周辺…松陰神社北・郡司鋳造所遺構広場前下車（東萩駅から13分）、東光寺前、松陰誕生地前下車（東萩駅から16分）
- 浜崎周辺…御船倉入口下車（萩駅から23分、東萩駅まで7分）

萩市内路線バス（防長交通）もある

市内を防長交通の路線バスも運行しており、一部の区間（右図参照）は共通乗車券でまぁーるバスと合わせて乗り放題。本数はまぁーるバスに比べて少ないが、一方通行のまぁーるバスでは移動しにくい場合や、越ヶ浜方面へ向かう場合に出番がある。

観光に便利な萩市内路線バスのバス停
- 平安古…平安古下車（～東萩駅まで10分）
- 松陰神社周辺…松陰神社前下車（～東萩駅まで11分 ※惣良台入口線の場合は3分）

乗り放題の共通乗車券

1日乗車券（500円で1日乗り放題）、2日乗車券（700円で2日間乗り放題）の共通乗車券が販売されている。まぁーるバスと、萩市内路線バスの平安古⇔越ヶ浜間、東萩駅前⇔東光寺入口間、萩駅前⇔東萩駅前間で利用できるので、ぜひ手に入れておきたい

購入場所 萩・明倫学舎、東萩駅観光案内所、市役所総合案内、萩バスセンター、市民病院売店、まぁーるバス車内など

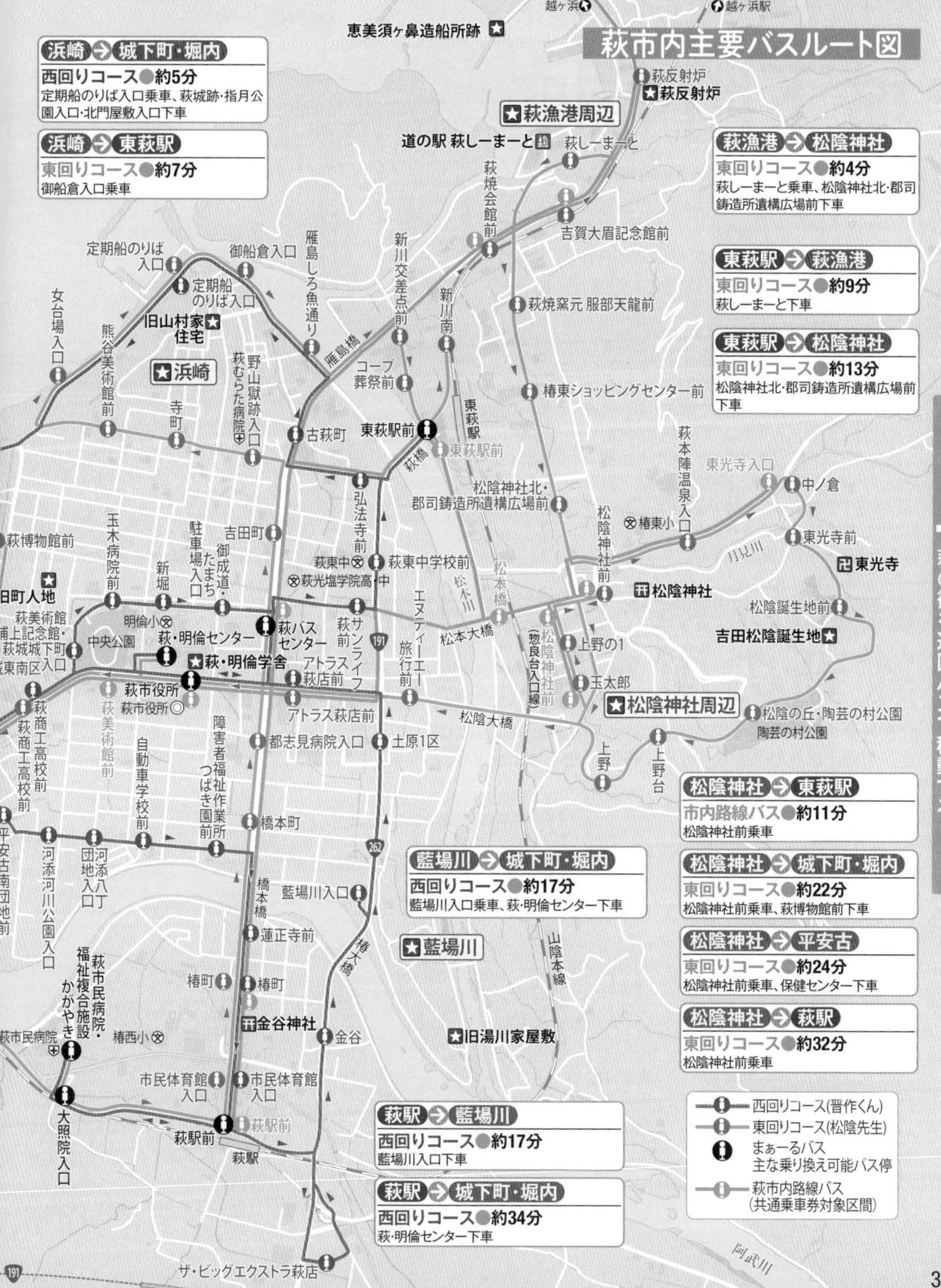

萩市内主要バスルート図
浜崎→城下町・堀内
西回りコース●約5分
定期船のりば入口乗車、萩城跡・指月公園入口・北門屋敷入口下車
浜崎→東萩駅
東回りコース●約7分
御船倉入口乗車
萩漁港→松陰神社
東回りコース●約4分
萩しーまーと乗車、松陰神社北・郡司鋳造所遺構広場前下車
東萩駅→萩漁港
東回りコース●約9分
萩しーまーと下車
東萩駅→松陰神社
東回りコース●約13分
松陰神社北・郡司鋳造所遺構広場前下車
松陰神社→東萩駅
市内路線バス●約11分
松陰神社前乗車
松陰神社→城下町・堀内
東回りコース●約22分
松陰神社前乗車、萩博物館前下車
松陰神社→平安古
東回りコース●約24分
松陰神社前乗車、保健センター下車
松陰神社→萩駅
東回りコース●約32分
松陰神社前乗車
藍場川→城下町・堀内
西回りコース●約17分
藍場川入口乗車、萩・明倫センター下車
萩駅→藍場川
西回りコース●約17分
藍場川入口下車
萩駅→城下町・堀内
西回りコース●約34分
萩・明倫センター下車
西回りコース(晋作くん)
東回りコース(松陰先生)
まぁーるバス
主な乗り換え可能バス停
萩市内路線バス
(共通乗車券対象区間)
越ヶ浜
越ヶ浜駅
恵美須ヶ鼻造船所跡
萩反射炉
萩漁港周辺
道の駅 萩しーまーと
萩しーまーと
萩焼会館前
吉賀大眉記念館前
新川交差点前
新川南
萩焼窯元 服部天龍前
雁島しろ魚通り
雁島橋
コープ葬祭前
定期船のりば入口
御船倉入口
定期船のりば入口
旧山村家住宅
女台場入口
熊谷美術館前
浜崎
野山獄跡入口
萩むらた病院
寺町
古萩町
東萩駅前
東萩駅
萩橋
椿東ショッピングセンター前
萩本陣温泉入口
東光寺入口
中ノ倉
東光寺前
東光寺
月見川
椿東小
松陰神社北・郡司鋳造所遺構広場前
弘法寺前
吉田町
萩東中
萩東中学校前
萩光塩学院高・中
松陰神社前
松陰神社
松陰誕生地前
吉田松陰誕生地
萩博物館前
玉木病院前
駐車場入口
御成道・たまち
新堀
旧町人地
萩美術館浦上記念館・萩城城下町入口
明倫小
中央公園
萩・明倫センター
萩バスセンター
萩・明倫学舎
萩市役所
萩市役所
城東南区
萩商工高校前
萩美術館前
サンライフ萩前
エヌティーエー旅行前
松本川
松本橋
松本大橋
松陰神社前(惣良台入口線)
上野の1
玉太郎
松陰神社周辺
松陰の丘・陶芸の村公園
陶芸の村公園
アトラス萩店前
アトラス萩店前
松陰大橋
都志見病院入口
土原1区
上野
上野台
障害者福祉作業所つばき園前
自動車学校前
橋本町
平安古南団地前
河添河川公園入口
河添八丁団地入口
橋本橋
藍場川入口
蓮正寺前
藍場川
椿大橋
山陰本線
萩市民病院・福祉複合施設かがやき
萩市民病院
椿西小
椿町
椿町
金谷神社
金谷
旧湯川家屋敷
市民体育館入口
市民体育館入口
大照院入口
萩駅前
萩駅前
萩駅
ザ・ビッグエクストラ萩店
阿武川
191
262

城下町・堀内

じょうかまち・ほりうち

青空に映える白壁に、歴史を感じる重厚な屋敷、夏みかんの実が彩りを添える鍵曲(かいまがり)など、町の特徴を押さえれば、散策はもっと楽しくなる。

長州(ちょうしゅう)藩の政治・経済・文化の中心地 江戸時代の町割がそのまま残る

江戸時代初期に萩藩祖・毛利輝元(もうりてるもと)が指月山(しづきやま)の麓に萩城を築き、城下町を整備した。萩城は本丸、二の丸、三の丸、詰丸で構成され、外堀の東に城下町が広がった。江戸時代の町割や街路を残し、武家屋敷や町家に連なる土塀や白壁が風情を誘う。旧上級武家地、城下町の面影を残す旧町人地、城跡の3地区が「萩城下町」として世界遺産の構成資産に登録された。幕末の志士ゆかりの地も数多い。

注目ポイント

菊屋横町(きくやよこちょう)

旧町人地・菊屋家住宅の脇に延びる道。美しい白壁となまこ壁が続き、「日本の道100選」にも選ばれている。

世界遺産の町割をたどり歴史を紐解く

維新の風を追う萩の城下散策

武家社会の構造や身分制を明確に示す町割が興味深い萩の城下町。世界遺産となった区画を中心に、各所に残る藩政期の面影が素晴らしい。

萩・明倫学舎を起点に

萩・明倫学舎では城下町を含めた萩の世界遺産について情報が得られるので、ぜひ最初に訪れたい。敷地内の「萩・明倫センター」バス停へはJR萩駅からはまぁーるバス・西回りコースで34分、東萩駅からは東回りコースで35分ほどだ。情報収集したら旧町人地から城下町に入り、江戸時代さながらの風情を満喫しながら散策しつつ、旧上級武家地、城跡へと進んでいこう。

◯萩・明倫学舎の本館にある「観光インフォメーションセンター」

江戸時代のまま残る町割

萩の城下町では屋敷地を夏みかん畑に転用したことや、町並み保存をいち早く行ったこと、さらに戦災を免れたことから、江戸時代の町割がほぼ残され「古地図で歩けるまち」と呼ばれている。古地図を頼りに城下町の面影を探すのもおもしろい。

↑1868年の萩城下町絵図。現在も図のように町割が残されている

移動時間◆約1時間

散策ルート

萩・明倫センターバス停 はぎ・めいりんセンターバスてい

↓ 萩駅からはまぁーるバス・西回りで34分　徒歩すぐ

1 萩・明倫学舎 はぎ・めいりんがくしゃ

↓ 中央公園のそばを通って、城下町入口へ　徒歩8分

2 旧町人地 きゅうちょうにんち

→御成道の3つの横町を散策。江戸屋横町は黒板塀が連なる

↓ 江戸屋横町の西側の並びに円政寺の入口がある　徒歩すぐ

3 金毘羅社 円政寺 こんぴらしゃ えんせいじ

↓ 御成道から萩博物館前に出たら堀沿いに北へ迂回　徒歩10分

4 北の総門 きたのそうもん

↓ 門を通った先の堀内地区が旧上級武家地　徒歩すぐ

5 旧上級武家地 きゅうじょうきゅうぶけち

↓ 南側にまわって散策し、堀内鍵曲を通りたい　徒歩25分

6 天樹院墓所 てんじゅいんぼしょ

↓ 指月橋を渡って進むと左手に長屋が見えてくる　徒歩4分

7 旧厚狭毛利家萩屋敷長屋 きゅうあさもうりけはぎやしきながや

↓ 少しUターンして駐車場沿いに左手に入って進む　徒歩5分

8 萩城跡(指月公園) はぎじょうあと(しづきこうえん)

↓ 戻って指月橋を渡りバス停へ。萩駅までは16分ほど　徒歩5分

萩城跡・指月公園入口・北門屋敷入口バス停 はぎじょうあと・しづきこうえんいりぐち・きたもんやしきいりぐちバスてい

1 萩・明倫学舎

はぎ・めいりんがくしゃ

MAP 付録P.11 F-4

城下町観光の予習におすすめの観光起点

明倫館(めいりんかん)跡地に開校し、近年移転した明倫小学校の旧校舎を活用した施設。明倫館の歴史や小学校の復元教室、幕末維新期や萩の世界遺産に関する展示室のほか、食事処、特産品のショップもある。

☎0838-21-0304　所山口県萩市江向602　開9:00～17:00、レストラン11:00～15:00 18:00～21:00(夜は予約があれば営業)　休2月第1火・水曜　料本館無料、2号館300円　交JR萩駅からまぁーるバス・西回り／JR東萩駅からまぁーるバス・東回りで萩・明倫センター下車すぐ　Pあり

↑「幕末ミュージアム」で鉄砲や大砲など幕末期に使用された実物資料などを展示

↑明治維新150年記念事業の一貫として、2017年にオープンした

注目ポイント

藩校明倫館(めいりんかん)の遺構を見る

明倫館とは、長州藩の家臣の子どもたちが通った藩校。享保4年(1719)の創設当初は城内にあったが、嘉永2年(1849)にこの地に移転し拡充された。剣槍術場の有備館や水練地などが残る。

↑孔子を祀る聖廟の前門だった観徳門。明倫館の再建時の遺構

↑剣術や槍術の練習場だった有備館

↑正門として建てられた明倫館の南門。公式行事などの特別な日以外門は閉ざされていた

➡P.34へ続く

城下町・堀内

2 旧町人地 世界遺産
きゅうちょうにんち

MAP 付録P.11 D-4

維新の志士たちも暮らした町人の町

城下町の大部分を占め、碁盤目状の町に商家の邸宅や中・下級武士の屋敷が立ち並んでいた。幕末の志士たちの旧宅も残る。

交JR萩駅からまぁーるバス・西回りで萩美術館 浦上記念館・萩城城下町入口下車、徒歩3分 P周辺駐車場利用

それぞれの住宅は内部も見学できる。写真は菊屋家住宅。美しい庭園に注目

旧町人地の屋敷を訪れる

木戸孝允旧宅
きどたかよしきゅうたく

MAP 付録P.11 E-3

維新の三傑のひとり、木戸孝允(桂小五郎)の生家。誕生の間や庭園が残り、ガイドが案内してくれる。

☎0838-25-3139(萩市観光課)
所山口県萩市呉服町2-37
開9:00～17:00 休無休
料100円

高杉晋作誕生地
たかすぎしんさくたんじょうち

MAP 付録P.11 D-4

生家の一部を公開。ゆかりの品が展示され、屋外には産湯に使ったとされる井戸や自作の句碑がある。

☎0838-22-3078
所山口県萩市南古萩町23
開9:00～17:00 休不定休
料100円

菊屋家住宅
きくやけじゅうたく

MAP 付録P.11 D-3

藩の御用達であった豪商・菊屋が江戸初期に建てた旧宅。主屋や蔵など5棟が重要文化財。美しい庭園も必見。

☎0838-22-0005 所山口県萩市呉服町1-1
開9:00～17:00(入館は～16:45)
休12月31日 料650円 Pあり

旧久保田家住宅
きゅうくぼたけじゅうたく

MAP 付録P.11 D-3

久保田家の江戸後期の邸宅。幕末から明治期に酒造業で栄えた当時の様子を今に伝える。

☎0838-25-3139(萩市観光課)
所山口県萩市呉服町1-31-5
開9:00～17:00 休無休 料100円

青木周弼旧宅
あおきしゅうすけきゅうたく

MAP 付録P.11 E-4

青木周弼は日本を代表する蘭学医で、13代藩主・毛利敬親の侍医も務めた。往時の邸宅を公開。

☎0838-25-3139(萩市観光課)
所山口県萩市南古萩町3
開9:00～17:00 休無休 料100円

3 金毘羅社 円政寺
こんぴらしゃ えんせいじ

MAP 付録P.11 D-4

高杉晋作・伊藤博文、幼年勉学の場

大内氏・毛利氏の祈願寺。境内には再建から300年を迎えた金毘羅社が建つ。幼い高杉晋作の度胸をつけた天狗の面、高杉と伊藤博文が遊んだ木馬がある。

入口に鳥居、境内に金毘羅社が建ち、神仏習合の形態を今に残す

☎0838-22-3031 所山口県萩市南古萩町6 開8:00～17:00 休無休
料200円(中高生150円、萩城城下町絵図付き) 交JR萩駅からまぁーるバス・西回りで萩美術館 浦上記念館・萩城城下町入口下車、徒歩2分 Pあり

4 北の総門
きたのそうもん

MAP 付録P.11 D-3

武家地への出入りを監視

町人地と上級武家地(堀内地区)を隔てる外堀に設けられた総門のひとつ。2004年に萩開府400年を記念して復元された。

高さ7mの高麗門。外堀に架かる土橋も整備された

☎0838-25-3139(萩市観光課) 所山口県萩市堀内
開休料見学自由 交JR萩駅からまぁーるバス・東回りで萩博物館前下車、徒歩3分 Pなし

5 旧上級武家地 世界遺産
きゅうじょうきゅうぶけち

MAP 付録P.10B-4

萩藩重臣たちの邸宅跡

現在の堀内地区にかつて萩城三の丸があり、上級武士の屋敷町が広がっていた。往時の地割が残り十数棟の武家屋敷が現存、重要伝統的建造物群保存地区にもなっている。

交 JR萩駅からまぁーるバス・東回りで萩博物館前下車、徒歩5分 P周辺駐車場利用

↑永代家老を務めた益田家の物見矢倉が残る

旧上級武家地の名残を見る

口羽家住宅
くちばけじゅうたく

MAP 付録P.10A-4

永代家老に次ぐ上級職を務めた。武家屋敷の主屋、なまこ壁の美しい立派な長門屋が残る。

☎0838-25-3139(萩市観光課)
所 山口県萩市堀内146-1
開 9:00〜17:00 休 水曜 料 100円

堀内 鍵曲
ほりうち かいまがり

MAP 付録P.10B-4

城下町特有の鍵手形の道。江戸時代らしい風情が色濃く残る閑静な散策路になっている。

☎0838-25-3139(萩市観光課)
所 山口県萩市堀内
開休料 見学自由

注目ポイント

鍵曲(かいまがり)

鍵曲とは、直角(鍵の手)に曲げられた城下町特有の道筋。武家地の防御策として見通しを悪くするために設けられ、両側には高い土塀が連なる。堀内(ほりうち)地区、平安古(ひやこ)地区で見られる。

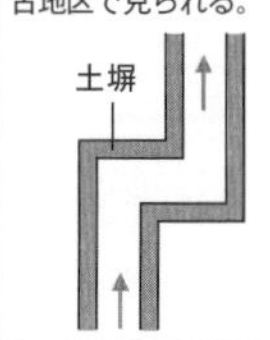

城下町の歴史を学ぶ

萩博物館
はぎはくぶつかん

武家屋敷を模した建物で、萩開府から明治維新までの萩の歴史や文化を紹介。敷地に復元した長屋門や隅櫓が建つ。レストランを併設している。

MAP 付録P.10C-3

6 天樹院墓所
てんじゅいんぼしょ

MAP 付録P.10B-3

萩藩祖が眠る

毛利元就(もうりもとなり)の孫で、萩藩祖の毛利輝元(てるもと)の墓所。輝元の没後に菩提寺の天樹院を建立したが、明治維新後に廃寺となって今は墓所が残る。

→毛利輝元とその妻、殉死した家臣・長井元房の3基の墓がある

☎0838-25-3139(萩市観光課)
所 山口県萩市堀内 開休料 散策自由
交 JR萩駅からまぁーるバス・西回りで萩城跡・指月公園入口・北門屋敷入口下車すぐ P なし

7 旧厚狭毛利家萩屋敷長屋
きゅうあさもうりけはぎやしきながや

MAP 付録P.10A-3

格式がうかがえる大規模な長屋門

毛利元就の五男・元秋(もとあき)を祖とする厚狭毛利家の屋敷跡。安政(あんせい)3年(1856)築の長屋のみが残る。萩に現存する武家屋敷では最大規模を誇る。

↑長さ約51mもある長大な建物。国の重要文化財に指定されている

☎0838-25-2304 所 山口県萩市堀内85-2 開 8:00〜18:30 11〜2月8:30〜16:30(3月は〜18:00) 休 無休 料 100円 ※萩城跡(指月公園)との共通券220円 交 JR東萩駅からまぁーるバス・西回りで萩城跡・指月公園入口・北門屋敷入口下車、徒歩2分 P あり

➡P.36へ続く

立ち寄りスポット

Kimono Style Café
キモノ スタイル カフェ

MAP 付録P.11E-3

お店は木戸孝允旧宅向かいの古民家で、幕末には長州藩士が住んでいた。カフェや着物レンタル(P.29)のほか萩焼や萩にちなむ雑貨も並ぶ。

☎0838-21-7000
所 山口県萩市呉服町2-39
営 10:00〜18:00 休 木曜(祝日の場合は営業) 交 JR萩駅からまぁーるバス・西回りで萩美術館 浦上記念館・萩城城下町入口下車、徒歩3分 P あり

↑名物の夏みかんゼリー440円は萩焼の器で

↑一番人気の萩珈琲とシフォンケーキのセット770円

↓5窯元の萩焼が購入でき、店オリジナルの器もある

春には約600本のソメイヨシノが指月公園を彩る。萩でしか見られない、緑色のガクで純白の花びらのミドリヨシノ（山口県指定天然記念物）も見られる

8 萩城跡（指月公園） 世界遺産

はぎじょうあと（しづきこうえん）

MAP 付録P.10 A-2

純白のミドリヨシノが咲く桜の名所

慶長9年（1604）、長州藩祖・毛利輝元が指月山山麓に築城。天守、矢倉などの建造物は明治維新後に解体され、現在は堀の一部と石垣が残る。

☎0838-25-1826（指月公園料金所）
所 山口県萩市堀内1-1 開 8:00～18:30
11～2月8:30～16:30（3月は～18:00） 休 無休
料 220円（旧厚狭毛利家萩屋敷長屋と共通券）
交 JR東萩駅からまぁーるバス・西回りで萩城跡・指月公園入口・北門屋敷入口下車、徒歩5分 Ⓟあり

城郭好きは山頂の詰丸跡も訪れたい。標高143mの指月山山頂から城内と海を監視し、輝元の戦への意識が察せられる

注目ポイント

闇に浮かび上がる石垣

夜には石垣がライトアップされ、幻想的な雰囲気に。点灯は通年行われており、日没～22:00。

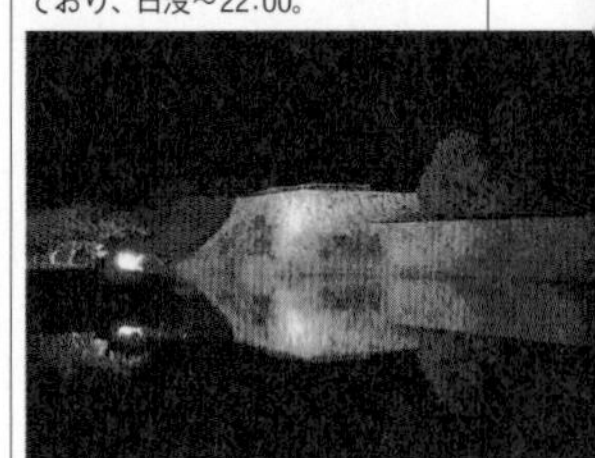

萩の景観を遊覧船で楽しむ

海と川に囲まれた「水の都」萩ならではの風流な眺めに出会いたい。

萩八景遊覧船 はぎはっけいゆうらんせん

萩城跡近くの指月橋から橋本川へ出て、堀内の武家屋敷や平安古の松原などを眺める約40分の船旅。天候の良い日は海へ出て景観を楽しめる。

MAP 付録P.10 A-3

☎0838-21-7708 所 山口県萩市堀内122-1（指月橋そばから出航） 営 受付9:00～16:00（11月は～15:30）で随時運航
休 12～2月、荒天時 料 1200円
交 JR萩駅からまぁーるバス・西回りで萩城跡・指月公園入口・北門屋敷入口下車すぐ Ⓟあり

風流な屋形船で見物。春には桜観賞コースが特別運航する

白壁が川沿いに続く、平安古の旧田中別邸の周辺

橋の先に広がる武家町へ足を運ぶ

みかんの木が茂る武家町・平安古 ひやこ

外堀南の平安古地区は藩政時代の武家屋敷地で、この地区出身で幕末から明治時代にかけて活躍した長州藩士も多い。維新後には困窮士族のため夏みかん栽培が奨励された地でもあり、収穫期には夏みかんの黄色い実が土塀から顔をのぞかせる。

旧田中別邸

きゅうたなかべってい

MAP 付録P.8 B-4

明治に活躍した2人の邸宅

萩に夏みかん栽培を広めた長州藩士・小幡高政の明治時代の邸宅。第26代内閣総理大臣の田中義一が大正時代に増改築して別邸とした。五松閣から望む橋本川の風景が美しい。

☎0838-25-3139(萩市観光課) 所山口県萩市平安古町164-3 開9:00～17:00 休無休 料100円 交JR萩駅からまぁーるバス・西回りで平安古南団地前下車、徒歩5分 Pあり

母屋や田中義一が増築した五松閣を公開。田中氏ゆかりの品を展示する

旧児玉家庭園

きゅうこだまけていえん

MAP 付録P.8 B-3

藩政時代の日本庭園を公開

長州藩士・児玉三郎右衛門の武家屋敷跡を「平安古かいまがり交流館」として整備。橋本川から引き入れた水路や船着場付きの池を配した江戸時代の舟入式池泉庭園を見学できる。

☎0838-25-3290(萩市まちじゅう博物館推進課) 所山口県萩市平安古町145-1 平安古かいまがり交流館内 開9:00～17:00 休水曜(12～2月は火・水曜) 料無料 交JR萩駅からまぁーるバス・西回りで久坂玄瑞誕生地前下車、徒歩7分 Pあり

藩政時代の武家屋敷庭園の面影を残す

山口県立萩美術館・浦上記念館

やまぐちけんりつはぎびじゅつかん・うらがみきねんかん

MAP 付録P.11 D-4

城下町に隣接する美術館

萩市出身の実業家・故浦上敏朗氏寄贈の美術品をもとに開館。世界有数の浮世絵コレクションのほか、東洋陶磁、近現代の陶芸作品などを収蔵。

☎0838-24-2400 所山口県萩市平安古町586-1 開9:00～17:00(入館は～16:30) 休月曜(祝日の場合は開館)、展示替え期間 料300円(特別展は異なる) 交JR東萩駅からまぁーるバス・西回りで萩美術館 浦上記念館・萩城城下町入口下車すぐ Pあり

浮世絵や、焼物の作品をテーマに沿って定期的に入れ替え展示

村田清風別宅跡

むらたせいふうべったくあと

MAP 付録P.8 B-3

藩政改革の立役者が暮らした

村田清風(P.50)は藩主・毛利敬親に登用されて藩政改革で手腕を発揮し、幕末維新期の長州藩隆盛の財政基盤を築いた。藩政に携わった25年を過ごした別宅で、長屋門が残る。

☎0838-25-3139(萩市観光課) 所山口県萩市平安古町334-3 開休料見学自由 交JR萩駅からまぁーるバス・西回りで久坂玄瑞誕生地前下車、徒歩7分 Pなし

母屋はすでになく長屋門のみが残る

平安古重伝建地区

江戸時代に開墾が進められ、多くの武家屋敷が立ち並んだ平安古地区。橋本川沿いには当時の地割が残され、武家屋敷やL字型の道の鍵曲、それに連なる土塀をはじめ、藩政時代の武家地の町並みや遺構がよく保存されており、重要伝統的建造物群保存地区(重伝建地区)に選定された。

平安古総門跡。萩城三の丸に設けられていた3つの門のひとつ

平安橋 へいあんばし

平安古総門前の外堀に架けられた石橋。創建当初は木造で、現存は江戸中期の建造とされている。

MAP 付録P.10 C-4

☎0838-25-3139(萩市観光課) 所山口県萩市平安古町・堀内 開休料見学自由 交JR萩駅からまぁーるバス・西回りで久坂玄瑞誕生地前下車、徒歩5分 Pなし

三の丸の3つの門にはそれぞれ門に通じる橋があり、そのなかで唯一現存する

平安古 鍵曲 ひやこ かいまがり

道をL字型に曲げ、土塀を高くして見通しを悪くした防衛上の道筋。城下町の面影が感じられる通りだ。

MAP 付録P.8 B-3

☎0838-25-3299(萩市文化財保護課) 所山口県萩市平安古町 開休料見学自由 交JR萩駅からまぁーるバス・西回りで平安古南団地前下車、徒歩7分 Pなし

藩政時代の地割を残す平安古地区ならではの道。三の丸があった堀内にも残る

維新の先駆者・吉田松陰ゆかりの場所

松陰神社周辺

しょういんじんじゃしゅうへん

幕末の長州藩の活躍、ひいては日本の歴史に大きな影響を与えた維新志士らの精神的指導者・吉田松陰。そのゆかりの「聖地」を訪れる。

吉田松陰ゆかりの史跡が集まる伊藤博文の旧宅や名刹も必見

吉田松陰が生まれ育ち、松下村塾で明治維新のリーダーたちを育てた地。松陰を祀る松陰神社の境内に世界遺産の松下村塾や生家が移築・保存されている。初代内閣総理大臣となった伊藤博文が青年時代の約15年を過ごした地でもあり、旧宅と東京から移築した別邸の一部を公開している。

吉田松陰の墓所の近くには萩藩主・毛利氏の菩提寺・東光寺(P.40)が建つ。建築群は国の重要文化財に指定されている。

↑明治維新を牽引した多くの人材を輩出したことから、松陰神社境内には「明治維新胎動之地」の石碑が立つ

いちばんの見どころは松陰神社

吉田松陰ゆかりのスポットが点在し、特に人気なのは世界遺産の構成資産である松下村塾が境内にある松陰神社。松陰神社前へは、JR東萩駅からまぁーるバス・東回りコースでアクセスできる。まぁーるバスは道の駅 萩しーまーと周辺を経由するので、寄り道するのもおすすめ。東光寺や吉田松陰誕生地へもまぁーるバスが通っている。東萩駅からレンタサイクルで移動する方法もある。

時代を動かした指導者を偲ぶ

松陰神社

しょういんじんじゃ

師弟とともに吉田松陰を祀る学問の神様として知られる神社

吉田松陰を祭神とする神社。明治23年(1890)に実家の杉家に建てた土蔵造りの祠が起源で、明治40年(1907)に正式の神社となった。本殿には松陰の遺品である硯と書簡を御神体として納める。境内に建つ末社・松門神社に吉田松陰の門下生たちを祀る。

MAP 付録P.9 F-2

☎0838-22-4643(松陰神社)/0838-26-9116(吉田松陰歴史館) 所山口県萩市椿東1537

開休料境内自由 ※宝物殿「至誠館」は9:00〜17:00(入館は〜16:00)、入館料500円

交JR東萩駅からまぁーるバス・東回りで松陰神社前下車すぐ Pあり

→松下村塾のあった実家に創建。現在の本殿は昭和30年(1955)の建立

松門神社 しょうもんじんじゃ

松陰神社の末社。久坂玄瑞、高杉晋作ら門下生の53柱を祀る。

松陰神社宝物殿「至誠館」

しょういんじんじゃほうもつでん「しせいかん」

松陰の生涯やゆかりの地を紹介する無料ギャラリーと、遺墨や遺品類の有料展示室がある。

当初は8畳間1室のみで、のちに松陰と塾生たちが増築して現在の間取りになった

講義室に使われた8畳間。松陰の肖像画や松陰像が飾られている

松下村塾
しょうかそんじゅく

吉田松陰の叔父である玉木文之進が天保13年(1842)に創設した私塾。安政4年(1857)に松陰が引き継いだ。町人・武士など身分を問わず塾生を受け入れ、久坂玄瑞や高杉晋作、伊藤博文ら明治維新で活躍した逸材を数多く育てた。往時の塾舎が残る。

MAP 付録P.9 F-2

吉田松陰の生涯は ➡ P.47

吉田松陰幽囚ノ旧宅
よしだしょういんゆうしゅうのきゅうたく

世界遺産

海外への密航未遂で捕まった松陰は安政2年(1855)から実家で謹慎する。彼が籠ったわずか3畳の幽囚室には、教えを乞う若者が集い、やがて松下村塾を主宰するようになった。

MAP 付録P.9 F-2

吉田松陰歴史館
よしだしょういんれきしかん

吉田松陰の生涯をわかりやすく紹介する。約70体の等身大のろう人形を用いて人生の場面を再現し、松陰の人となりを伝える。

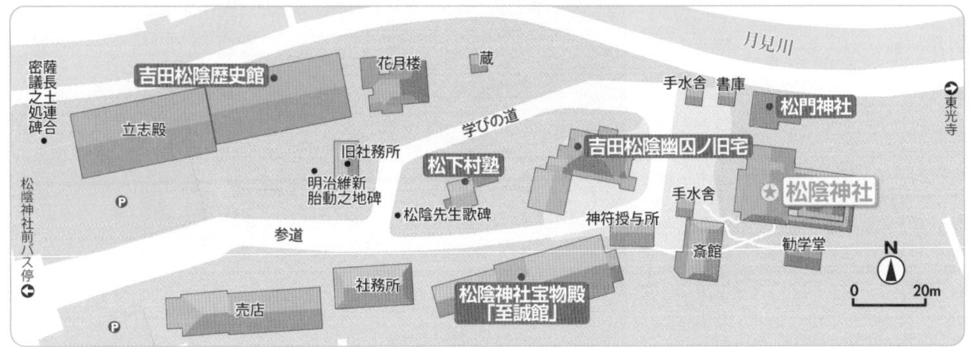

高台は「団子岩」と呼ばれ、若き日の松陰も望んだ指月山と日本海の美景が広がる

吉田松陰誕生地

よしだしょういんたんじょうち

MAP 付録P.7 E-2

萩の城下町を見下ろす展望地で 吉田松陰が約19年を過ごした

萩市内を一望する高台に吉田松陰の生家があった。現在は当時あった建物の間取りを示すため大正時代に設置された敷石と、産湯の井戸が残る。

☎0838-25-3139(萩市観光課)
所山口県萩市椿東1433-1 開休料見学自由
交JR東萩駅からまぁーるバス・東回りで松陰誕生地前下車すぐ Pあり

海外密航を企てペリー艦隊を見据える松陰と弟子の金子重之輔の像が立つ

吉田松陰墓所

よしだしょういんぼしょ

MAP 付録P.7 E-2

大罪人とされた吉田松陰を慕い 塾生らが幕府を恐れず名を刻んだ

吉田松陰誕生地近くに松陰の銅像や墓地もある。墓所には松陰の遺髪が納められ、実家の杉(すぎ)家などの親族のほか、高杉(たかすぎ)晋作(しんさく)や久坂玄瑞(くさかげんずい)ら塾生の墓もある。

☎0838-25-3139(萩市観光課)
所山口県萩市椿東 開休料見学自由
交JR東萩駅からまぁーるバス・東回りで松陰誕生地前下車すぐ Pあり

墓前の水盤や花立は塾生らが名を刻んで寄進した

東光寺

とうこうじ

MAP 付録P.7 E-2

毛利(もうり)家の代表的な菩提寺 重要文化財の建築が残る

3代藩主・毛利吉就(よしなり)が元禄(げんろく)4年(1691)に創建した黄檗(おうばく)宗寺院。3代から11代までの奇数代の藩主の墓がある。墓前には、藩士が寄進した約500基の石灯籠が整然と立ち並ぶ。総門と三門、大雄宝殿(だいおうほうでん)、鐘楼が国の重要文化財に指定された。

☎0838-26-1052 所山口県萩市椿東1647
開8:30〜17:00 休無休 料300円
交JR東萩駅からまぁーるバス・東回りで東光寺前下車すぐ Pあり

江戸後期建立の三門。上階に十八羅漢を安置

重厚な構えの本堂・大雄宝殿は江戸初期建築

総門は黄檗宗独特の造り。屋根には鯱に似た想像上の生き物「摩伽羅」が飾られている

毛利家の威光を物語る墓前の石灯籠

伊藤博文旧宅

いとうひろぶみきゅうたく

MAP 付録P.9 F-2

簡素なたたずまいを見せる 日本の初代総理大臣の旧家

熊毛郡・束荷(つかり)村(現・山口県光(ひかり)市)の百姓に生まれた伊藤博文は、父が長州藩士の養子に入ったのを機に家族ぐるみで萩に移住。14歳から28歳までを茅葺き平屋のこの家で過ごした。邸宅の近くに、萩焼で制作された伊藤博文像が立つ。

☎0838-25-3139(萩市観光課)
所山口県萩市椿東1515　開休料外観のみ見学自由
交JR東萩駅からまぁーるバス・東回りで松陰神社前下車、徒歩5分　Pあり

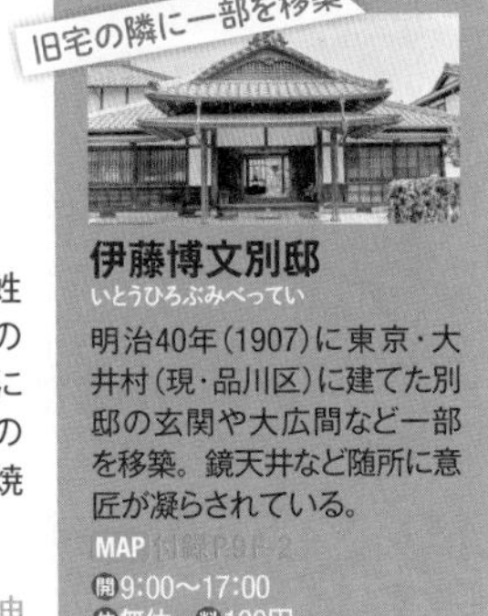

旧宅の隣に一部を移築

伊藤博文別邸

いとうひろぶみべってい

明治40年(1907)に東京・大井村(現・品川区)に建てた別邸の玄関や大広間など一部を移築。鏡天井など随所に意匠が凝らされている。

MAP 付録P.9 F-2
開9:00〜17:00
休無休　料100円

↑地元の伝統陶器・萩焼で作られた伊藤博文像が敷地内に立つ

→萩に移住後、伊藤博文は松下村塾に入り、松陰に認められていく

玉木文之進旧宅

たまきぶんのしんきゅうたく

MAP 付録P.7 E-2

松下村塾発祥の地でもある 吉田松陰の叔父の旧宅

天保(てんぽう)13年(1842)に松下村塾を創立し、多くの子弟を指導した玉木文之進の旧宅を保存・公開。

☎0838-25-3139(萩市観光課)　所山口県萩市椿東1584-1　開9:00〜17:00　休無休　料無料　交JR東萩駅からまぁーるバス・東回りで松陰神社前下車、徒歩5分　Pあり

↓幼い吉田松陰も玉木文之進の門下生として松下村塾に入門した

萩漁港周辺に足をのばして

松陰神社の北、日本海に面した萩漁港の周辺にもさまざまな見どころが点在。

道の駅 萩しーまーと

みちのえき はぎしーまーと

萩漁港に直結した道の駅。萩産の鮮魚や水産加工品が割安で手に入り、野菜や惣菜・特産品まで幅広く揃う。

MAP 付録P.7 D-1

☎0838-24-4937　所山口県萩市椿東4160-61
営9:30(金〜日曜、祝日9:00)〜18:00、飲食部門9:30〜18:00(店舗により異なる)　休無休
交JR東萩駅からまぁーるバス・東回りで萩しーまーと下車すぐ　Pあり

吉賀大眉記念館

よしかたいびきねんかん

萩焼の大家で文化功労者の吉賀大眉の作品とゆかりの作家の作品や古陶磁を展示。陶芸体験もできる(要予約)。

MAP 付録P.7 D-1

☎0838-26-5180　所山口県萩市椿東10426-1
開10:00〜16:00　休月〜木曜(祝日の場合は開館)　料600円
交JR東萩駅からまぁーるバス・東回りで吉賀大眉記念館前下車すぐ
Pあり

萩反射炉

世界遺産

はぎはんしゃろ

長州藩が西洋式の鉄製大砲鋳造を目指して築造した金属溶解炉の遺構。高さ10.5mの煙突部分が現存する。➡P.51

MAP 付録P.7 E-1

恵美須ヶ鼻造船所跡

世界遺産

えびすがはなぞうせんじょあと

幕末期に2隻の西洋式帆船を建造した造船所跡。石造堤防のみが現存し、跡地では調査と保存整備が進められている。

➡P.51

MAP 付録P.7 D-1

水と暮らした時代の面影を感じる

藍場川 あいばがわ

武家屋敷や元首相の旧宅に立ち寄りながら、河川沿いを歩き、水の都・萩の魅力を探りたい。昔ながらの生活風景が垣間見えるのも趣深い。

水路沿いに人々の生活の情緒が残る

松本川から水を引き、城下町を小川が流れるように

藍場川は江戸中期に6代藩主の毛利宗広が整備した、市街地の生活用水や舟の水運に利用された暮らしの川。2.6kmにわたって市中に張りめぐらされた。舟での物資の運搬のほか、農業用水や防火用水、生活用水など多くの役目を担っていた。

舟がくぐり抜けた背の高い石橋が残り、水を引き込んだ川岸の家々では洗い場の「ハトバ」で野菜を洗う風景が今も見られ、川と密着した暮らしぶりを伝えている。

鯉の泳ぐ川沿いの風流 涼やかな水路沿いをたどる

藍場川に沿って続く細い道は、散策に最適。庭や洗い場に引き込むなど、水とともに暮らしていた、城下町時代の生活感にふれることができる。

1 山縣有朋誕生地 やまがたありともたんじょうち

MAP 付録P.9 D-4

政界の重鎮の誕生地

山縣有朋は長州藩士の次男としてこの地に生まれた。松下村塾で学び、高杉晋作の奇兵隊で活躍。明治以降は近代陸軍を創設し、内閣総理大臣も務めた。誕生地に石碑が立つ。

☎0838-25-3299(萩市文化財保護課)
所山口県萩市川島313-1
開休料境内自由 交JR萩駅からまぁーるバス・西回りで藍場川入口下車、徒歩5分 P藍場川駐車場利用

誕生地に立つ石碑には、「元帥公爵山縣有朋誕生地」と刻まれている

2 旧湯川家屋敷 きゅうゆかわけやしき

MAP 付録P.9 E-4

藍場川の水を活用した屋敷を保存

藍場川上流に建つ藩政時代の武家屋敷。長屋門や主屋があり、川の水を引き入れた庭園、屋敷内のハトバ(洗い場)など、藍場川沿いの住居ならではの生活様式がうかがえる。

川を屋内に引き入れて設けられたハトバ

☎0838-25-3139(萩市観光課) 所山口県萩市川島67 開9:00～17:00 休無休 料100円 交JR萩駅からまぁーるバス・西回りで藍場川入口下車、徒歩10分 Pあり

小さな橋を渡って屋敷へ。川沿いには武家屋敷らしい長屋門が連なる

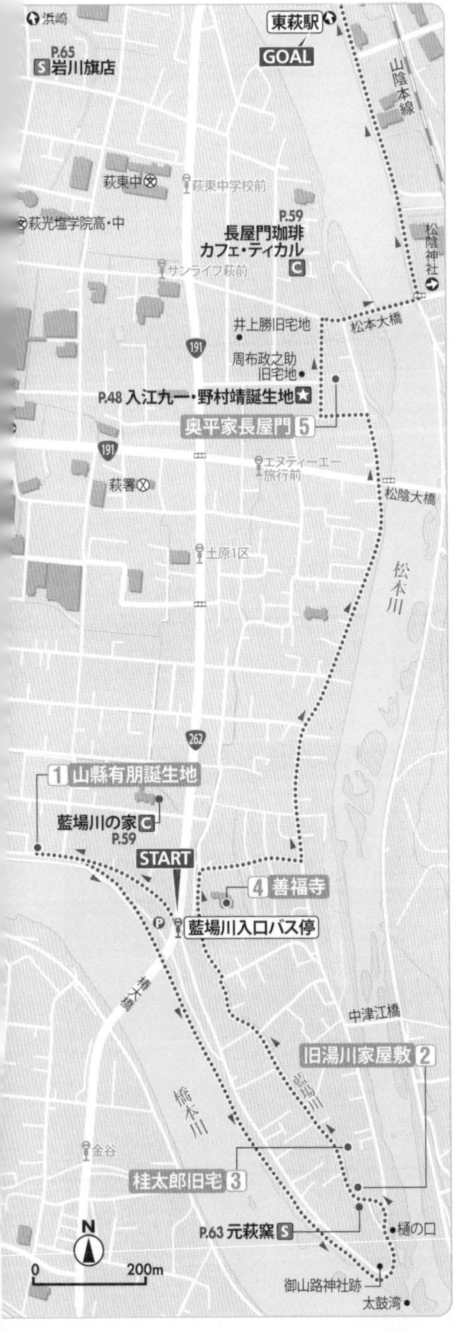

浜崎
東萩駅
GOAL
P.65 S 岩川旗店
山陰本線
萩東中
萩東中学校前
萩光塩学院高・中
P.59 長屋門珈琲 カフェ・ティカル C
松陰神社
サンライフ萩前
井上勝旧宅地
松本大橋
191
周布政之助 旧宅地
P.48 入江九一・野村靖誕生地
奥平家長屋門 5
191
エヌティーエー 旅行前
萩署
松陰大橋
土原1区
松本川
262
1 山縣有朋誕生地
藍場川の家 C P.59
START
4 善福寺
藍場川入口バス停
椿大橋
中津江橋
旧湯川家屋敷 2
藍場川
橋本川
金谷
桂太郎旧宅 3
P.63 元萩窯 S
樋の口
御山路神社跡
太鼓湾
0 200m

桂太郎は平安古生まれ。3歳のときにこの地に移住してきた

3 桂太郎旧宅
かつらたろうきゅうたく

MAP 付録P.9 E-4

元首相の素朴な旧居

明治維新後に内閣総理大臣を3回務めた桂太郎の旧宅。建物は明治42年(1909)の建造。川を引き込んだ池泉庭園は、懸石という萩独特の石組などが特徴。縁側で水琴窟の音色も楽しみたい。

☎0838-25-3139(萩市観光課)
所山口県萩市川島73-2
開9:00～17:00 休無休 料100円
交JR萩駅からまぁーるバス・西回りで藍場川入口下車、徒歩10分 Pなし

4 善福寺
ぜんぷくじ

MAP 付録P.9 E-4

キリシタン燈籠を保有する

室町時代創建の臨済宗寺院。毛利輝元が萩城を築いた際、指月山の麓から移転した。江戸時代の初め、茶人・古田織部が考案したキリシタン燈籠(織部燈籠)が境内にある。今でも朝と夕方に時の鐘を鳴らしている。

☎0838-22-3532 所山口県萩市川島197 開休料境内自由
交JR萩駅からまぁーるバス・西回りで藍場川入口下車、徒歩3分 Pあり

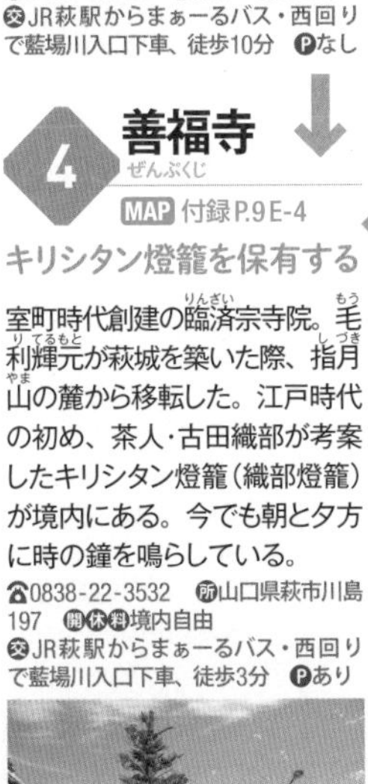

萩の地名が記されたものでは最古とされる文書を所蔵する

5 奥平家長屋門
おくだいらけながやもん

MAP 付録P.9 E-2

出格子窓が目をひく表門

長州藩の中級武士・奥平家の表門で、桁行約27m・梁間5mの長い建物。門構えや出格子窓が往時の面影を今に伝える。

☎0838-25-3139(萩市観光課)
所山口県萩市土原 開休料外観のみ見学自由 交JR東萩駅からまぁーるバス・東回りでエヌティーエー旅行前下車、徒歩3分 Pなし

19世紀初頭の建築と推定される。現在は個人所有のため、外観のみ見学可能

移動時間 ◆ 約1時間

散策ルート

藍場川入口バス停 あいばがわいりぐちバスてい

↓ 車の場合はバス停そばの藍場川駐車場を利用 徒歩5分

1 山縣有朋誕生地 やまがたありともたんじょうち

↓ 中州の橋本川沿いを進み、藍場川の起点を目指す 徒歩15分

2 旧湯川家屋敷 きゅうゆかわけやしき

↓ 藍場川沿いを下流に向かって歩いていく 徒歩すぐ

3 桂太郎旧宅 かつらたろうきゅうたく

↓ 石橋や涼み台など、藍場川の景観も楽しもう 徒歩6分

4 善福寺 ぜんぷくじ

↓ 藍場川右手の路地に入り、松本大橋の方向へ進む 徒歩15分

5 奥平家長屋門 おくだいらけながやもん

↓ 松本大橋を渡って対岸へ。駅前まで川沿いを歩く 徒歩15分

東萩駅 ひがしはぎえき

人々の商いで賑わった萩城下の港町

浜崎 はまさき

城下町の形成に伴い、日本海側に開かれ、城下を支えた庶民らが暮らしていた浜崎の街。商人の街らしい、親しみやすい街並みが広がる。

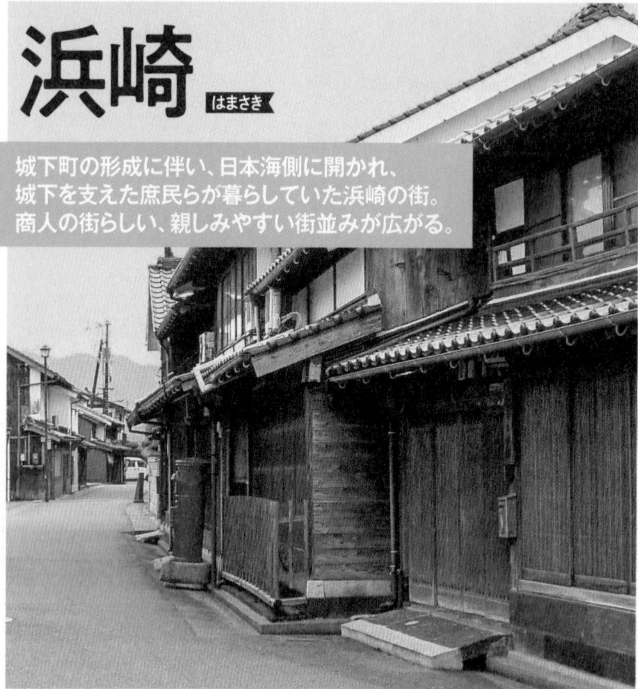

↑江戸～昭和初期の町家が混在。時代ごとに異なる造りにも注目

江戸時代から港町として発展 伝統的な町家建築が見られる

萩の城下町建設の際、日本海と松本川河口に接する浜崎に港町が整備された。近世には北前船の寄港地として廻船業や水産業で栄え、大正から昭和初期には水産加工業や特産の夏みかんなどの交易で萩の経済を支えた。南北に延びる本町筋を中心に江戸時代の敷地割が残り、江戸から昭和初期建造の風流な町家が軒を連ねる。138棟の伝統建築が建ち、国の重要伝統的建造物群保存地区に選定された。

城下町とは違う港町の風情

海辺の商業地として賑わった浜崎には、廻船業や加工業、船宿が集まって町が形成された。建物の多くは、間口の広い切妻平入造りの商家。千本格子や虫籠窓が風流な町家建築が今も通りに軒を連ねる。武家屋敷や石垣・土塀が印象的な城下町とは趣を異にする萩の街並みが楽しめる。

旧山中家住宅

きゅうやまなかけじゅうたく

MAP 付録P.11 F-1

昭和初期に建てられた 浜崎の典型的な町家を公開

海産物商を営んでいた山中家の昭和初期建築の町家。表通りから裏通りにかけて、主屋と附属屋、土蔵がずらりと並ぶ。明治期から昭和初期の山中家の商いに関する品々を展示。

☎0838-22-0133(浜崎しっちょる会)
所山口県萩市浜崎町209-1 開9:00～17:00
休水曜 料無料 交JR萩駅からまぁーるバス・東回りで御船倉入口下車、徒歩3分／JR東萩駅から徒歩20分 P浜崎伝建地区無料駐車場利用

↓浜崎重要伝統的建築物群保存地区の中心地。観光情報も手に入る

旧山村家住宅

きゅうやまむらけじゅうたく

MAP 付録P.11 F-1

独特の表屋造りの町家 浜崎に関する資料を展示

江戸後期に建築された大規模な町家。店舗と住居を前後に分け、間に玄関庭を設けた表屋造りと呼ばれる建築様式が特徴。浜崎の旧家に関する実物や資料を展示している。旧萩藩御船倉や旧小池家土蔵の案内もしてくれる。

☎0838-22-0133
(浜崎しっちょる会)
所山口県萩市浜崎町77
開9:00～17:00 休水曜
料無料 交JR萩駅からまぁーるバス・東回りで御船倉入口下車、徒歩3分／JR東萩駅から徒歩20分 P浜崎伝建地区無料駐車場利用

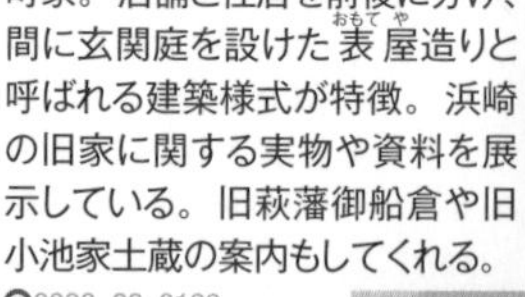

↑建物内では浜崎に残る旧家や浜崎の街を紹介する展示が見られる

←道の表に店舗、その裏に居住棟が建つ。なまこ壁と白壁が鮮やかだ

旧萩藩御船倉

きゅうはぎはんおふなぐら

MAP 付録P.11 F-1

国の史跡に指定された藩政時代の貴重な船倉

藩主の乗る御座船を格納していた場所で、萩城の築城後間もなくの建造とされる。安山岩の石垣の壁や木製扉、瓦屋根が残る、日本で唯一現存する藩政時代の屋根付き船倉。

☎0838-22-0133(浜崎しっちょる会)
所山口県萩市東浜崎町
開休料外観のみ見学自由 交JR萩駅からまぁーるバス・東回りで御船倉入口下車、徒歩3分／JR東萩駅から徒歩20分 P浜崎伝建地区無料駐車場利用

↑現在は埋め立てのため、川から離れて建つ

梅屋七兵衛旧宅

うめやしちべえきゅうたく

MAP 付録P.11 F-1

木戸孝允ら幕末の志士とも交流 大商人が暮らした隠居所

商人・梅屋七兵衛の隠居所。幕末に酒造業を営んだ人物で、藩の密命により長崎で1000丁の鉄砲を命がけで買い付けに行き、戊辰戦争での長州藩勝利に貢献した。

☎0838-22-0133(浜崎しっちょる会)
所山口県萩市浜崎新町26 交JR萩駅からまぁーるバス・東回りで御船倉入口下車、徒歩5分／JR東萩駅から徒歩20分 P浜崎伝建地区無料駐車場利用 ※現在は移住希望者用お試し住宅として使用。一般公開不可

↑七兵衛はここで茶道や華道に親しんだ

旧小池家土蔵

きゅうこいけけどぞう

MAP 付録P.11 F-1

海運業が栄えた江戸時代の遺構 約200年利用された土蔵

江戸後期の建造時期には松本川に面しており、港から荷揚げした荷物を一時的に保管する倉庫の役割を果たした。床板を厚くして、重い荷にも耐える構造になっている。

☎0838-22-0133(浜崎しっちょる会)
所山口県萩市浜崎町 開9:00～17:00 休水曜 料無料 交JR萩駅からまぁーるバス・東回りで御船倉入口下車、徒歩3分／JR東萩駅から徒歩20分 P浜崎伝建地区無料駐車場利用

↑内部で地元の住吉祭りの山車などを展示

泉福寺

せんぷくじ

MAP 付録P.11 F-1

吉田松陰の位牌を納める浄土真宗寺院

松下村塾を主宰した吉田松陰の菩提寺。本堂奥の位牌堂には、松陰の位牌と石膏像を安置。位牌には遺言により松陰が好んで使った号「松陰二十一回猛士」が刻まれている。

☎0838-22-2896 所山口県萩市浜崎町266
開9:30～16:00(季節により変動、要問い合わせ) 休不定休 料拝観無料 交JR萩駅からまぁーるバス・東回りで御船倉入口下車、徒歩4分／JR東萩駅から徒歩15分 Pあり

↑江戸初期に創建された寺院

野山獄跡

のやまごくあと

MAP 付録P.9 D-1

松下村塾で指導する前に吉田松陰が入獄した獄舎

江戸時代に罪人となった長州藩士を収容した獄舎跡。安政元年(1854)に下田で海外密航を企てた吉田松陰、脱藩した高杉晋作らが入獄した。跡地の一部が保存され石碑が立つ。

☎0838-25-3139(萩市観光課)
所山口県萩市今古萩町35-6
開休料見学自由 交JR萩駅からまぁーるバス・東回りで野山獄跡入口下車すぐ／JR東萩駅から徒歩12分 Pなし

↑隣には庶民を収容した岩倉獄があった

先達叡智宝庫の美術館

熊谷美術館

くまやびじゅつかん

MAP 付録P.11 E-2

広大な敷地に文化財4棟を含む十数の蔵が立ち並ぶ美術館。長州萩藩御用商熊谷家に伝わる書画、茶道具、古萩、ときに現代美術品なども展示。熊谷家がシーボルトより譲り受けた日本最古のピアノは必見。

☎0838-25-5535／0838-24-3773
所山口県萩市今魚店町47
開9:00～16:30(入館は～16:00)
休月・水～金曜(祝日の場合は開館)、文化財施設貸与制度(要相談)
料700円 交JR萩駅からまぁーるバス・東回りで熊谷美術館前下車すぐ／JR東萩駅から徒歩20分 P30台

↑江戸中期建築の主屋、離れ座敷、本蔵、宝蔵の4棟が、国指定重要文化財

日本を近代国家へと突き動かした

志士の情熱を思う歴史散策

今も城下町の面影が残る萩の街は、江戸時代の260年間、長州藩の中心地であり続けた。幕末から明治に活躍する志士たちが学び暮らした街の歴史を、藩史とともに振り返る。

江戸時代前期

萩が長州藩の本拠地となる

萩開府

外様大名・毛利氏が関ヶ原の戦い後に開府 一族が結束して所領を防衛する

長州藩の藩祖となったのは、豊臣政権下の五大老の一人で、中国地方8国を領していた毛利輝元。関ヶ原の戦いで総大将に就いた西軍が敗れたため、所領は長門・周防の2国へ減封となり、長州藩が成立する。長男・秀就が跡を継ぐが、幼少のため輝元が実権を握った。輝元は一族の吉川広家と毛利秀元に支藩の岩国藩、長府藩を与え、長州藩の東西の守りとした。

『絹本着色毛利輝元像』〈毛利博物館蔵〉

長州藩と支藩の領域

海と山に囲まれた萩が藩の中心地に 城と城下町が築かれて町が生まれる

毛利輝元は、藩の本拠である城の候補地に山口の鴻ノ峰、防府の桑山、萩の指月山の3カ所を選んだ。結局、日本海と山に守られて防衛上有利な萩を選ぶ。慶長9年(1604)、輝元は建設途上の萩城に入り、城と城下町の建設を進めた。2つの川に囲まれた三角州を中心に城下町が整備され、現在の街の基盤がつくられていった。入城から4年後に、5層天守を持つ萩城が完成する。幕末に藩庁が山口に移るまでの約260年間、萩が藩の中心だった。

毛利元就と三子教訓状

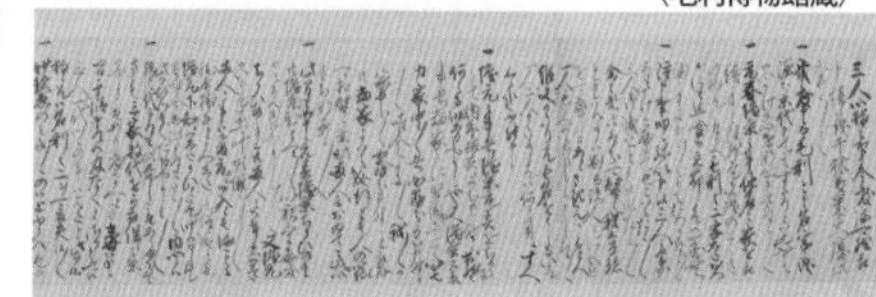
〈毛利博物館蔵〉

毛利氏の結束の証しとなった三子教訓状

毛利輝元の祖父で有力戦国大名の毛利元就は、毛利家の安泰には兄弟の結束がいかに重要であるかを3人の息子たちに書状で伝えた。3人とは長男・毛利隆元と養子に出した次男・吉川元春、三男・小早川隆景。彼らは父の教えを守り、「毛利両川」と呼ばれる支援体制を築いた。毛利両川は次世代に引き継がれ、岩国藩と長府藩の長州藩への支援体制が生まれた。矢は1本だと折れるが3本まとまれば折れないという「三矢の教え」もこの書状を基にした逸話とされている。

萩城にあった5層の天守。『萩城五層楼写真』〈山口県文書館蔵〉

萩城跡（指月公園） P.36

はぎじょうあと(しづきこうえん)

城下町・堀内 MAP 付録P.10 A-2

藩祖・毛利輝元が築いた萩城は、5層の天守を持つ山麓の平城と、戦時に備えた山頂の山城を持つ平山城だった。明治7年(1874)に天守、矢倉などの建物は解体され、現在は石垣と堀の一部が往時の姿をとどめている。

江戸時代後期

志士たちの私学の学び舎が誕生

吉田松陰の生涯

少年時代から突出した英才ぶりを発揮 幕末の志士を育てた行動派の教育者

吉田松陰は文政13年(1830)、長州藩の下級武士・杉百合之助の次男として生まれた。山鹿流兵学師範・吉田家の養子となり、幼少時より叔父の玉木文之進から厳しく兵学の指導を受ける。たちまち才能が開花した松陰は11歳のときに藩主・毛利敬親の前で兵学の講義を披露し、19歳で藩校・明倫館の師範となる。清国がアヘン戦争でイギリスに敗北したことを知った松陰は、もはや山鹿流兵学が前時代的だと悟り、西洋兵学などを学ぶため各地へ遊学に出る。ペリーの黒船が来航した際には、海外を見聞しようと米艦での密航未遂事件を起こしている。萩の野山獄に投獄され、実家である杉家での謹慎処分を受けた。謹慎中に部屋で開いた講義は評判を呼び、安政4年(1857)に宅地内に学舎を建設して私塾・松下村塾の主宰となる。その翌年、幕府が朝廷に無許可で日米通商修好条約を締結すると松陰は憤慨し、老中暗殺を企てる。未遂に終わるが反幕派とみなされ、安政の大獄により安政6年(1859)に処刑される。享年30歳。

↑『絹本着色吉田松陰像(自賛)』〈山口県文書館蔵〉

松陰が松下村塾で行った実践重視の教育 才能あふれる幕末の志士たちが巣立った

松陰が松下村塾で指導したのはわずか2年余だった。その間、およそ80余人の塾生が学んだ。松陰の「在野の人こそ国を守ることができる」との信念から、身分を問わず、農民や町民からも志ある者を受け入れている。学問とともに実践を重視し、自ら考え行動する改革者を育てる教育が為された。さらに、自国の力で進歩的な国をつくるために、海防や産業などの西洋の先進技術や文化を習得する必要性を塾生たちに説いた。松陰の没後に遺志は引き継がれ、久坂玄瑞や高杉晋作、伊藤博文ら多くの塾生が維新の改革者としてめざましい活躍をすることとなる。

小田村伊之助(楫取素彦)

義理の弟であり松陰が全幅の信頼を寄せた朋友

NHK大河ドラマ『花燃ゆ』の主人公・杉文(楫取美和子)の夫として知られる儒学者・小田村伊之助。江戸で吉田松陰と親交を深め、松陰の妹・文と結婚(前夫の久坂玄瑞は自害)。松下村塾を支援した。松陰が処刑前に塾を託したのが伊之助だった。松陰の没後は藩主の側近となり、維新後も新政府高官・群馬県令(現在の県知事)として活躍した。

〈萩博物館蔵〉

松下村塾 ➲P.39

しょうかそんじゅく

松陰神社周辺

MAP 付録P.9 F-2

松陰が28歳のとき、叔父の玉木文之進から引き継いで主宰した。実家・杉家の敷地に8畳一間の塾舎が建てられ、のちに増築した。

吉田松陰幽囚ノ旧宅 ➲P.39

よしだしょういんゆうしゅうのきゅうたく

松陰神社周辺 MAP 付録P.9 F-2

松陰の実家・杉家旧宅。密航未遂で自宅謹慎となった松陰が幽囚された部屋が残る。塾舎とともに国の史跡で世界遺産の構成資産。

松陰が未来を託した4人の英傑。攘夷・倒幕に奔走し若い命が散った

松下村塾の四天王

維新の志士を数多く輩出した松下村塾の塾生のなかでも、吉田松陰から高い評価を受け、維新を牽引していったのが、久坂玄瑞、高杉晋作、吉田稔麿、入江九一の4人の四天王だ。

久坂玄瑞（くさかげんずい） ◆天保11年(1840)～元治元年(1864)

松陰に認められ尊王攘夷運動を牽引

藩医の三男として生まれ、14～16歳で家族全員を失い家督を継ぐ。18歳のとき松下村塾で吉田松陰に認められ、松陰の妹・文（ふみ）と結婚する。松陰の没後、高杉晋作とともに尊王攘夷運動のリーダーとして活躍するが、薩摩（さつま）・会津（あいづ）藩と激突した禁門（きんもん）の変に敗れ、25歳で自害する。

久坂玄瑞誕生地
くさかげんずいたんじょうち

平安古 MAP 付録P.8 B-3

旧宅跡に、追悼の和歌が刻まれた「久坂玄瑞君追憶碑」など3つの石碑が立つ。

交JR萩駅からまぁーるバス・西回りで久坂玄瑞誕生地前下車すぐ　Pなし

吉田稔麿（よしだとしまろ） ◆天保12年(1841)～元治元年(1864)

秘めた情熱を持ち、藩を飛び出して活躍

16歳で松下村塾に入り、高杉、久坂、入江九一とともに松門四天王と称された。松陰の没後に脱藩し、京都や江戸で尊王攘夷運動に参加。新選組が尊攘派を襲った池田屋事件で命を落とした。

吉田稔麿誕生地
よしだとしまろたんじょうち

松陰神社周辺 MAP 付録P.9 F-2

旧松本村の生まれで、松陰が主宰する前から松下村塾に通っていた。塾近くにある誕生地に石碑が立つ。

交JR東萩駅からまぁーるバス・東回りで松陰神社前下車すぐ　Pなし

吉田松陰墓所 ➲P.40
よしだしょういんぼしょ

松陰神社周辺 MAP 付録P.7 E-2

松陰の死の100日後、門下生たちが遺髪を納め墓碑を建立した地。松陰を慕うように、久坂玄瑞、高杉晋作の遺髪墓がそばに建てられている。

高杉晋作（たかすぎしんさく） ◆天保10年(1839)～慶応3年(1867)

長州藩を倒幕へと導いた革命児

長州藩士の長男として生まれ、久坂玄瑞に誘われて松下村塾に入塾。久坂とともに「村塾の双璧」と謳われた。のちに尊王攘夷運動の急先鋒となり、新式軍隊の奇兵隊を創設。長州征伐を目指す幕府軍との戦いでは、長州の海軍参謀として活躍し勝利に導いたが、明治の始まりを目前に肺結核で没する。

〈萩博物館蔵〉

高杉晋作誕生地 ➲P.34
たかすぎしんさくたんじょうち

城下町・堀内 MAP 付録P.11 D-4

中・下級武士が多く住んだ城下町の旧町人地、なまこ壁が美しい菊屋横町沿いにあり、生家の一部が公開されている。

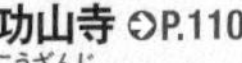

功山寺 ➲P.110
こうざんじ

長府 MAP 付録P.21 D-2

高杉は、幕府に屈し始めた藩を立て直すため功山寺で挙兵。藩論を倒幕へと軌道修正した。

入江九一（いりえくいち） ◆天保8年(1837)～元治元年(1864)

師の先鋭的な攘夷運動に最後まで尽くす

22歳で松下村塾に入塾し、高杉、久坂、吉田とともに松門四天王と称された。松陰の無謀とも思える老中暗殺計画に四天王で唯一賛同し、最後まで師に忠義を尽くした。松陰の没後は京都で攘夷運動に参加。奇兵隊の幹部も務め活躍したが、禁門の変で戦死する。

入江九一・野村靖誕生地
いりえくいち・のむらやすしたんじょうち

藍場川 MAP 付録P.9 E-2

入江九一とその弟・野村靖の誕生地。靖は兄の遺志を継ぎ、明治新政府で大臣を歴任して活躍した。

交JR東萩駅からまぁーるバス・東回りでエヌティーエー旅行前下車、徒歩4分　Pなし

松陰の志を明治に引き継いだ人物たち

桂 小五郎（かつらこごろう） ◆天保4年(1833)～明治10年(1877)

廃藩置県の実現に貢献

長州藩医の子で、17歳から松陰に師事。尊王攘夷運動で活躍し、維新後は明治政府の中枢で近代国家設立に貢献した。後年、木戸孝允（きどたかよし）に改名。

〈萩博物館蔵〉

伊藤博文（いとうひろぶみ） ◆天保12年(1841)～明治42年(1909)

立身出世した初代首相

現・光（ひかり）市の百姓出身。松下村塾に入り、イギリス密航後に倒幕運動に参加。明治新政府で初代内閣総理大臣となり、明治憲法の発布に尽力した。

〈萩博物館蔵〉

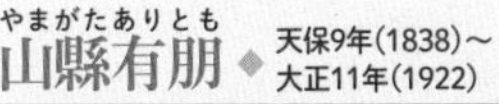

山縣有朋（やまがたありとも） ◆天保9年(1838)～大正11年(1922)

伊藤と並ぶ明治政府の重鎮

下級武士出身で、21歳で松下村塾に入塾。奇兵隊で活躍し、明治維新後は近代軍隊の設立に尽力。総理大臣にまで上りつめ、権勢をふるった。

〈萩博物館蔵〉

前原一誠（まえばらいっせい） ◆天保5年(1834)～明治9年(1876)

政府と袂を分かち対立

松下村塾に学び、長州征伐で活躍。戊辰戦争で参謀を務め、明治政府の要職を歴任。のちに政府と意見が対立し、萩の乱を起こして処刑される。

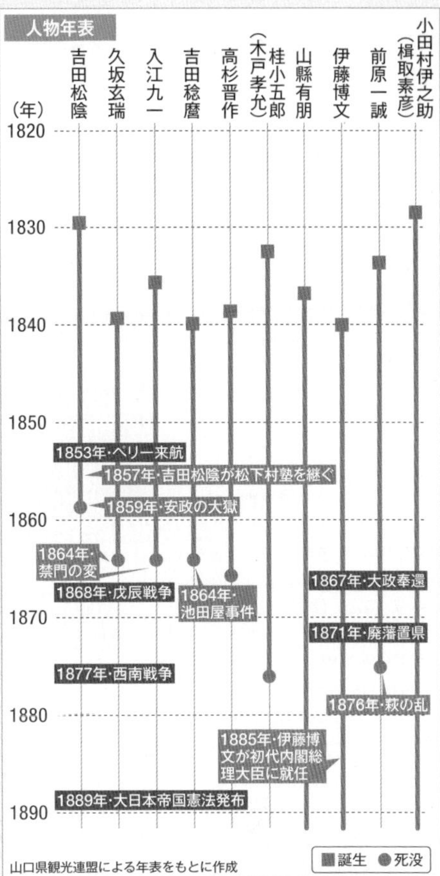

山口県観光連盟による年表をもとに作成

山口県出身の総理大臣 県別では最多の8人を現在まで輩出

※田中義一以前は出生地、岸信介以降は選挙区が現山口県域の政治家

伊藤博文 いとうひろぶみ【第1・5・7・10代】
英語力を買われて、明治政府で要職を歴任。明治18年(1885)の首相就任時は44歳で、これは現在も最年少。

山縣有朋 やまがたありとも【第3・9代】
軍人トップから総理大臣となった軍閥派の巨頭。政党政治と距離を置き、警察や官僚に影響力を持った。

桂太郎 かつらたろう【第11・13・15代】
軍人から陸相、首相を歴任。ニコニコして肩をたたき、相手を懐柔することからニコポン宰相と呼ばれた。

寺内正毅 てらうちまさたけ【第18代】
山縣、桂に次ぐ長州軍閥の重鎮。首相となり官僚・藩閥による超然内閣を組織したが、米騒動により総辞職。

田中義一 たなかぎいち【第26代】
陸軍大将から立憲政友会総裁を経て、昭和2年(1927)に首相兼外相となる。軍の暴走の責任を取って辞職。

岸信介 きしのぶすけ【第56・57代】
昭和32年(1957)に首相に就任し、新安保条約批准を強行して総辞職。退陣後も政界に影響をおよぼした。

佐藤栄作 さとうえいさく【第61～63代】
岸信介の弟。昭和39年(1964)に首相就任後、日韓基本条約調印、沖縄返還などを実現。ノーベル平和賞受賞。

安倍晋三 あべしんぞう【第90・96～98代】
岸信介は祖父。東京生まれだが選挙区は山口県。戦後生まれ初の首相となり、平成24年(2012)に首相再任。

江戸時代後期〜明治時代初期

長州から歴史の表舞台へ
維新を成した長州藩

江戸後期に藩の財政危機を救った藩政改革 維新期における長州藩活躍の基盤が整えられる

江戸後期の長州藩は深刻な財政難に陥っていた。第13代長州藩主の毛利敬親は、家臣の村田清風を抜擢して財政再建に取り組ませた。清風が指揮した産業振興や新規事業開発などの天保の改革により藩財政は回復し、やがて莫大な収益を上げるまでになった。財政改革以外にも、近代化による軍制改革や教育改革も実施された。長州藩は古くから教育に熱心だったが、清風はさらに藩校の明倫館を拡張し、西洋学を積極的に導入し、他藩への留学も盛んに行なわせた。文久3年(1863)には、国禁を犯して伊藤博文ら5人の若者がイギリスへ密航留学し、西洋の近代技術や文化を藩に持ち帰っている。明倫館あるいは吉田松陰の松下村塾で学んだ若者たちが、その後の幕末維新期に重要な役割を果たす存在となる。潤沢な藩の財源と近代化の推進、教育重視政策といった天保期の藩政改革が、維新期における長州藩の活躍の礎となった。

↑イギリスへ密航留学した長州五傑。いち早く西洋文明にふれた彼らは、みな新政府の要職を担った。上段は左から遠藤謹助、野村弥吉、伊藤俊輔(博文)、下段は井上聞多(馨)、山尾庸三〈萩博物館蔵〉

幕末動乱の時代をリードした長州藩 長州の志士が明治新政府の中枢を占める

嘉永6年(1853)のアメリカ提督ペリーの下田来航により、日本の幕末動乱の時代が始まった。欧米諸国の開国要求に次々と応じる弱腰姿勢の幕府に国内の反発が強まり、諸国の下級武士を中心に尊王攘夷運動が巻き起こる。幕府の大老・井伊直弼により吉田松陰ら幕府反対勢力が弾圧(安政の大獄)されると、運動はさらに過激さを増していった。長州藩は藩内一致で尊王攘夷に突き進み、運動の中心的存在となっていく。文久3年(1863)には、有事に備えて長州藩庁を北端の海沿いにある萩から内陸の周防山口へ移設している。同年、下関で外国船砲撃事件(下関戦争→P.118)を起こして攘夷の実力行使に出る。ところが、八月十八日の政変(七卿落ち)や禁門の変によって長州勢が中央の京都を追放されると、尊王攘夷運動は一気に減退していく。四国連合艦隊の下関砲撃事件で欧米列強の威力を見せつけられた長州藩は、攘夷から開国・倒幕へと舵をシフトさせていく。それまで対立関係にあった公武合体派の薩摩藩と薩長同盟を結び、倒幕で共闘して大政奉還、明治政府樹立を勝ち取っていく。明治以降、長州の志士たちは新政府や近代産業の中心で活躍し、新時代の日本を牽引していく。

村田清風 藩の危機を救った老練の改革者

5代の藩主に仕え、天保年間、財政難に喘いでいた長州藩の財政の再建、軍事力の強化、藩士の教育について改革を行う。藩政を一新した清風のその改革は、やがて明治維新への扉を開く原動力になった。吉田松陰が「師」と仰いだ人物。

村田清風記念館 むらたせいふうきねんかん

長門 MAP 付録P.13 E-3

郷土の長門市に村田清風の遺品や資料を展示。隣接して清風の生家「三隅山荘」が保存されている。

☎0837-43-2818 所山口県長門市三隅下2510-1
開9:00〜17:00(入館は〜16:30) 休火曜(祝日の場合は翌平日)
料200円 交JR長門市駅から車で5分 Pあり

村田清風別宅跡 むらたせいふうべったくあと ➲P.37

平安古 MAP 付録P.8 B-3

清風が藩政を行っている25年間、住まいとしていた場所。

明治維新 歴史年表

西暦	元号		事項
1853	嘉永 6	6月	ペリーが浦賀に来航する
1858	安政 5	6月	日米修好通商条約締結
1859	6	12月	安政の大獄。吉田松陰ら投獄される
1860	7	3月	桜田門外の変。大老・井伊直弼が暗殺される
1862	文久 2	1月	坂下門外の変。老中・安藤信正が襲撃される
		8月	生麦事件。薩摩藩士がイギリス人を殺傷
1863	3	5月	下関戦争。長州藩が外国船に砲撃
		7月	薩英戦争。生麦事件の補償を求めるイギリスと薩摩藩が衝突
		8月	八月十八日の政変(七卿落ち)
1864	元治 元	6月	池田屋事件。京都で新選組が長州藩・土佐藩の尊王攘夷派志士を襲撃
		7月	禁門の変。長州藩が京都で挙兵するも敗北し、第一次長州征伐につながる
		8月	四国連合艦隊による下関砲撃
1866	慶応 2	1月	坂本龍馬の仲介で薩長同盟成立
		6月	第二次長州征伐
1867	3	10月	大政奉還
		11月	坂本龍馬と中岡慎太郎が暗殺される
1868	4	1月	鳥羽・伏見の戦い。戊辰戦争始まる
		3月	西郷隆盛と勝海舟が会談、江戸無血開城
1869	明治 2	1月	薩摩・長州・土佐・肥前の4藩が全国に先駆けて版籍奉還
		5月	五稜郭の戦い。戊辰戦争終わる

萩の世界遺産を訪ねる

幕末に長州藩が進めた先進技術の導入は、工業大国日本の歴史の第一歩となった出来事。その歴史的価値が認められ、萩に残る関連史跡が世界遺産として登録された。

日本の産業革命の初期を伝える遺産

2015年に世界遺産に登録された「明治日本の産業革命遺産 製鉄・鉄鋼、造船、石炭産業」は、幕末から明治に日本が飛躍的な近代化を遂げた歴史を伝える各地の遺産群の総称。なかでも萩の5つの遺産はその初期のものだ。製鉄や造船の技術のほか、それを生んだ地域社会や教育施設など幅広い分野が遺産の構成資産となった。

萩・明倫学舎 ➲P.33

はぎ めいりんがくしゃ

城下町・堀内

MAP 付録 P.11 F-4

明倫小学校の旧校舎を利用した観光情報施設。萩の世界遺産について詳しく紹介している。

萩反射炉

はぎはんしゃろ

西洋式の鉄製大砲鋳造を目指して試作的に築造された

長州藩が海防強化の一環として導入を試みた大砲製造のための金属溶解炉で、安政(あんせい)3年(1856)に試作的に建造され、一時期試験的に操業した。煙突にあたる部分の遺構が残っている。国内現存の数少ない反射炉のひとつ。

反射炉とは

ドーム型の天井に炎と熱を反射させ、熱を集中させて鉄を溶解する施設。西欧で誕生し、日本では嘉永(かえい)3年(1850)に佐賀藩が最初に鋳造に成功した。

萩漁港周辺 MAP 付録P.7 E-1

☎0838-25-1750 (萩市観光協会)

所 山口県萩市椿東4897-7 開休料 見学自由 交 JR東萩駅からまぁーるバス・東回りで萩反射炉下車、徒歩2分 P あり

↑当時、反射炉の操業に成功していた佐賀藩に藩士を派遣し、そこでスケッチを許可され、それをもとに建設した

大板山たたら製鉄遺跡

おおいたやまたたらせいてついせき

日本の伝統技術による製鉄 軍艦・丙辰丸の原料鉄を製造

木炭を燃焼させ、砂鉄を原料に鉄を作る日本古来の製鉄技術、たたら製鉄の施設跡。長州藩が造船した軍艦・丙辰丸(へいしんまる)の碇や釘などの部品に使用された。

萩市 MAP 本書 P.2 C-2

☎0838-25-1750(萩市観光協会)

所 山口県萩市紫福10257-11 山の口ダム北側

開休料 見学自由 交 JR東萩駅から車で40分

P あり

↑江戸中期から幕末期に3回操業した。たたら製鉄の主要施設の遺構が保存されている

恵美須ヶ鼻造船所跡

えびすがはなぞうせんじょあと

西洋の造船技術を導入し 2隻の西洋式帆船を建造

黒船来航後、幕府が長州藩に軍艦建造を指示。桂小五郎(かつらこごろう)(木戸孝允(きどたかよし))の強い勧めにより、安政(あんせい)3年(1856)に造船所が造られた。同年に洋式軍艦の丙辰丸(へいしんまる)、4年後に庚申丸(こうしんまる)の2隻を建造した。当時の規模の石造堤防が残る。

↑石組みの堤防が残る。往時の造船所や軍艦を再現したVR映像をスマートフォンなどで楽しめる

萩漁港周辺 MAP 付録 P.7 D-1

☎0838-25-1750(萩市観光協会) 所 山口県萩市椿東5159-14 開休料 見学自由 交 JR東萩駅からまぁーるバス・東回りで萩反射炉下車、徒歩10分 P なし

萩城下町 ➲P.32

はぎじょうかまち

幕末期の町割が今も残る 往時の風情を残した城下町

長州藩が産業技術を導入した当時の地域社会の姿をよく表している。城跡・旧上級武家地・旧町人地の3地区で構成される。

松下村塾 ➲P.39

しょうかそんじゅく

日本の近代化のリーダーを輩出 先進的な教育が行われた私塾

海防のための工学教育や西洋の先進技術を学ぶ重要性を塾生たちに提唱。日本の近代産業化を導く多くの逸材を育てた。

松陰神社周辺 MAP 付録 P.9 F-2

それぞれにきらめく魅力を持つ作品を生み出した

山口を生きた文学者たち

政財界の人材の宝庫・山口県は優れた文人も数多く生み出している。山口の自然に育てられ、独自の創作世界を紡ぎ出した4人の郷土作家を紹介。

現・長門市仙崎出身

金子(かねこ)みすゞ ◆ 明治36年(1903)〜昭和5年(1930)

純粋な心を持つ童謡詩人

仙崎(せんざき)で生まれ20歳で下関に移住し、童謡詩人として鮮烈なデビューを飾る。26歳で亡くなるまでに「私と小鳥と鈴と」や「こだまでしょうか」など、優れた作品を残した。

写真提供：
金子みすゞ著作保存会

金子みすゞ記念館
かねこみすずきねんかん

➲P.69

仙崎

MAP 付録P.13 F-1

みすゞの実家であり書店の「金子文英堂」を跡地に復元した記念館。みすゞはここで3歳から20歳までを過ごし、作品の根底に流れる感性が育まれた。

現・山口市湯田温泉出身

中原中也(なかはらちゅうや) ◆ 明治40年(1907)〜昭和12年(1937)

短く輝いた夭逝の天才詩人

山口市に生まれ、中学時代から歌集を刊行して文才を発揮した。「汚れつちまつた悲しみに……」「サーカス」など、音楽性に富んだ抒情詩を数多く発表。30歳の若さで病没した。

中原中也記念館
なかはらちゅうやきねんかん

湯田温泉

MAP 付録P.25 F-1

詩人・中原中也の生家跡に建つ記念館。中也の生涯をたどる資料や原稿などを展示している。

☎083-932-6430
所 山口県山口市湯田温泉1-11-21 開 9:00〜18:00(11〜4月は〜17:00)
休 月曜(祝日の場合は翌日)、毎月最終火曜
料 330円 交 JR湯田温泉駅から徒歩10分 P あり

現・防府市出身

種田山頭火(たねださんとうか) ◆ 明治15年(1882)〜昭和15年(1940)

自由な句を詠んだ放浪俳人

五七五の定型にとらわれない自由律俳句を作風とする荻原井泉水(おぎわらせいせんすい)に師事し、頭角を現す。実家の破産、家族の死に遭い出家し、44歳から没するまで托鉢しながら各地を放浪。

其中庵
ごちゅうあん

新山口駅周辺 MAP 付録P.23 E-4

山頭火が放浪生活中だった昭和7年(1932)から6年間を過ごした庵を復元。井戸が残る。

☎083-973-7071(山口市小郡文化資料館)
所 山口県山口市小郡矢足 開 9:00〜18:00(10〜4月は〜17:00) 休 無休 料 無料
交 JR新山口駅から徒歩15分 P あり

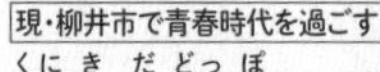

現・柳井市で青春時代を過ごす

国木田独歩(くにきだどっぽ) ◆ 明治4年(1871)〜明治41年(1908)

自然主義文学の先駆者

千葉県銚子(ちょうし)市で生まれ、幼少時に父の転勤で山口県へ移住し、岩国、山口、柳井などを転々とした。新体詩や自然主義の小説で知られ、代表作『武蔵野(むさしの)』を残し、36歳で病没。

〈国会図書館蔵〉

国木田独歩旧宅
くにきだどっぽきゅうたく

柳井 MAP 付録P.27 F-3

国木田独歩が青年時代の数年間を過ごした家を移築・保存。愛用品などゆかりの品を中庭から見学できる。

☎0820-23-3655(柳井市観光協会)
所 山口県柳井市姫田11-5
開 休 料 見学自由
交 JR柳井駅から徒歩15分 P なし

萩 歴史年表

西暦	元号	事項
1358	正平 13 延文 3	大内弘世が南朝から周防・長門の2国の守護に任命される
1551	天文 20	陶隆房(晴賢)が大内義隆に謀反を起こす
1555	24	陶晴賢が厳島の戦いで毛利元就に敗れる
1557	弘治 3	毛利元就が大内氏の領地の大半を手に入れる
1566	永禄 9	中国地方中部を支配していた尼子氏を滅ぼし、毛利氏は中国地方全域を領有
1571	元亀 2	毛利元就逝去。孫の毛利輝元が実権を継ぐ
1591	天正 19	毛利輝元が中国8カ国を豊臣秀吉に安堵される
1592	文禄 元	朝鮮出兵始まる。朝鮮から招いた陶工により、萩焼が始まる
1597	慶長 2	毛利輝元が豊臣政権で五大老に任じられる
1600	5	関ヶ原の合戦で、毛利輝元は石田三成側の西軍総大将となるが、戦には参加せず。毛利氏の所領は周防・長門両国の2国のみになる。長府藩、岩国藩もともに成立
1604	9	毛利輝元、萩・指月山に移ることを許され、萩城築城を始める(**萩城跡(指月公園)** ➲P.36)
1617	元和 3	輝元の子・毛利就隆が下松藩を立藩
1648	慶安 元	下松藩が徳山に移り徳山藩となる
1653	承応 2	長府藩主・毛利綱元が叔父の元知に1万石を分け清末藩成立
1673	延宝 元	岩国藩で**錦帯橋** ➲P.146が架けられる
1677	5	萩地方で大地震が起きる。財政改善のため藩札(延宝札)が初めて発行される
1691	元禄 4	3代藩主・毛利吉就が萩城下・松本村に**東光寺** ➲P.40を建立
1695	8	宇部で常盤池築造開始(**ときわ公園** ➲P.149)
1716	享保 元	徳山藩が改易になり、長州本藩に編入される
1718	3	長府藩が断絶し、清末藩主・毛利元平が継ぐ。清末藩は一時断絶
1719	4	5代藩主・毛利吉元が藩校明倫館を創建
1729	14	長府藩主・毛利師就が弟・政苗に1万石を分け清末藩再興
1751	宝暦 元	長府藩主・毛利匡敬が長州本藩を継ぐ
1830	文政 13	吉田松陰、杉百合之助の次男として生まれる
1838	天保 9	村田清風の財政改革開始(長州藩の天保の改革)
1842	13	吉田松陰の叔父、玉木文之進が松下村塾を開く
1849	嘉永 2	13代藩主・毛利敬親が**藩校明倫館** ➲P.33を現在地へ移設
1850	嘉永 3	吉田松陰、遊学のため九州へ出発
1851	4	吉田松陰、東北へ出発
1854	安政 元	吉田松陰、ペリーの黒船に密航を試みるが失敗し野山獄に投獄される(**野山獄跡** ➲P.45)
1856	3	長州藩が造船所を造る(**恵美須ヶ鼻造船所跡** ➲P.51)。翌年、初の洋式軍艦・丙辰丸進水
1857	4	吉田松陰、謹慎中に玉木文之進から引き継ぎ杉家の敷地に**松下村塾** ➲P.39を開く
1858	5	吉田松陰、倒幕を説いたことで危険視され、再度投獄される
1859	6	吉田松陰、安政の大獄の連座を受け江戸に送られる。その後処刑される
1860	万延 元	桂小五郎ら、水戸藩士・西丸帯刀らと尊王攘夷の盟約を交わす
1862	文久 2	高杉晋作、上海へ渡航。長州藩が藩論を攘夷と決める。坂本龍馬が萩を訪れる。久坂玄瑞ら、江戸の英国公使館を焼き討ちする
1863	3	長州藩、山口に藩庁を移す(**旧山口藩庁門** ➲P.130)。下関で攘夷決行(**下関戦争** ➲P.118)。高杉晋作、奇兵隊を結成。伊藤博文ら長州五傑、イギリスへ密留学。八月十八日の政変が起きる
1864	4 元治 元	池田屋事件で吉田稔麿が、禁門の変で久坂玄瑞、入江九一が落命。第一次長州征伐。高杉晋作が藩論を変えるため下関で挙兵(**功山寺** ➲P.110)
1866	慶応 2	薩長同盟締結。第二次長州征伐
1867	3	桂小五郎(木戸孝允)が**枕流亭** ➲P.130で薩長の連携と倒幕に向けた密議を重ねる。大政奉還
1868	4	鳥羽・伏見の戦いで戊辰戦争始まる
1869	明治 2	戊辰戦争終わる。版籍奉還により毛利元徳が山口藩知事となる
1871	4	廃藩置県で山口・豊浦・清末・岩国の4県が設置される。同年、合併し山口県となる
1876	9	前原一誠らが反乱を起こす(萩の乱)
1885	18	伊藤博文、初代総理大臣に就任
1889	22	山縣有朋、総理大臣に就任
1909	42	伊藤博文、ハルビン駅で暗殺される
1974	昭和 49	前総理大臣・佐藤栄作がノーベル平和賞受賞
2015	平成 27	「明治日本の産業革命遺産」の構成要素として、**松下村塾** ➲P.39、**萩城下町** ➲P.32、**萩反射炉** ➲P.51などが世界遺産に認定される

志士の情熱を思う歴史散策

GOURMET
食べる

萩の甘鯛コース
1万2800円
刺身を筆頭に唐揚げ、みそ焼き、ヒレ酒など、甘鯛三昧を堪能できる

予約 可(昼の座敷利用、夜は要)
予算 Ⓛ2750円～ Ⓓ6600円～

日本海の旬の幸を心ゆくまで堪能する

多彩な地魚が主役 萩の海鮮食事処

萩漁港は周囲に多くの好漁場があり、甘鯛やケンサキイカなど250種と、多くの種類の魚介が手に入る。季節ごとの海の幸を楽しみたい。

昼は気軽に夜はとことん贅沢に
萩魚の絶品料理に舌鼓

割烹 千代

かっぽう ちよ

東萩駅周辺 MAP 付録P.9 D-1

萩の地魚料理といえばこのお店。なかでも自慢のふぐや甘鯛のコース料理を目当てに、県外からわざわざ足を運ぶという人も多い。割烹といえども、ランチでは萩魚の定食や丼ものが気軽に味わえる。

☎0838-22-1128
所山口県萩市今古萩町20-4
営11:30～14:00 17:00～22:00(LO21:00)
休日曜の夜、月・火曜(月曜が祝日の場合は月曜の夜、火曜休)
交JR東萩駅から徒歩10分 Pあり

平日限定 甘鯛の唐揚げ定食2750円

記念旅行にはお座敷の利用もおすすめ。萩ではおめでたい席の甘鯛料理は定番

漁協婦人部運営の食堂で
漁師町の"おふくろの味"を

つばきの館

つばきのやかた

越ヶ浜 MAP 付録P.3 E-1

椿の原生林が広がる笠山の麓・虎ヶ崎の人気食堂。目の前には日本海の荒波が押し寄せる。市街地から離れていても名物定食を目当てにひっきりなしにお客が訪れる。

☎0838-26-6446
所山口県萩市椿東716-16
営11:00～17:00(LO15:00)
休水曜(ほか臨時休あり)
交JR越ヶ浜駅から車で11分 Pあり

海沿いの細道の終点。椿が見頃の2、3月は特に混み合う

国定公園に指定されている絶景を眺めながら食事を満喫

予約 可
予算 Ⓛ2100円～

つばき定食
2200円
肉厚な甘鯛の煮付けは圧巻のボリューム(甘鯛がないときはほかの魚で提供)。さざえ飯まで付く内容に誰もが大満足

予約 可
予算 ⓁⒹ3000円～

➡萩の地魚料理も充実。うにめし5027円も人気

萩沖の活ケンサキイカを心ゆくまで満喫する

萩心海

はぎしんかい

東萩駅周辺 MAP 付録P.9 E-1

イカのなかでも最高級品とされるケンサキイカ料理(冬季はヤリイカ)が店の自慢。透き通る刺身、ほっこり天ぷらなど、甘み豊かな味わいに誰もが魅了されるはず。

⬆イカや地魚が泳ぐ店内の生け簀は山口県でも最大級

☎0838-26-1221
所山口県萩市土原370-71
営11:00～14:00(LO13:30) 17:00～21:00(LO20:30)
休水曜(繁忙期は変更あり)
交JR東萩駅から徒歩5分 Ⓟあり

イカづくし 5060円
身が透き通るイカの活造りを堪能したあとは、残ったゲソやエンペラでさらに天ぷらを味わえる

有名人も多数来店、道の駅「しーまーと」の人気料理店

浜料理がんがん

はまりょうりがんがん

萩漁港周辺 MAP 付録P.7 D-1

地魚料理の人気店。旬の食材を盛り込んだ店長おすすめランチをはじめ、地産地消にこだわったメニューが充実している。テーブル54席、座敷2席のほか、海の見えるテラス席を26席用意。

☎0838-25-3452
所山口県萩市椿東4160-61 道の駅 萩しーまーと内
営9:30～17:30(LO)
休不定休
交JR東萩駅からまぁーるバス・東回りで萩しーまーと下車すぐ
Ⓟあり

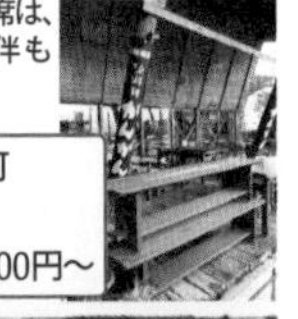

➡テラス席は、ペット同伴も可能

予約 可
予算 ⓁⒹ1000円～

海鮮丼 1540円～
ヒラマサ、真鯛、イカといった多彩な萩の魚介がご飯を覆う

⬅浜料理がんがんスペシャル定食1890円。萩ならではの刺身がメインのボリュームたっぷりの定食だ

地元客にも常連多数
萩の旬の魚や地酒が楽しめる

ダイニングまめだ

東萩駅周辺 MAP 付録P.9 E-1

地魚料理を中心に、金太郎や長萩和牛など萩産食材の多彩な料理が味わえる。セットメニューのほかに単品も充実し、東萩駅前という好立地で地元にもファンが多い。

☎0838-21-4689
所山口県萩市椿東3000-5 萩ロイヤルインテリジェントホテル2F 営11:00～14:00(LO13:30) 17:30～22:00(LO21:30)
休火曜(変更になる場合あり)
交JR東萩駅からすぐ Ⓟあり

⬆店は駅前ホテルの2階に位置し、個室もある

⬆萩魚の代表・金太郎の刺身750円。脂がのって旨み抜群

予約 可
予算 Ⓛ1000円～ Ⓓ3000円～

海鮮丼 1200円～
新鮮な地魚や食べごたえのある大きいエビがのった人気の丼メニュー

特選5点盛り 4400円(1皿2人前)
当日入荷のあった希少部位5種が味わえる。ヒレ、カイノミなど内容は日替わりでのお楽しみ

萩が誇るブランド肉の両雄を食べ比べる

見蘭牛とむつみ豚 極上肉を食す優雅

萩産のブランド肉で、特に注目を集めている「見蘭牛」と「むつみ豚」。どちらも希少で流通が少ないため、地元ならではの美味だ。

「見蘭牛」と「むつみ豚」

「見蘭牛」は和牛のルーツ・見島牛とホルスタインを交配、濃い旨みとやわらかさを兼ね備える。「むつみ豚」はパン粉中心の自家配合飼料で育ち、臭みがなくやわらかで甘い肉質が特徴。

見蘭牛のおいしさを知り尽くす生産者の直営レストラン

網焼きレストラン 見蘭

あみやきレストラン けんらん

城下町・堀内周辺 MAP 付録P.10 A-3

見蘭牛ブランドの生みの親であり生産者の「みどりや」直営レストラン。肉は牧場から直送、各部位の焼肉やステーキを心ゆくまで味わえる。隣接する「みどりや本店」では肉や加工品の購入も可。

☎0838-26-0141
所 山口県萩市堀内89 ミドリヤファーム内
営 17:00〜22:00(LO21:30)
休 月曜(祝日の場合は翌日)
交 JR玉江駅から徒歩11分 P あり

予約 可
予算 D 5000円〜

10秒ロース1780円。表面を10秒ずつさっと炙っていただく。甘い肉汁が口いっぱいに広がる

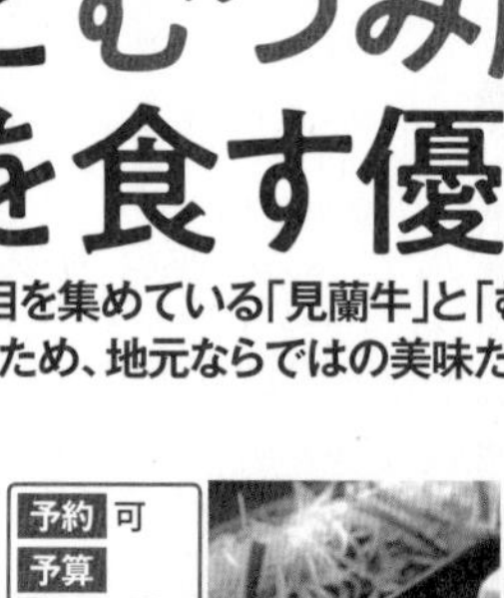

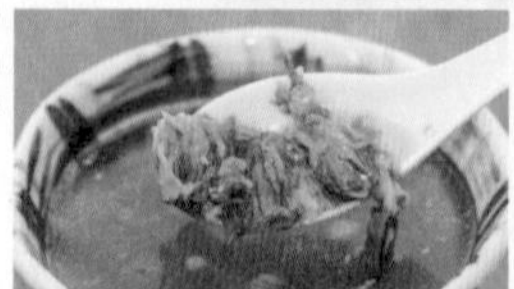

テールスープ880円も絶品。じっくり煮込まれた肉がトロリとたまらない

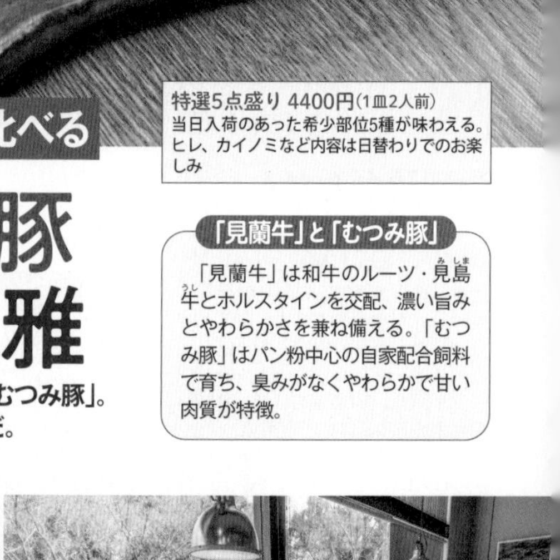

市街から萩城の堀ひとつ隔てた閑静な空間に立地。贅沢な時間を満喫できる

お酒と相性抜群
大衆フレンチの絶品豚料理

Brasserie Lab
ブラッセリーラボ

城下町・堀内 MAP 付録P.9 D-2

リーズナブルな値段で楽しめる、大衆的な"一皿フレンチ"が評判。むつみ豚を使ったオリジナルメニューのほか萩産の新鮮魚介を使った品々も絶品揃い。ビールやワインもこだわりのラインナップ。

☎0838-21-7252
所山口県萩市東田町111-3 中村会館2F
営17:00〜22:00(LO21:00)※予約のみ営業 休不定休 交JR東萩駅から徒歩15分 Pあり

予約 要
予算 D4000円〜

むつみ豚のハムなど、自家製シャルキュトリー4種盛り1000円

店はビルの2階にあり隠れ家風。地元でも人気上昇中

むつみ豚肩ロースのグリル 1200円
絶妙な焼き加減で、一口ほおばればほどよい弾力とともに肉汁があふれる。クセのない脂身もまた美味

食材も酒も選りすぐりの
萩のうまいものが揃う

萩の酒と萩の肴 MARU
はぎのさけとはぎのさかな マル

東萩駅周辺 MAP 付録P.9 D-2

見蘭牛やむつみ豚、そして新鮮魚介を筆頭に萩産食材にこだわった料理が味わえる。お酒も「東洋美人」「長門峡」など萩6蔵の地酒がすべて揃い、地元はもちろん観光客にも評判で週末は予約必須。

☎0838-26-5060
所山口県萩市吉田町78
営17:00〜23:00(LO22:00)
休日曜、祝日 交JR東萩駅から徒歩12分
Pあり

カウンター、テーブル席に加え2階にはお座敷も。「本日の刺身」にも注目したい

見蘭牛のもつ煮込み700円(写真は煮玉子付き750円)(左)。むつみ豚のもも肉を低温熟成させた自家製ハム900円(右)

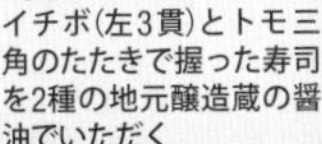

予約 望ましい
予算 D3000円〜

見蘭牛のにぎりずし 6貫1200円
イチボ(左3貫)とトモ三角のたたきで握った寿司を2種の地元醸造蔵の醤油でいただく

歴史ある城下町ならではの屋敷や町家の風情が生きる

趣深い旧家カフェでほっこり

昔ながらの街並みが残る萩城下町で出会える、家屋をリノベーションした喫茶処。美しい庭園や坪庭を眺めながら、心静かになごみのひとときを楽しみたい。

萩焼で本格的な抹茶を

御茶処 惺々庵

おちゃどころ せいせいあん

城下町・堀内 MAP 付録P.11 D-3

茶道・表千家の本格的な抹茶が気軽に楽しめる。人間国宝・10代、11代の三輪休雪(みわきゅうせつ)の茶碗(少人数時のみ)を使用して点てられる至福の一服が評判。

☎0838-22-3929
所山口県萩市呉服町1-27
営10:00～16:00
休不定休
交JR萩駅からまぁーるバス・西回りで萩博物館前下車、徒歩3分
Pあり

城下町の雰囲気に溶け込むたたずまい。赤い和傘が目印

予約 可
予算 500円～

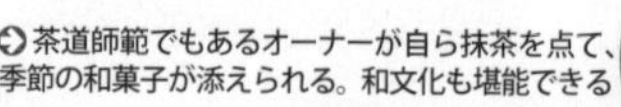

茶道師範でもあるオーナーが自ら抹茶を点て、季節の和菓子が添えられる。和文化も堪能できる

作法を気にせずに利用できる椅子席も用意されている。離れには風情ある草庵風茶室も

意匠豊かに整えられた日本庭園を通りお茶席へ

絶品ランチと四季の美景

ホトリテイ

城下町・堀内 MAP 付録P.11 D-4

萩の網元が築いた邸宅を引き継いだオーナーがカフェとして開放。広大な庭園は萩市内でも指折りの美しさで、景観を楽しみながらのランチやこだわりのスペシャルティコーヒーが人気。

☎0838-22-1755
所山口県萩市南片河町62
営11:00～16:00(LO15:30)
休不定休 交JR萩駅からまぁーるバス・西回りで萩美術館 浦上記念館・萩城城下町入口下車、徒歩5分 Pあり

長萩黒毛和牛のハンバーグ

オリジナルレシピで焼き上げた、甘夏の香るしっとりパンケーキ(冬期限定)1080円。月替わりのパンケーキもある

店内から眺める庭園。季節の花、紅葉と、訪れるたび異なる美しさを見せる

予約 可
予算 500円～

雑貨も充実の町家カフェ

晦事

ことこと

城下町・堀内 MAP 付録P.11 D-3

雑貨が豊富に並ぶおしゃれな町家カフェ。萩焼の人気窯元・大屋窯の器で料理をいただく。特製の夏みかんマーマレード「萩マルマレット」(600円～)はおみやげにもおすすめ。

☎0838-26-7199
所山口県萩市呉服町2-32
営10:00～17:00(季節により異なる)
休火・水曜、俥宿展覧会時
交JR萩駅からまぁーるバス・西回りで萩博物館前下車、徒歩4分 Pあり

萩産玉ネギを使った「焼きカレーセット」1200円が人気

築200年の町家をリフォーム

坪庭が眺められるカフェスペース。北欧製の椅子でくつろげる

予約 可
予算 400円～

旧武家屋敷奥に建つカフェ

長屋門珈琲 カフェ・ティカル

ながやもんこーひー カフェ・ティカル

東萩駅周辺 MAP 付録P.9 E-2

自家焙煎コーヒーにこだわり、店オリジナル「萩味コーヒー」が味わえる。一杯を楽しみに、また豆を買い求める常連客もひっきりなしに訪れ、萩での評判の高さがうかがえる。

☎0838-26-2933
所山口県萩市土原298-1
営9:30〜19:00(日曜、祝日は〜18:00)
休月曜 交JR東萩駅から徒歩10分
Pあり

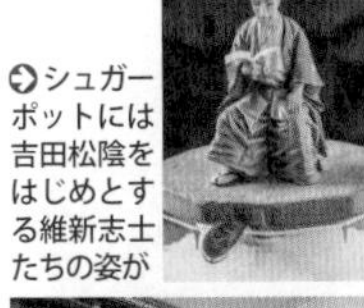
シュガーポットには吉田松陰をはじめとする維新志士たちの姿が

店の入口、小川家長屋門は萩市有形文化財

内部には資料が展示されている

予約 可
予算 500円〜

敷地の奥にある隠れ家的な雰囲気も人気の秘密で、客層も男女問わず幅広い

自慢のコーヒーのお供には特製スイーツ「バイエルン」420円がおすすめ

和と洋が織りなす雅趣に富んだくつろぎスペース

萩で人気のおしゃれカフェへ

インテリアや小物にもこだわった空間づくりが、二度三度と足を運びたくなるほど心地よい。本格的なコーヒーや紅茶に自慢のスイーツ、展示品やギャラリーにも注目を。

自慢のフランス紅茶を堪能

指月茶寮

しづきさりょう

城下町・堀内 MAP 付録P.11 D-3

城下町エリアの中央に位置し、テラス席はペット連れでも利用可。自慢のフランス紅茶「マリアージュフレール」は40種にもおよぶ品揃えで、フードメニューも萩産食材にこだわる。

☎0838-26-1227
所山口県萩市呉服町1-12
営11:30〜15:00(LO14:30)
15:00〜17:00(LO16:30)
休火・木曜 交JR萩駅からまぁーるバス・西回りで萩博物館前下車すぐ Pあり

予約 可
予算 300円〜

豪華な2段プレートが人気の「アフタヌーンティーセット」2500円は要前日予約

奥には萩焼・波多野指月窯の作家による展示コーナーもある

テラス席の目の前は萩城外堀。ペットと一緒にくつろげる

地元でも愛される空間

藍場川の家

あいばがわのいえ

藍場川 MAP 付録P.9 D-3

藍場川のほとり、窓の向こうに美しい庭を眺めながらのティータイムは至福のひととき。萩を訪れたら必ず足を運ぶファンも多い。おすすめは紅茶と手作りスイーツ、季節のジャムも美味。

☎0838-26-1536
所山口県萩市川島294 営10:00〜17:00(LO16:30) 休火・水曜 交JR萩駅からまぁーるバス・西回りで藍場川入口下車、徒歩3分 Pあり

日替わりスイーツ3品と季節のジャムが味わえる「よくばりスイーツセット」980円〜が人気

2階はギャラリー。期間ごとにさまざまな作家による展示を行う

シンボルツリーのもみの木とともに、光あふれるおしゃれな空間も店の魅力

予約 可
予算 500円〜

時とともに表情を変えていく器を楽しむ

萩焼に魅せられて

藩の御用窯に招かれた朝鮮人陶工から始まり、400年の時を経た伝統の萩焼。「萩の七化け」というように、使うほどに茶渋などが染み込み、味わいを増す。素朴な風味の姫萩手、荒々しい鬼萩手、独特の切り高台。器の個性を楽しみたい。

A 彩陶庵

さいとうあん

城下町・堀内 MAP 付録P.11 D-3

萩焼一流作家の作品を展示販売

萩焼について詳しく知るならまずはこのお店。創業50年の萩焼の店。若手からベテランまでおよそ30人の作家の個性的な作品がずらりと並び、日常使いの器からちょっと特別なものまでさまざま。器と一緒に楽しめる萩の地酒も販売。

☎0838-25-3110
所山口県萩市呉服町1-3
営10:00～17:30
休水・木曜
交JR萩駅からまぁーるバス・西回りで萩博物館前下車、徒歩3分 Pあり

A 淡青釉フリーカップ 5500円
岡田泰氏作。透明感とさわやかさを合わせもつ独特の萩焼に注目が集まる

A ティーポット 1万3200円
美しいフォルムと色合いでファンが多いティーポット。金子司氏作

A カップ&ソーサー 4950円
和と洋のデザインが調和する使い勝手のよいカップとソーサーのセット。伴裕子氏作

A フリーカップ 8800円
田原陶兵衛工房の田原崇雄氏作。やさしい風合いの鉄釉彩カップ

B Gallery JIBITA

ギャラリー ジビタ

浜崎 MAP 付録P.6 C-1

萩焼と全国各地の厳選作家の器

萩焼のほかオーナー自ら全国各地の作家を訪ね厳選した作品が並び、セレクトショップとして料理人ほか幅広いファン層を持つ。人気前提ではなく埋もれている素晴らしいものを発信したいという目利きの確かさは、地元作家の刺激にもなっている。

☎0838-22-8725
所山口県萩市東浜崎町138-6 営13:00(土・日曜、祝日10:00)～18:00 休金曜、第3木曜、ほか不定休 交JR東萩駅から徒歩15分 Pあり

B 丸皿「地ノ器」 6600円
今や萩焼の若手を代表する作家となった渋谷英一氏が、2020年に発表した新シリーズ「地ノ器」

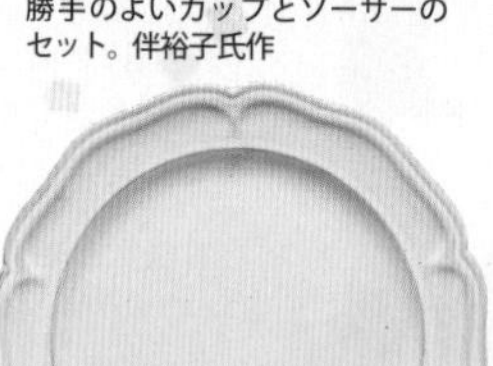

B 皿「ピューター写し」 5500円
JIBITA(意匠)と天龍窯(製造)の共同による萩焼の新たなプロダクト「エヌ・ヨンヒャク」の皿

B スカルカップ 2万2000円
大屋窯当主である濱中史朗氏による金属のようなカップ

B しのぎカップ 3300円
伴裕子氏による萩焼のカップ。見た目だけでなく軽さと丈夫さも人気の秘訣

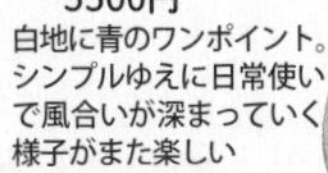

C「フェイス」シリーズ 大、中、小皿
660円～
顔がデザインされた磁器皿。サイズ、形状のバリエーションは豊富で「ネコ」シリーズも人気

C タタキマグカップ（各色）
2750円
ほっこり温かみのあるデザインが人気のマグカップ

D コーヒーカップ
5500円
白地に青のワンポイント。シンプルゆえに日常使いで風合いが深まっていく様子がまた楽しい

D 黒彩プレート
1万3200円
窯変した縁周りの美しい青がベースの黒を引き立て、スマートさを強調。透明感ある風合いが絶妙

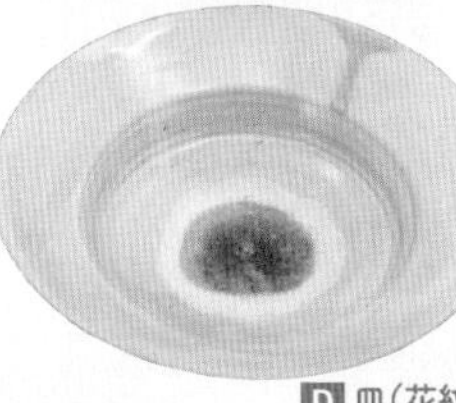

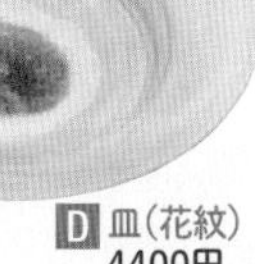

D 黒彩湯呑
6600円
外へ広がる美しい曲線が印象的。ビールなど酒器としてもおすすめで男性へのプレゼントにもぴったり

D 皿（花紋）
4400円
中央の窯変と貫入でかわいらしい花をイメージ。ふんわり温かな雰囲気で食卓がいっそう華やぐ

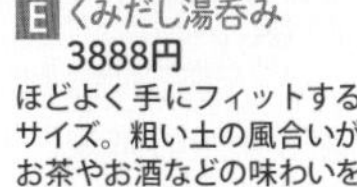

E くみだし湯呑み
3888円
ほどよく手にフィットするサイズ。粗い土の風合いがお茶やお酒などの味わいをさらに深めてくれる

E 飯碗
3888円
土の色を前面に出した素朴なデザインが食材のおいしさをいっそう引き立たせる。贈り物にもおすすめ

E 片口鉢（大）
5832円
美しい白釉萩、なによりもインパクトのある個性的な形状に心を奪われる。小サイズ3888円～もあり

E 灰被りぐい呑み
3万6000円
灰被りは焼成時の高度な技法。オーラともいえるような独特な雰囲気で、インテリアとしても人気

C 大屋窯
おおやがま

萩駅周辺 MAP 付録P.7 D-4

陶器に加えて磁器も扱う窯元

陶器のほかに萩では希少な磁器も製造しており、地元萩や山口県内の若者の間でも人気が高い。山麓にたたずむ窯元の雰囲気そのものに癒やしを求めるファンも多い。

☎0838-22-7110
所 山口県萩市椿905
営 13:00～17:00
休 水・木曜
交 JR萩駅から徒歩15分 Pあり

D 野坂江月窯
のさかこうげつがま

玉江駅周辺 MAP 付録P.8 A-4

シルエットが美しい黒い萩焼

橋本川を見渡す高台にある窯元で、窯主の野坂和左（のさかかずさ）氏は萩焼では珍しい黒ベースの器にこだわる。スタイリッシュなシルエットも独創的で洋空間にも似合う。

☎0838-22-0879
所 山口県萩市山田4319
営 9:00～17:00
休 無休
交 JR玉江駅から徒歩10分 Pあり

E ギャラリー佳
ギャラリーよし

城下町・堀内 MAP 付録P.10 C-3

鬼萩のみにこだわる唯一の窯元

一佳窯・宮田佳典（みやたよしのり）氏のギャラリー。萩焼のなかでも特に粗い土を用いる「鬼萩」のみの作陶にこだわる。土味が前面に表れた器が纏う存在感はインパクト大。

☎0838-26-9822
所 山口県萩市堀内372-10 営 10:00～17:00 休 不定休
交 JR萩駅からまぁーるバス・西回りで萩博物館前下車すぐ Pあり

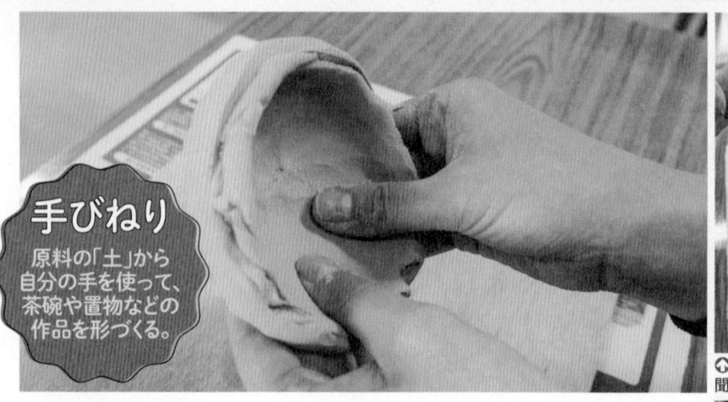

成形用生地は予想以上にやわらかい。説明を聞きながら挑戦

最後に器の底に高台を取り付け、萩焼の特徴でもある切れ目を入れる

伝統にじっくりと向き合う贅沢な時間

萩焼の世界を体験

ろくろや絵付けを体験できる窯元で、自分だけの萩焼を手に入れる。伝統ある萩焼の技術を体で感じ、旅をより味わい深いものへ。

充実の体験メニューに
萩焼ほかみやげ物も豊富

萩焼会館

はぎやきかいかん

東萩駅周辺 MAP 付録P.7 D-1

手びねり体験可　絵付け体験可

窯元・萩城窯陶焔工房の直営店。陶芸体験では各工程ともていねいな指導があり、未経験でもまったく問題なし。窯の作品が並ぶ店舗スペースは萩でも最大級で多彩な品揃え。萩の特産品・グッズ販売コーナーも併設。

☎0838-25-9545 所山口県萩市椿東3155 営8:30～17:00 休無休 交JR東萩駅から徒歩12分 Pあり

体験DATA

料金 手びねり3300円／絵付け2200円～
受付時間 8:30～15:30 ※2名から受付
体験時間 9:00～11:30、13:30～15:30の30分ごと
所要時間 手びねり1時間／絵付け30分(時間は目安)
予約 不要(10名以上は要)

商品もチェック

かわいらしい置物や花入れも扱う

徳利3300円～、ぐい呑み1300円～など酒器もおみやげに人気

萩焼に有田焼の絵付けを施したオリジナル品「萩青花紋」6100円～

小さな花入れ1500円～は、ようじ立てなどにかわいらしく活用できる

記念日の思い出に萩焼作り
マンツーマン指導で安心

天龍窯

てんりゅうがま

東萩駅周辺 MAP 付録P.7 D-1

ろくろ体験可

事業者向けに多数の販売チャネルを持つ窯元。萩らしい従来型の器を製造・販売しているが、近年は現代のニーズに合った、次世代型の器も模索している。マンツーマン指導によるろくろ体験も気軽に楽しめる。

☎0838-25-2649
所山口県萩市椿東3162-4
営9:00～17:00 休無休
交JR東萩駅から徒歩10分 Pあり

体験DATA

料金 2750円～
受付時間 9:00～16:00
体験時間 9:00～12:00、13:00～17:00
所要時間 15～20分(1名ずつ順番に作陶、1時間で4名まで)
予約 望ましい(団体は要)

商品もチェック

品揃えは幅広くギフトにも好適

銀彩コンポート8800円。銀を貫入に入れ、アンティーク感を醸す

ソライロ花鉢4400円。溶けて流れ込んだガラスが美しい鉢

深い味わいのある銀彩ポット7150円

モモイロ珈琲2750円。かわいらしいデザインのカップ&ソーサー

↑お手本用のイラスト集もある。今回は花の絵柄に挑戦

↑出来上がり。完成品が送られてくる1〜2カ月後が待ち遠しい

↑力加減が難しいがていねいなレクチャーのおかげですぐに慣れる

↑成形後の切り離しの瞬間。スタッフが手を添えてくれる

古き情緒ある古民家窯元はほっこり和みの空間

手びねり体験可　ろくろ体験可

元萩窯
げんしゅうがま

藍場川 MAP 付録P.9 E-4

藍場川(あいばがわ)ほとりにたたずむ築130年の古民家に窯を開く。その器は土味豊かな素朴さを基本としつつぬくもりある風合いが特徴で、古き良き郷愁を漂わせるギャラリーの空間同様に、見る人使う人の心を和ませてくれる。

☎0838-25-0842 所山口県萩市川島14 営9:00〜17:30 休不定休
交JR萩駅からまぁーるバス・西回りで藍場川入口下車、徒歩8分 Pあり

体験DATA

料金 ろくろ2000円〜／手びねり2000円〜／絵付1000円
受付時間 9:00〜17:00
体験時間 相談に応じる
所要時間 30分〜
予約 予約優先（当日予約可）

商品もチェック

↑和みを演出するさまざまな器が揃う

←やさしい色合いに癒やされる御本手飯碗1800円

↑インテリアにもおすすめな、存在感ある木の葉皿2200円

↑蓮根を模した箸置き各400円

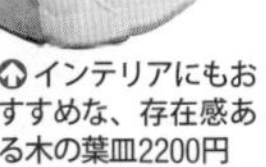
←かわいらしい窯変模様が目をひく面取りマグカップ2400円

幻の工芸・萩ガラスに注目

幕末に一度失われ、時を越え蘇った「萩ガラス」。工房でその美しさにふれ、制作体験もしてみたい。

淡いグリーンが美しい

萩ガラス工房
はぎガラスこうぼう

越ヶ浜 MAP 付録P.3 E-1

萩市笠山(かさやま)の石英玄武岩を使って、1520℃の超高温で焼成される。強度は市販ガラスの5〜10倍にもなり淡いグリーンに発色。耐熱貫入ガラスも生産しており、国内では珍しい。

☎0838-26-2555
所山口県萩市椿東越ヶ浜1189-453
営9:00〜17:00 休無休
交JR東萩駅から防長交通バスで越ヶ浜下車、徒歩7分 Pあり

↑各種成分調合によりグリーン以外の色も創出可能。多彩な製品が並ぶ

体験DATA

料金 宙吹きガラス4000円／アクセサリー制作1800円／彫刻2200円
受付時間 当日16:00まで
体験時間 9:00〜17:00
所要時間 宙吹きガラス20分／アクセサリー制作1時間／彫刻30分〜1時間
予約 要（電話にて受付）

↑皇室御用達でもあった長州藩萩切り子硝子の復刻品6930円

↑サイズも豊富で一番人気の玄武醤油さし（長）2640円

←貫入模様が美しい内ひびマグカップ4400円は耐熱仕様

※各種体験イメージは萩焼会館のものです（萩焼会館でのろくろ体験は休止中）。料金は体験により異なります。制作した作品は体験後、約1〜2カ月後に発送されます（別途送料が必要です。発送時期は体験先により異なりますので、申込の際にご確認ください）

こだわりショップが勢揃い

おみやげに選ぶ 城下町の逸品

文化にちなんだ品、夏みかん栽培に日本海の漁業。萩の精神が息づく、魅力的な品々を探しておみやげに。

ミヨシノ醤油 萩のさしみ醤油
350㎖ 631円
醸造元は創業100年余の老舗。濃厚な甘みのトロリとした舌ざわりは魚の旨みを格段に引き立てる
萩おみやげ博物館

萩椿オイル
40㎖ 3300円
萩・笠山の椿の原生林から種子を採取し、こだわりの手法でていねいに搾られる美容オイル。香りも豊か
萩おみやげ博物館

クッション（小）
4400円
使っているだけで良いことが次々に起こりそうな"おめでたい"デザイン。大サイズ5500円もあり
岩川旗店

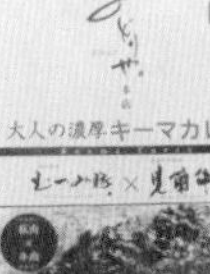

見蘭牛ビーフカレー 756円（左）
大人の濃厚キーマカレー 594円（中）
見蘭牛ハンバーグ 810円（右）
ビーフカレーとハンバーグには、離島に生息する天然記念物「見島牛」の名血を受け継いだ見蘭牛を贅沢に使用。キーマカレーはむつみ豚と見蘭牛で作る濃厚な味わいに、スパイスの効いた大人の味
萩おみやげ博物館

トートバッグ（中）
6050円
耐久性は言わずもがな、椿や鯛など、デザインも豊富に揃う。サイズはほかに2種（大7810円、小5500円）
岩川旗店

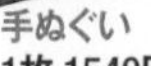

手ぬぐい
1枚 1540円
鯛や鯉、朝日、うさぎ、唐草ほか、椿や夏みかんなど萩にちなむデザインもあり種類は30以上におよぶ
岩川旗店

岩崎酒造 長陽福娘・山田錦 大吟醸
720㎖ 3300円
酒蔵は市街地の真ん中。銘酒揃いの萩でも最も市民になじみの深い銘柄のひとつ。魚料理とも相性抜群
萩おみやげ博物館

カラフルシリーズ・小皿
2592円
無呟工房の陶芸家・藤本剛氏の作品。パステル調の同シリーズのほか「ドットシリーズ」も人気
art shop tazz.

ねこがま
2860円
服飾家・オキノミヨコ氏の作品。愛嬌たっぷりのかわいらしいがま口で、ひとつひとつデザインも異なる
art shop tazz.

星空の湯呑み
2592円
陶織工房南来流の陶芸家・竹田真剛氏の作品。自然をイメージさせる作風で青を主体とする器が人気
art shop tazz.

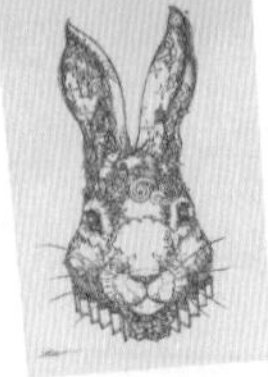

線描画「兎と兎」
3万3000円（額付）
田村覚士氏の線描画。動物の顔や体の中に別の動物や植物が緻密に描き込まれ、物語を感じさせる
art shop tazz.

萩●買う

夏蜜柑丸漬
1個 1458円
萩市民にとっても至宝の逸品で昼前には売り切れ必至。皮の中には夏みかん風味のようかんが詰め込まれている
光國本店

柑橘習慣プラス
500mℓ 1380円
6種類(夏みかん、ゆず、橙、柚香、ゆずきち、かぼす)の果汁をブレンド。健康飲料として人気上昇中で、料理にも使える
※価格は直売店価格
柚子屋本店 直売店 SHOP CITRON

萩乃薫(壺入り)
2420円
創業以来の看板商品。夏みかんの皮を糖蜜で煮込む製法は130年変わらず受け継がれている
光國本店

夏みかん4
500mℓ 1190円(右)
キュート瓶
180mℓ 645円(左)
夏みかん果汁たっぷりのジュース。4倍希釈用で、炭酸割りや酎ハイなど楽しみ方は多彩
※価格は直売店価格
柚子屋本店 直売店 SHOP CITRON

夏みかんマーマレード
1026円
収穫期(12～8月)のみの限定生産。無添加で手作り、ほのかな苦みと上品な甘さでファンも多数
光國本店

おみやげはココで購入

萩おみやげ博物館

はぎおみやげはくぶつかん
城下町・堀内 MAP 付録P.9 D-2
萩の特産品である夏みかんの飲料やお菓子、ソフトクリーム300円も販売。地酒や醤油、ブランド牛「見蘭牛」の加工品、普段使いできる萩焼や雑貨も揃う。
☎0838-26-5339 所山口県萩市東田町13-1
営10:00～18:30 休不定休 交JR萩駅からまぁーるバス・東回りで萩バスセンター下車すぐ Pあり

岩川旗店

いわかわはたてん
東萩駅周辺 MAP 付録P.9 D-2
萩で100年余、漁船の大漁旗などを手がける。その生地やデザインを用いたオリジナル小物が大評判。要望があればオーダーメイド品も受け付ける。
☎0838-22-0273 所山口県萩市古萩町40
営9:00～18:00 土・日曜、祝日10:00～17:00
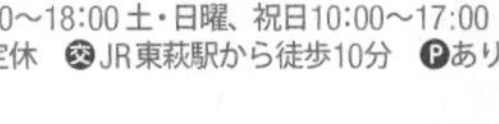
休不定休 交JR東萩駅から徒歩10分 Pあり

art shop tazz.

アートショップ タズ
城下町・堀内 MAP 付録P.11 F-4
線描画家・田村覚士氏が経営するアートショップ。自身の作品のほか山口県を拠点に活動するさまざまな作家の作品を扱う。企画展も随時開催中。
☎0838-26-6020 所山口県萩市東田町西区144
営11:00～18:00 休月曜 交JR萩駅からまぁーるバス・東回りで萩バスセンター下車、徒歩4分 Pあり

光國本店

みつくにほんてん
浜崎 MAP 付録P.11 F-2
「夏蜜柑丸漬」元祖の店でメディアにたびたび取り上げられ、人気は全国区。絶品の丸漬を求めて、朝一番から市民や観光客がひっきりなしに訪れる。
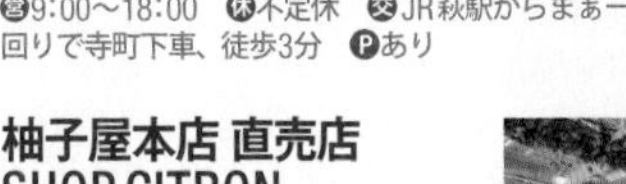
☎0838-22-0239 所山口県萩市熊谷町41
営9:00～18:00 休不定休 交JR萩駅からまぁーるバス・東回りで寺町下車、徒歩3分 Pあり

柚子屋本店 直売店 SHOP CITRON

ゆずやほんてん ちょくばいてん ショップ シトロン
越ヶ浜 MAP 付録P.3 E-1
夏みかん、ゆず、すだちの加工品を扱う柑橘製品専門店。直売スペースに多彩な品が並び、ジュース類は試飲可。白い夏みかんソフト500円も人気。
☎0838-26-2111 所山口県萩市椿東奈古屋1189
営9:00～17:00(月末日は～15:00) 休年末年始
交JR東萩駅から防長交通バスで越ヶ浜下車、徒歩8分
Pあり

山陰と山陽を結ぶ「歴史の道」

萩往還

はぎおうかん

日本海側の城下町・萩と、瀬戸内海側までを結ぶため開かれた古道。歴史を感じさせる石畳や、道沿いに点在する名所を巡ってみたい。

参勤交代の行列や志士が山を越えて旅した旧街道

萩往還とは、萩と瀬戸内海沿いの防府を結ぶ古道。慶長9年(1604)に毛利氏が参勤交代の御成道として整備し、吉田松陰ら幕末の志士たちも往来した。藩主が宿泊した御茶屋跡や宿場町、石畳の道など往時の史跡が点在。全長は53kmもあるので、いくつか目的地を選んで訪ねたい。

交通information

バス 萩駅前から佐々並まで中国JRバスで33分
車 萩市街から佐々並まで県道32号、国道262号経由で19km

萩往還の出発点

唐樋札場跡 からひふだばあと

城下町・堀内 MAP 付録P.9 D-2

長門と周防の両国が萩往還の一里塚の基点とした地。萩から向かう際に旅の出発点となる。幕府や藩の御触れを掲げる高札場があった。

所山口県萩市唐樋町 交JR萩駅からまぁーるバス・東回りで萩バスセンター下車すぐ

↓復元された高札と石碑が立つ

金谷神社

かなやじんじゃ

MAP 付録P.9 D-4

学問の神様・菅原道真を祀る

鎌倉初期に長門守護が太宰府から勧進し、享保5年(1720)に現在地に建立したと伝わる。萩城下町の表玄関ともいえる大木戸が設けられ、毛利家が参勤交代のたびに道中安全祈願をした。

☎0838-22-3536
所山口県萩市椿2794 開休料参拝自由
交JR萩駅から徒歩6分 Pあり

↑11月の秋の祭礼は萩の二大祭のひとつ。2組の大名行列や多くの行事が奉納される

涙松跡

なみだまつあと

MAP 付録P.3 E-1

旅人が別れを惜しんだ地

萩往還を旅する際に、萩の町が最後に見える場所。旅立つ人や萩に戻ってきた人たちが、松林の間に見え隠れする萩の町を見て涙を流したという。現在、石碑が立っている。

☎0838-25-3139(萩市観光課)
所山口県萩市椿 開休料見学自由
交JR萩駅からまぁーるバス・西回りでザ・ビッグエクストラ萩店下車、徒歩15分 Pなし

↑石碑には、安政の大獄で江戸送りとなった吉田松陰がこの地で詠んだ句が刻まれている

道の駅 萩往還

みちのえき はぎおうかん

MAP 付録P.3 E-1

吉田松陰の記念館がある

萩の農産物直売所や特産品販売所、萩自慢の見蘭牛(けんらんぎゅう)が味わえるレストランなどがある。敷地内に松陰記念館が建ち、吉田松陰の足跡を実物大の人形などを使って紹介している。

☎0838-22-9889
所 山口県萩市椿鹿背ヶ坂1258
営 9:00～18:00(施設により異なる)
休 無休　交 JR萩駅から車で3分　P あり

↑記念館前には吉田松陰と高杉晋作、久坂玄瑞の像が立つ

→松陰記念館。人形を使って松下村塾の風景を再現したコーナーなどがある

一升谷の石畳

いっしょうだにのいしだたみ

MAP 付録P.3 E-1

山道に続く古い石畳

五文蔵峠(ごもんぞうとうげ)に至る難所で、「一升の炒り豆を食べきってしまうほど長い谷」が一升谷の由来。雨水で山道が流出するのを防ぐために、江戸時代に整備された石畳が40mほど残っている。

☎0838-25-3139(萩市観光課)
所 山口県萩市明木　開休料 散策自由
交 JR萩駅から中国JRバスで明木下車、徒歩30分　P なし

↑両端に大きな石を置いて道の流出を守った

→萩往還と下関へ向かう赤間関街道が分岐する明木市(あきらぎいち)が、一升谷の入口

佐々並市

ささなみいち

MAP 付録P.3 E-2

宿場風情を残す街並み

萩往還の中間点に整備された山あいの宿場町。藩主が参勤交代の際に休息する御茶屋などが置かれた。江戸時代の建物が今も点在し、国の重要伝統的建造物群保存地区に選定されている。

☎0838-56-0033(萩往還おもてなし茶屋)
所 山口県萩市佐々並　交 JR萩駅から中国JRバスで道の駅あさひ下車、徒歩5分　P あり

↓赤褐色の瓦屋根を葺いた木造2階屋が並ぶ。人馬や駕籠の調達をした目代所跡などが残る

防長国境を越えて歴史の道の終着点へ

長州を出て、周防の国に残る萩往還の史跡を訪ねる。

六軒茶屋跡

ろっけんぢゃやあと

萩往還の最大の難所・一の坂にあったとされる茶屋の跡。6軒の農家があり、軒先に茶店を設けて藩主や旅人をもてなしたという。現在は休憩所が建つ。

山口タウン周辺 MAP 付録P.3 E-2

☎083-934-6630(香山公園前観光案内所)
所 山口県山口市上宇野令　開休料 見学自由
交 JR山口駅から車で15分　P あり

→茶屋を下ると難所中の難所「四十二の曲がり」があり、石畳の道が残る

↑萩城下～三田尻間を結ぶ萩往還の終点として、歴史上重要な役割を果たした

国指定史跡・萩往還関連遺跡 英雲荘(三田尻御茶屋)

くにしていしせき・はぎおうかんかんれんいせき えいうんそう(みたじりおちゃや)

毛利(もうり)萩藩の公館として建設され、藩主の休息・宿泊や迎賓に使用された。

防府 MAP 付録 P.3 F-3

☎0835-23-7276　所 山口県防府市お茶屋町10-21　開 9:30～16:30(入場は～16:00)
休 月曜(祝日の場合は翌日)　料 310円
交 JR防府駅から防長交通バスで三田尻病院前下車、徒歩2分　P あり

注目ポイント
百本鳥居
元乃隅神社に奉納された123基の鳥居の参道。鮮やかな赤と木々の緑、青い海が織りなす絶景は見事。

美しい海に面した神秘の風景と童謡詩人の故郷

長門・仙崎

ながと・せんざき

長門の日本海沿岸部は、数々の絶景スポットが魅力的。金子みすゞが生まれ育ち、その優しい感性の拠り所となった小さな漁師町・仙崎にも立ち寄って、郷愁に浸るのもよい。

日本海を背景に景勝地が点在 金子みすゞゆかりの仙崎へ

日本海に面した長門市北部には、百本鳥居が見事な元乃隅神社や千畳敷、青海島(おおみじま)などの景勝地が点在する。青海島を眼前に望む港町・仙崎は、童謡詩人・金子みすゞ(P.52)の生まれ故郷。昔ながらの街並みでみすゞの面影を随所に感じられる。特産のかまぼこや海鮮グルメも味わえる。

交通 information

鉄道 萩駅から長門市駅までJR山陰本線で32分
車 萩市街から長門市街まで国道191号経由で24km

元乃隅神社

もとのすみじんじゃ

長門 MAP 付録P.12 C-3

海と緑、鳥居の赤が鮮やか

昭和30年(1955)に創建。海岸から岬にある神社まで、123基の鳥居が曲がりくねって連なる風景は壮観だ。パワースポットとしても人気が高い。

☎0837-27-0074
(長門市観光コンベンション協会)
所山口県長門市油谷津黄498
開7:00～16:30 休無休 料参拝無料
交JR長門古市駅から車で20分 Ⓟあり

↑鳥居の参道を進んだ先の断崖に小さな社がある

→鳥居の上部にある賽銭箱。賽銭がうまく入れば願いが叶うという

東後畑棚田

ひがしうしろばたたなだ

長門 MAP 付録P.12 C-3

海と棚田が見せる絶景

日本の棚田百選に選ばれた海辺近くの棚田。青田や黄金色の稲穂、青い海とが織りなす景色が美しい。田に水が張られる5月～6月上旬頃の日没後は幻想的な風景に。

☎0837-27-0074(長門市観光コンベンション協会)
所山口県長門市油谷東後畑 開休料見学自由
交JR長門古市駅から車で20分 Ⓟあり

→日暮れどきに水田が夕日に輝き、海ではイカ釣り漁船の漁火が無数に瞬き始める

千畳敷

せんじょうじき

長門 MAP 付録P.12 C-3

緑の草原で海景色を堪能

標高333mの高台に開けた景勝地。草原の広がる台地から、青海島(おおみじま)の浮かぶ日本海を一望できる。海を望むカフェやキャンプ場を備え、夏の夜には漁火が揺れる海景色も楽しめる。

☎0837-27-0074(長門市観光コンベンション協会) 所山口県長門市日置中1138-1
開休料散策自由
交JR長門古市駅から車で10分 Pあり

↑高台のカフェではランチやスイーツを提供

遍照寺

へんじょうじ

仙崎 MAP 付録P.13 F-1

金子みすゞが眠る寺

みすゞ通り沿いに建つ15世紀創建の浄土真宗寺院。墓地には金子みすゞの墓があり、境内にみすゞが詠んだ「こころ」の詩碑が立つ。命日の3月10日前後に法要が営まれる。

☎0837-27-0074(長門市観光コンベンション協会) 所山口県長門市仙崎今浦町1776
開休料参拝自由 交JR仙崎駅から徒歩15分
Pあり

↑門をくぐって左手にみすゞの墓がある

注目のクルージング

青海島観光汽船

おおみじまかんこうきせん

仙崎 MAP 付録P.13 F-2

海上アルプスと呼ばれる青海島を周遊する遊覧船を運航。奇岩や洞門、断崖など変化に富んだ島の景勝を間近で眺められる。一周コースは所要約1時間20分。

☎0837-26-0834
所山口県長門市仙崎漁港南4297-2
営8:40～16:00(季節により異なる)
休荒天時 料基本一周コース2200円
交JR仙崎駅から徒歩5分 Pあり

↑自然の美術館と称される青海島。息をのむ絶景の数々に間近に迫る

童謡詩人・金子みすゞの優しくぬくもりある世界にふれる

生まれ故郷の仙崎にみすゞの足跡をたどりながら、心に響くみすゞの詩の世界を感じてみよう。

金子みすゞのモザイク画プロジェクトM20000

かねこみすずのモザイクが
プロジェクトエム20000

2万枚のかまぼこ板を使い、金子みすゞの詩「大漁」の世界を表したモザイクアートを展示。館内のスイッチでブラックライトに切り替わる。

仙崎 MAP 付録P.13 F-1

☎0837-27-0074
(長門市観光コンベンション協会)
所山口県長門市仙崎1410-1 旧JA倉庫
開9:00～17:00 休無休 料無料
交JR仙崎駅から徒歩7分 Pあり

↑大羽鰮(おおばいわし)の群れと詩文が浮かび上がる

金子みすゞ記念館

かねこみすずきねんかん

金子みすゞの実家である書店・金子文英堂跡地に建つ。作品や写真、直筆原稿(複製)などを展示。敷地内に、金子文英堂の建物が復元されている。

仙崎 MAP 付録P.13 F-1

☎0837-26-5155
所山口県長門市仙崎1308
開9:00～17:00(入館は～16:30) 休無休
料500円 交JR仙崎駅から徒歩7分
Pあり

↑復元した金子文英堂の2階にある「みすゞの部屋」

→本館では、金子みすゞの生涯をたどることができる

仙崎みすゞ通り

せんざきみすずどおり

JR仙崎駅から海岸通りへ続く約1kmの通り。金子みすゞゆかりの寺社や記念館、みすゞのモザイク画などが点在。民家の軒先にはみすゞの詩札が下がる。

仙崎 MAP 付録P.13 F-2

☎0837-27-0074(長門市観光コンベンション協会) 所山口県長門市仙崎
開休料散策自由 交JR仙崎駅からすぐ
P周辺駐車場利用

↑仙崎特産のかまぼこの板を使ったみすゞの巨大モザイク画。数カ所で見られる

→みすゞが幼少時代を過ごした頃の面影が残るレトロな通り(撮影:西畑 修)

長門・仙崎

1.英国式の庭園では色とりどりの花木が迎えてくれる　2.毛利家の屋敷の白塀と四季折々の花木に囲まれた大浴場「白壁の湯」　3.中央に楠を配し、アンティークのレンガが印象的なパティオ　4.客室は専用庭園付きや露天風呂付きなど多彩

萩城下町、毛利家屋敷跡に建つ
重厚感あふれる老舗旅館

萩城三の丸 北門屋敷

はぎじょうさんのまる ほくもんやしき

城下町・堀内 MAP 付録P.10 B-3

世界遺産「萩城下町」唯一の旅館。江戸時代の武家屋敷の趣を残しつつ、一歩中に入れば洋の装いを取り入れたガーデンが広がる。萩の旬の味覚を盛り込んだ和会席が人気。萩城跡まで徒歩5分、城下町まで徒歩10分と、歴史散策にも最適だ。

☎0838-22-7521
所山口県萩市堀内210
交JR萩駅からまぁーるバス・西回りで萩城跡・指月公園入口 北門屋敷入口下車、徒歩3分
Pあり　in15:00　out10:30　室44室
予算1泊2食付2万2000円〜

萩温泉郷(はぎおんせんきょう)の宿

城下町の湯宿に憩うとき

2004年の「はぎ温泉」掘削を機に、市内各地で湧いていた温泉をまとめ「萩温泉郷」となった。街なかにあり、観光したあとすぐに温泉を楽しむことができる。上質な湯宿で存分に楽しみたい。

地下2000mから湧き出る
自家源泉を満喫する

源泉の宿 萩本陣

げんせんのやど はぎほんじん

松陰神社周辺 MAP 付録P.9 F-1

吾妻山の中腹、松下村塾(しょうかそんじゅく)そばに建つ宿。約2万年前から蓄えられた地下水が温泉として湧き出たという珍しい古代の湯だ。湯屋街「湯の丸」では14種の湯めぐりを楽しめる。最上階の特別室「栞」からは萩の街並みと日本海を一望できる。

☎0838-22-5252
所山口県萩市椿東385-8
交JR東萩駅からまぁーるバス・東回りで萩本陣温泉入口下車すぐ　Pあり
in15:30　out10:00　室90室
予算1泊2食付1万5550円〜

1.2種類の温度のかけ流しの源泉が流れる「源泉の壺」　2.足湯に浸かりながら大パノラマが見られると人気の奥萩展望台　3.萩の旬の食材を使った料理が並ぶ　4.萩の城下町に伝わる土塀をイメージした「土塀露天風呂」

静かな時間が流れる
くつろぎのオーベルジュ

和のオーベルジュ 萩八景雁嶋別荘

わのオーベルジュ はぎはっけいがんじまべっそう

東萩駅周辺 MAP 付録P.9 D-1

萩八景のひとつ「鶴江の夕照」を望むことができる絶好のロケーションに建つ宿。部屋は16室のみという贅沢な空間で、すべての部屋がリバービューもしくはキャナルビュー。穏やかな空気を感じられる露天風呂に浸かりながら景色を楽しみたい。

☎0838-26-2882
所山口県萩市椿東3092
交JR東萩駅から徒歩10分 Pあり
in15:00 out10:30
室16室 予算1泊2食付2万2000円～

1.松本川のほとりに建ち、姥倉運河をはじめ風光明媚な景色が目前に 2.客室の露天風呂からは日本海に沈む夕日やイカ漁の漁火などが見られる 3.珪藻土や天然木など自然素材を多用した居心地のよい客室 4.クラシックモダンなラウンジ「雁嶋倶楽部」。アンティークの明かりがあたたかい

萩の歴史を見守り続けてきた
由緒ある老舗旅館

萩の宿 常茂恵

はぎのやど ともえ

東萩駅周辺 MAP 付録P.9 D-1

大正14年(1925)創業。萩の迎賓館でありたいと造られた歴史ある宿だ。美しい枯山水の日本庭園を囲むように配された部屋は、どれも純和風の落ち着いた雰囲気。甘鯛やとらふぐなど旬の海の幸を取り入れた会席は、迎賓館の名にふさわしい逸品だ。

☎0838-22-0150
所山口県萩市土原弘法寺608-53
交JR東萩駅から徒歩7分 Pあり
in15:00 out10:00 室23室
予算1泊2食付2万4000円～

1.大浴場の天井は檜造り。広々とした空間でゆったり湯に浸かりたい 2.部屋には宿ゆかりの文人たちの書や軸が飾られている 3.美しい会席を盛り付ける器には萩焼や有田焼を使用。萩の地酒も併せて楽しみたい 4.約2700坪の敷地面積のうち、1000坪余りが美しい日本庭園に

大人だけが楽しめる
モダニズムを追求した湯治宿

大谷山荘 別邸 音信

おおたにさんそう べってい おとずれ

長門湯本温泉 MAP 付録P.12 B-2

「湯治モダン」をコンセプトとした温泉リゾート。館内は落ち着いた色調でまとめられ、静かな時間が流れる。空間を贅沢に使用した部屋はすべて源泉かけ流しの露天風呂付き。大自然を眺めながらプライベート感あふれる時を過ごすことができる。

☎0837-25-3377
所山口県長門市深川湯本2208
交JR長門湯本駅から車で5分
Pあり in14:00 out11:00
室18室
予算1泊2食付4万4300円～

1.茶室やスパ、フィットネスジムなど施設も充実 2.部屋付きの風呂だけでなく大浴場でも長門湯本温泉の湯を楽しめる 3.開放感があり、ゆったりとくつろげる客室。メゾネットタイプの部屋もある 4.夕食は長門でとれたものを中心とした会席料理

長門湯本温泉の宿

古の伝説が残る癒やしの湯

約600年前に禅師が住吉大明神から授かったとされる、山口県最古の歴史を持つ温泉・長門湯本温泉。江戸時代には長州藩主も湯治に訪れたといわれ、音信川両岸に宿が軒を連ねる街並みは風情豊か。

古代中国のロマンを感じ
楊貴妃に思いを馳せる

玉仙閣

ぎょくせんかく

長門湯本温泉 MAP 付録P.12 A-1

世界三大美女のひとり、楊貴妃が流れ着いたとの伝説が残る長門市。館内は中国の調度品や楊貴妃の像などが飾られ、エキゾチックな雰囲気だ。その楊貴妃がかつて入った浴槽・玉座を再現したという「貴妃湯」に入れば王妃の気分に浸ることができる。

☎0837-25-3731
所山口県長門市深川湯本1234 交JR長門湯本駅から徒歩7分(長門湯本駅から無料送迎あり、要予約)
Pあり in15:00
out10:00 室26室 予算1泊2食付1万5700円～(和室)

1.深さ120cmの「貴妃湯」。中心の海棠の花からお湯が湧き出ている 2.開放感のあるロビーには、約300冊の文庫本を用意 3.落ち着いた和風の客室。部屋ごとに床の間の仕様を変えるなど細やかな工夫がなされている 4.客室のうち2室は洋室。プライベートテラスが設置されている

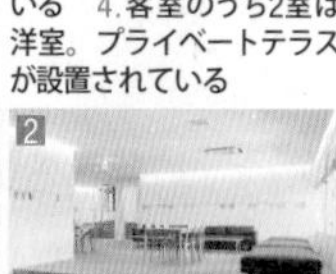

長門湯本温泉の公衆浴場

長門湯本温泉開湯の伝説の舞台になったのは大寧寺という名刹で、伝説を裏付けるように温泉街中心部の源泉は大寧寺の所有となっている。住吉大明神から授かったというこの「神授の湯」は武士や僧侶が使う「礼湯」と、一般の人々が使う「恩湯」の2つの浴場に分かれて使われ、2つは近代以後も公衆浴場として愛されてきた。恩湯は2020年にリニューアルされ、現在も営業を続けている。

大寧寺は、大内義隆が陶隆房(P.134)に追われ自刃した場所でもある

静かな隠れ宿で
やわらかな温泉を独り占め

山村別館 せせらぎ亭しぇふず

やまむらべっかん せせらぎていしぇふず

長門湯本温泉 MAP 付録P.12 B-1

大正12年(1923)に創業した山村別館の別棟。しぇふず(師衣釜厨)とは、大切なお客様を快適な衣食住でもてなしたいという思いから。その名のとおり、くつろげる部屋・癒やされる温泉・地元食材を使った会席料理を提供してくれる。

☎0837-25-3022
所山口県長門市深川湯本533-1 交JR長門湯本駅から徒歩10分(無料送迎あり、要予約) Pあり in14:30 out10:30
室9室 予算1泊2食付2万6700円～

1.檜の貸切風呂「竜宮」。予約制なので早めに申し込んでおきたい 2.料理長が厳選した食材を使った会席はボリュームも満点

OTONATABI
Tsuwano
津和野
豊かな
山河に囲まれ、
掘割と白壁の
優美な街
文豪・森鷗外や哲学者・西周が生まれ、
「山陰の小京都」と謳われる津和野。
白壁沿いに鯉が泳ぐ掘割のある通りは
歴史情緒に満ち、散策にふさわしい。
街なかの美術館や古い酒蔵を訪ね歩き、
地の恵みと伝統が織りなす食文化を
享受することも忘れてはいけない。

エリアと観光のポイント

津和野はこんなところです

山口県との県境に位置する島根県の街で、江戸時代、津和野藩の城下町として発展。古き良き景観が今も残る本町・殿町の通りと、山上の津和野城跡が観光の中心だ。

風情ある通りと山中の史跡へ

津和野の見どころは南北2㎞ほどの範囲に集中しているため、散策やサイクリングにちょうどよい。起点はJR津和野駅近くの本町通り。本町通りは商家町で、歩きやすく舗装された通り沿いに多くの町家建築が残る。その先は、鯉の泳ぐ掘割が美しい殿町通りに続く。多胡家老門（たごかろうもん）や郡庁跡（ぐんちょうあと）など史跡が並ぶなか、津和野カトリック教会がアクセントとなっている。

ほかにも、街を囲む緑深い山中に入り、津和野城跡や乙女峠（おとめとうげ）のキリシタン殉教地を訪れるのもよいだろう。街の南側の武家町だった場所には、森鷗外（もりおうがい）や西周（にしあまね）の旧宅も残る。

山に囲まれた細長い谷間に箱庭のように広がる津和野の街

美しい街並みが広がるメインストリート沿い

本町・殿町 ➡P.76

ほんまち・とのまち

津和野観光の中心となる、商家町だった本町と家老の屋敷などがあった殿町。ゆっくりと散策を楽しみたい。

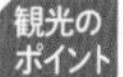

観光のポイント 本町通り P.76 殿町通り P.78

町家建築が並ぶ本町通り。歴史ある酒蔵やギャラリーが点在する

鯉が泳ぐ掘割が美しい殿町通り

山上の城跡と麓に広がる武家屋敷街

津和野城跡周辺 ➡P.80

つわのじょうあとしゅうへん

リフトで上った山頂に街を見下ろす津和野城の跡がある。麓は森鷗外（もりおうがい）や西周（にしあまね）などが居住した武家屋敷街。

観光のポイント 津和野城跡 P.81 太皷谷稲成神社 P.82

連なる鳥居が印象的な太皷谷稲成神社。神社へ上る車道の途中に城跡へのリフトの乗り場がある

津和野城跡は、天守閣などの建造物は解体されているが、石垣はよく残されている

日本海
益田駅
益田駅
島根県
広島北JCT
山陰本線
津和野駅
津和野
下図
萩
東萩駅
萩駅
山口県
山口線
小郡萩道路
湯田温泉駅
山口
中国自動車道
山口駅
下関JCT
新山口駅

小川トンネル
日原駅
津和野
興源寺
青野山トンネル
乙女峠 マリア聖堂
津和野町
津和野駅
本町・殿町
本町通り
永明寺
山口線
津和野川
殿町通り
津和野カトリック教会
弥栄神社
津和野町郷土館
太皷谷稲成神社
津和野神社
津和野小
津和野城跡観光リフト
山陰道
津和野城跡周辺
津和野高
津和野城跡
津和野署
津和野川
西周旧居
森鷗外旧宅・森鷗外記念館
津和野中
津和野今昔館
鷲原八幡宮
光園寺
南谷川
津和野川
山口線
道の駅 津和野温泉なごみの里
桂川

観光案内を入手する

●**津和野町観光協会**
津和野駅周辺 MAP 付録P.15 E-1
☎0856-72-1771
URL tsuwano-kanko.net
●**津和野町商工観光課**
☎0856-72-0652

温泉を備える津和野の道の駅に注目

日帰り風呂など施設が充実

道の駅 津和野温泉 なごみの里

みちのえき つわのおんせん なごみのさと

多彩な浴槽を備えた天然ラドン湯の「あさぎりの湯」がある道の駅。地場食材を使ったレストランやバーベキュー施設(要予約)、竹細工などの体験工房(日曜、祝日)もある。

鷲原 MAP 付録P.14 A-4
☎0856-72-4122 所島根県津和野町鷲原イ256
開9:00(温泉10:00、レストラン11:00)～21:00(テイクアウトは～18:00、入浴最終受付・レストランLO20:15)
※木曜はすべて～18:00(レストランLO17:15)
休無休(温泉は木曜休、テイクアウトは木曜休)
料入浴610円 交JR津和野駅から車で10分 Pあり

地場ものの野菜や果物などの産直品や津和野の特産品を販売

あさぎりの湯の露天風呂。和と洋の浴場を男女週替わりで利用

レストランでは新鮮な地元食材を生かした豊富なメニューを提供

交通information

津和野の移動手段

津和野観光は徒歩が基本。歩くのがきつければ、レンタサイクルや観光用のタクシーを利用しよう。町営バスもあるが本数は少ない。

主要エリア間の交通

鉄道・バス

- JR萩駅
- ↓ 山陰本線で5分
- JR東萩駅
- ↓ 防長交通バス快速で1時間45分
- JR津和野駅
- ↑ 特急スーパーおきで50分(DL(SL)やまぐち号で1時間50分)
- JR山口駅
- ↑ 特急スーパーおきで15分(DL(SL)やまぐち号で20分、山口線で23分)
- JR新山口駅
- ↑ 山陽新幹線こだまで23分
- JR新下関駅

車

- 萩・明倫センター ↕ 県道11・13号経由53km JR津和野駅
- 津和野城跡(リフト乗り場) ↑ 県道13号経由2km JR津和野駅
- JR下関駅 → 国道9号、中国自動車道、国道9号、県道13号経由124km → JR津和野駅
- JR新山口駅 → 県道214号、国道9号、県道13号経由64km → JR津和野駅
- JR山口駅 → 県道203号、国道9号、県道13号経由50km → JR津和野駅

お役立ちinformation

便利なレンタサイクル

JR津和野駅を出てすぐの駅前通りにあり、約200台を用意。おみやげ店や宿泊観光案内サービスセンターも併設している。レンタサイクル利用で観光マップをもらえるほか、手荷物を無料で預かってもらえるのも便利。

●**釜井商店**
津和野駅周辺 MAP 付録P.15 E-1
☎0856-72-0342 営8:00～18:00
休不定休 料2時間500円(以降1時間ごとに100円)、1日800円

静かなたたずまいの小さな城下町

本町・殿町

ほんまち・とのまち

鯉が泳ぐ水路に、風情豊かな白壁や町家など、
津和野ならではの風景に出会えるエリア。
美術館・ギャラリーにも立ち寄りつつ街を満喫。

駅前から城下町外れの津和野大橋まで1km足らずと、気軽に散策できる

津和野観光のメインストリート 和洋が溶け込んだ美しい城下町

津和野で最も城下町らしい風景に出会えるのが本町通りと殿町通り。津和野駅から近く、気軽に散策を楽しめる。本町通りは江戸時代の商家町で、今も町家建築が軒を連ねる。旧武家町の殿町通りは、白壁や武家屋敷門、錦鯉の泳ぐ掘割が情緒満点。そこにたたずむゴシック建築の津和野カトリック教会が、独特の景観を生んでいる。安野光雅美術館などの点在するアートスポットにも立ち寄りたい。

歴史と文化が薫る「山陰の小京都」
津和野さんぽ

つわの

**白壁に赤瓦の風情あふれる街並みが美しい城下町。
鯉が泳ぎ菖蒲が映える掘割に癒やされながら歩いてみたい。**

日本遺産の街並みを散策

地域の文化財をひとつのストーリーとして紹介する文化庁認定の日本遺産に、津和野町の「津和野今昔～百景図を歩く」が認定されている。幕末の景色が随所に残る本町・殿町通りで、日本遺産の街の物語にふれたい。

1 鯉の米屋(吉永米店)

こいのこめや(よしながこめてん)

MAP 付録P.15 F-1

鯉の泳ぐ池を見学できる米店

駄菓子も売られている昭和レトロな雰囲気のお米屋さん。店の奥には掘割の水を引き入れた池があり、カラフルな錦鯉が群れる様子を見物できる。

☎0856-72-0011 所島根県津和野町後田ロ296 開8:30～18:00 休不定休 料見学無料 交JR津和野駅から徒歩3分 Pあり

軒下の米俵と「鯉のおる米屋」の看板を頼りに訪れたい

100円で販売している鯉のエサを撒くと、無数の錦鯉が集まってくる

→

2 本町通り

ほんまちどおり

MAP 付録P.15 F-2

古い商家が並ぶ商店街

石畳が続くかつての商人町で、点在する老舗の造り酒屋や菓子舗の古い町家が城下町の頃の面影を残している。カフェやギャラリーもある。

☎0856-72-1771 (津和野町観光協会) 所島根県津和野町後田 開休料散策自由 交JR津和野駅から徒歩5分 P周辺駐車場利用

古い酒蔵が今も営まれている

江戸時代のままの道幅を残し、商人町ならではの街並みが残る

➡P.78へ続く

『津和野百景図』の面影を探して

明治～大正時代に描かれた『津和野百景図』には、幕末の津和野藩の風景などが100枚の絵と解説文で記録されている。津和野町日本遺産センターで複製画を公開しており、絵を見てから散策すれば、城下町のイメージがより膨らみそうだ。

津和野町日本遺産センター

つわのちょうにほんいさんセンター

日本遺産に認定された津和野町の魅力を紹介する施設。『津和野百景図』(複製画)をまとめて展示し、案内人の解説も聞ける。

MAP 付録P.15 F-2

☎0856-72-1901 所島根県津和野町後田ロ253
開9:00～17:00 休月曜(祝日の場合は翌日)
料無料 交JR津和野駅から徒歩5分 P3台

さまざまな展示を用いて津和野の歴史や風俗文化などを紹介する
写真提供：津和野町日本遺産センター

『第二十六図 殿町總門』。かつて殿町と本町の境界となっていた惣門が、移築され永明寺(P.84)の山門になったという

『第二十三図 殿町』。多胡家老門(P.78)とそのなまこ壁の土塀はそのまま残されている

『第二十二図 大橋』。津和野大橋(P.87)のたもとには現在、2代目の松の木が立つ

画像提供：津和野町郷土館

移動時間 ◆ 約30分

散策ルート

津和野駅 つわのえき

駅を出たら道路を渡り、駅通りを進む　徒歩3分

1 鯉の米屋(吉永米店) こいのこめや(よしながこめてん)

鯉の米屋が面している石畳の通り・祇園丁を進む　徒歩2分

2 本町通り ほんまちどおり

しばらく進むと左手に見える「初陣」酒蔵が目印　徒歩2分

3 古橋酒造 ふるはししゅぞう

石畳に境目がある交差点が本町と殿町の境界　徒歩2分

4 殿町通り とのまちどおり

殿町通りに入ってすぐ、左手に教会の尖塔が現れる　徒歩すぐ

5 津和野カトリック教会 つわのカトリックきょうかい

さらに進むと右手に町役場津和野庁舎がある　徒歩すぐ

6 郡庁跡 ぐんちょうあと

鷺舞広場前を通り、津和野大橋を渡る　徒歩3分

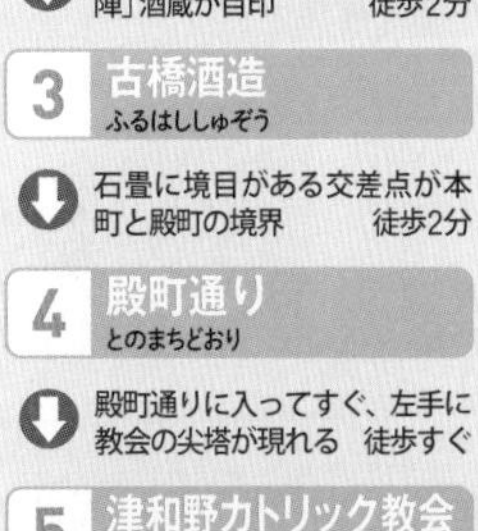

鷺舞広場には津和野のシンボル「鷺舞」の像が。記念撮影にぜひ

7 津和野町郷土館 つわのちょうきょうどかん

通りを駅まで戻る。新しい発見があるかも　徒歩13分

津和野駅 つわのえき

3 古橋酒造

ふるはししゅぞう

MAP 付録P.15 E-3

地酒の試飲もできる

明治初期創業の造り酒屋。地元の湧水と酒米を使った代表銘柄「初陣」などを販売。事前に予約すれば、昔ながらの酒蔵を見学できる。

☎0856-72-0048
所島根県津和野町後田ロ196　開9:00～17:00
休無休（酒造期は見学不可の場合あり）
料酒蔵見学無料　交JR津和野駅から徒歩7分
Pあり

大正建築の建物は国の登録有形文化財

4 殿町通り

とのまちどおり

MAP 付録P.15 E-3

城下町の面影を色濃く残す道

なまこ壁や武家屋敷時代の屋敷門が残り、城下町風情を最も感じられる通り。藩校や郡庁跡など史跡も点在し、道端の掘割には鯉が優雅に泳ぐ。

☎0856-72-1771（津和野町観光協会）
所島根県津和野町後田　開休料散策自由
交JR津和野駅から徒歩7分
P周辺駐車場利用

重厚な武家屋敷門が現存

多胡家老門 たごかろうもん

藩の家老職を代々務めた多胡家の武家屋敷門。長さは26mあり、門の両脇に物見や番所を備えた立派な構えを見せる。

MAP
開休料見学自由

石畳とイチョウ並木が美しい通り。古くからあった掘割が旅情を誘う

花菖蒲が咲く5月下旬～6月中旬には通りがライトアップされる

5 津和野カトリック教会

つわのカトリックきょうかい

MAP 付録P.15 E-4

殿町通りに異彩を放つ

昭和6年（1931）にドイツ人宣教師が献堂したゴシック建築の教会。晴れた日には畳敷きの礼拝堂にステンドグラスのカラフルな光が差し込む。

☎0856-72-0251　所島根県津和野町後田ロ66-7
開8:00～17:00　休無休　料見学無料
交JR津和野駅から徒歩9分　Pなし

教会隣には、乙女峠で殉教したキリシタンの資料を集めた乙女峠展示室がある

高々と尖塔をいただく石造りの教会が純和風の街並みに独特のアクセントを加える

↑木造瓦葺きの大正建築。今も役所として現役だ

→入口には大岡家の武家屋敷にあった大岡家老門を移築した

多くの逸材が育った藩校養老館

津和野出身の文豪・森鷗外(もりおうがい)や哲学者・西周(にしあまね)らを輩出した藩校養老館。幕末の大火後の安政(あんせい)2年(1855)に再建され、武術教場と御書物蔵が現存する。明治時代以降は郡役所や図書館などとして利用されていたが、2019年に再建当時の姿に復元された。

藩校養老館 はんこうようろうかん

MAP 付録P.15 D-4

☎0856-72-0300(津和野町郷土館) 所島根県津和野町後田ロ66 開9:00~17:00 休無休 料100円 交JR津和野駅から徒歩4分 Pなし

↑殿町通りにある。幕末に建てられた武術道場と書庫が残る

6 郡庁跡

ぐんちょうあと

MAP 付録P.15 D-4

役所の建物も津和野らしい趣

大正時代に建てられた旧鹿足(かのあし)郡役所で、津和野町の登録有形文化財に指定された。現在も津和野町役場津和野庁舎として建物を利用している。

☎0856-72-1771(津和野町観光協会)
所島根県津和野町後田ロ64-6
開8:30~17:00 休土・日曜、祝日 料見学無料 交JR津和野駅から徒歩10分 Pなし

7 津和野町郷土館

つわのちょうきょうどかん

MAP 付録P.14 C-2

建物は昭和17年(1942)の建造

大正時代に設立され、島根県で最も古い歴史を持つ郷土歴史博物館。津和野藩などの歴史資料や津和野ゆかりの文化人の美術作品などを展示。

☎0856-72-0300
所島根県津和野町森村ロ127
開8:30~17:00 休火曜 料400円
交JR津和野駅から徒歩15分 Pあり

↑創設当時は藩校養老館に付属する御書物蔵の建物を利用して開館した

美術館・ギャラリーに立ち寄る

ギャラリーショップの情報は➡P.93

クンストホーフ津和野

クンストホーフつわの

MAP 付録P.15 E-2

日展での入選経験豊富な陶芸家・中尾厚子(なかおあつこ)が故郷で開いたアトリエ兼ギャラリー。自身の作品のほか、息子でドイツ在住の画家・中尾成(あきら)の作品も展示販売する。

☎0856-72-0139
所島根県津和野町後田ロ250-2
開9:00~18:00 休不定休 料無料
交JR津和野駅から徒歩5分 Pなし

↑アクセサリーから大きな花器まで作品は多彩

安野光雅美術館

あんのみつまさびじゅつかん

MAP 付録P.15 E-1

津和野出身の画家・安野光雅の絵本や装丁画、風景画など多様な作品にふれられる。世界の絵本が並ぶ図書室や、プラネタリウム、昔の教室などもある。

☎0856-72-4155 所島根県津和野町後田イ60-1 開9:00~17:00(入館は~16:45)
休木曜(祝日の場合は開館) 料800円
交JR津和野駅からすぐ Pあり

→白壁に石見瓦の津和野らしさを感じる外観

↓淡い色調のメルヘンチックな作品が並んでいる

桑原史成写真美術館

くわばらしせいしゃしんびじゅつかん

MAP 付録P.15 E-1

水俣(みなまた)病問題を長年追いかけた作品で知られる、津和野出身の報道写真家・桑原史成の写真を展示。現場の迫力が伝わるメッセージ性の高い報道写真が並ぶ。

☎0856-72-3171 所島根県津和野町後田71-2 開9:00~17:00(入館は~16:45)
休木曜(祝日の場合は開館) 料300円
交JR津和野駅からすぐ Pなし

→JR津和野駅の近く

↓桑原氏の写真を3カ月に一度テーマを決めて展示替え

山上の城跡と山麓に点在する名所へ

津和野城跡周辺

つわのじょうあとしゅうへん

かつて山上から城下町を見守った津和野城。迫力ある石垣が残る城跡を最大の見どころに、山麓の古社などにも注目して巡りたい。

注目ポイント

ほぼ完全な形を保つ曲輪の石垣

津和野城跡は、城の建造物はすでにないが、曲輪の石垣がほぼ完全な状態で残る。往時の堅牢な山城の姿を彷彿させる。

石垣が見応えある近世の山城 赤瓦の街を見下ろす展望スポット

津和野城は、街の南端にそびえる標高367mの霊亀山山頂に鎌倉時代に築かれた。17世紀に藩主・坂崎直盛が、頑健な近世の山城へと大変貌させた。石垣群が残る城跡からは、眼下に赤瓦の美しい市街地を見晴らせる。山麓周辺には、津和野藩邸の遺構である物見櫓と馬場先櫓、千本鳥居の太皷谷稲成神社や弥栄神社などの古社が点在。津和野川沿いには、郷土の文豪・森鷗外や哲学者・西周の旧居がある。

城下町を抜けて山城へ

津和野駅から津和野城跡までは徒歩だと30分ほどかかるので、車があると便利。駐車場は観光リフト乗り場のすぐそばにある。または、駅前のレンタサイクルを利用するのもいい。

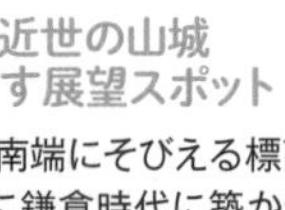

標高367mの城跡から望む津和野の街。屋根の赤瓦が緑に引き立つ

創建当初は三本松城と呼ばれていた。一部だが、中世の頃の石垣も残されている

津和野城跡
つわのじょうあと

MAP 付録P.14A-3

雲海に浮かぶ姿が幻想的 石垣が往時を物語る

鎌倉時代に蒙古襲来の防備のため赴任した吉見頼行が山上に築城。今も残る石垣の多くは、坂崎直盛が近世の山城に大改修した当時のもの。晩秋から冬の早朝に気候条件が整えば、城跡が雲海に浮かぶ風景が見られる。

☎0856-72-1771(津和野町観光協会)
所島根県津和野町後田 開休料散策自由
交JR津和野駅から車で5分(山麓から山頂までは徒歩40分／リフトで5分) Pあり

津和野城跡観光リフト
つわのじょうあとかんこうリフト

観光リフトで山頂へ

城跡のある山頂まではリフトで行ける。山上駅から約15分歩くと本丸跡にたどり着く。山あいを行くリフトから眺める風景も魅力的。

MAP

☎0856-72-0376 営9:00〜下り最終16:20 休12月31日 料片道400円、往復700円 Pあり

津和野城跡 物見櫓
つわのじょうあと ものみやぐら

MAP 付録P.14B-2

藩主の居館にあった櫓が現存 復元された庭園も一緒に見学

江戸時代に山麓に建てられた津和野藩邸(居館)の遺構。表門に付属する櫓のひとつで、藩主はこの櫓から弥栄神社の祭礼・鷺舞を見物したという。裏手に藩邸庭園の嘉楽園がある。

大正期に道路整備のため移築された

☎0856-72-1771(津和野町観光協会)
所島根県津和野町後田 開休料外観のみ見学自由 交JR津和野駅から車で5分
Pなし(津和野城跡駐車場利用)

津和野城跡 馬場先櫓
つわのじょうあと ばばさきやぐら

MAP 付録P.14B-2

当時のままの位置にたたずむ 津和野城跡の貴重な遺構

物見櫓と同じ、津和野藩邸表門の櫓。近くに馬場があったことから名付けられた。2つの櫓以外の城の建物は明治期に取り壊された。津和野城跡で唯一、当時の場所に現存する建物。

現存の建物は幕末期の再建とされる

☎0856-72-1771(津和野町観光協会)
所島根県津和野町後田 開休料外観のみ見学自由 交JR津和野駅から車で5分 Pなし(津和野城跡駐車場利用)

山城の往時の姿を偲ぶ

津和野城は急峻な山の頂に築かれた。山肌を段状に削って石垣を組み、防備の櫓や堀切を多く備えた堅固な山城だった。最高所には本丸の三十間台が置かれ、西側のやや低い場所に天守台、北側の離れた尾根に出丸(織部丸)が築かれた。建物はすでにないが、それらを支えた石垣が往時の姿を残す。なかでも本丸南に残る人質櫓の高々とした石垣は迫力がある。

『津和野百景図 第一図 三本松城』。曲輪や人質櫓(右下)が描かれている
画像提供:津和野町郷土館

『津和野百景図』に描かれた人質櫓の高い石垣が今も残る

太皷谷稲成神社

たいこだにいなりじんじゃ

MAP 付録P.14 B-2

高台の境内から街を一望 日本五大稲荷のひとつ

7代津和野藩主・亀井矩貞が安永2年(1773)に京都伏見より稲荷大神を勧請し建立。石段に続く約1000基の鳥居をくぐると境内に至り、荘厳な本殿(新殿)や元宮、命婦社などが立ち並ぶ。境内から市街を一望できる。

☎0856-72-0219
所島根県津和野町後田409
開休料参拝自由 交JR津和野駅から徒歩30分(参道入口までは徒歩15分)/車で5分 Pあり

山を背に建つ本殿(新殿)。願望成就・大願成就の神様を祀る

表参道に連なる朱色の千本鳥居。祈願成就やそのお礼に寄進された

元宮は旧本殿の建物で、稲成大神と熊野大神の両方を祀る

注目ポイント

お供え物に油揚げとろうそくを

太皷谷稲成神社では、元宮、命婦社、本殿、本殿裏奉拝所のそれぞれに、油揚げとろうそくを供える風習がある。油揚げは稲荷大神の使いである狐の好物とされている。油揚げとろうそくは販売台にて。

西周旧居

にしあまねきゅうきょ

MAP 付録P.14 B-3

明治期に活躍した哲学者の生家 勉強部屋だった土蔵も残る

哲学、主観、客観など多くの哲学用語を考案した日本近代哲学の父・西周が25歳まで過ごした家。茅葺きの母屋や勉強部屋に利用した土蔵、土塀などが当時のまま残されている。

☎0856-72-1771(津和野町観光協会)
所島根県津和野町後田64-6 開9:00~17:00
休無休 料無料 交JR津和野駅から石見交通バス・津和野温泉行きで鷗外旧居前下車、徒歩6分 Pなし

静かな土蔵を勉強部屋にしていた

西周が4歳から25歳までの21年間を過ごした家。建物は国の史跡となっている

富貴神社

ふきじんじゃ

MAP 付録P.14 B-2

地元の人に愛される富貴さん 受験合格や宝くじ当選の祈願に

昭和4年(1929)に建立された神社で、勝負運の神様として知られる。勝負事のほか、受験の合格祈願や宝くじの当選祈願に訪れる人もいる。弥栄神社や太皷谷稲成神社の近くに位置する。

☎0856-72-1771(津和野町観光協会)
所島根県津和野町後田
開休料参拝自由
交JR津和野駅から徒歩15分 Pなし

細い路地にこぢんまりとした社が建つ

森鷗外旧宅・森鷗外記念館

もりおうがいきゅうたく・もりおうがいきねんかん

MAP 付録P.14 B-3

明治を代表する作家 森鷗外が幼少期を過ごした家

『舞姫(まいひめ)』などで知られる明治の文豪・森鷗外(もりおうがい)の旧宅。津和野の藩医の家に生まれ、10歳で上京するまでここで過ごした。隣接する森鷗外記念館では、遺品や直筆原稿、写真パネル、映像などで鷗外の生涯を伝える。

☎0856-72-3210 所島根県津和野町町田イ238 開9:00〜17:00(入館は〜16:45) 休月曜(祝日の場合は翌日)、旧宅は無休 料600円(旧宅の観覧料含む、旧宅のみは100円) 交JR津和野駅から石見交通バス・津和野温泉行きで鷗外旧居前下車、徒歩2分 Pあり

国の史跡に指定された旧宅。鷗外の勉強部屋も残る

モダンな記念館の中庭。館内から庭越しに旧宅が望める(左)、記念館では、津和野時代と上京後の2部構成で展示(右)

杜塾美術館

もりじゅくびじゅつかん

MAP 付録P.14 C-2

和の建物に洋画作品を展示 不思議な「針穴写真」も必見

地元出身の洋画家・中尾彰(なかおしょう)、吉浦摩耶(よしうらまや)夫妻の作品を中心に、ゴヤの版画『闘牛技』も展示。純和風の建物の2階では、節穴から差し込む光に庭園が映る針穴写真が見られる。

☎0856-72-3200
所島根県津和野町森村イ542
開9:00〜17:00 12〜2月9:30〜16:30
休月〜木曜(祝日の場合は開館) 料入館無料 交JR津和野駅から徒歩15分 Pあり

和風建築の落ち着いた空間で洋画作品が楽しめる

敷地内にある風流な日本庭園もゆっくり散策したい

津和野今昔館

つわのこんじゃくかん

MAP 付録P.14 B-3

昔の暮らしぶりが蘇える アンティークな生活道具

手回しの電話や蓄音機、ミシンなど、明治〜昭和期の懐かしい生活道具を展示する。子どもから大人まで楽しめ、子ども向けに津和野の日本遺産を紹介する展示も加わった。

☎0856-72-3288
所島根県津和野町町田イ270-4
開9:00〜17:00(入館は〜16:45) 休月〜金曜(祝日の場合は開館)、12〜2月 料250円
交JR津和野駅から車で10分 Pあり

古民家風の建物に数多くの昔の生活道具が並ぶ

手に取って実際に使い方を体験できる道具もある

弥栄神社

やさかじんじゃ

MAP 付録P.15 D-4

優雅な鷺舞(さぎまい)神事で知られる 歴史の古い津和野の氏神様

太皷谷(たいこだに)山頂にあった祇園社(ぎおんしゃ)が起源。室町時代に城の鬼門鎮護のため現在地に移し、弥栄神社と改称した。7月の祇園祭で奉納される鷺舞(さぎまい)神事は国の重要無形民俗文化財。

☎0856-72-1771(津和野町観光協会)
所島根県津和野町稲成丁
開休料参拝自由
交JR津和野駅から徒歩15分
Pなし

境内には樹齢540年以上という大ケヤキがある

京都の祇園社(現・八坂神社)から伝えられた鷺舞神事が有名だ

 山あいの城下町を離れ、多彩な魅力を探す

もっと津和野を知る

峠にたたずむカトリック教会ゆかりの聖堂や、山間部の天文台に日本庭園。津和野の多彩な見どころに注目したい。長い歴史を持ち、津和野の人々が誇る伝統芸能も興味深い。

乙女峠マリア聖堂
おとめとうげマリアせいどう

津和野駅周辺 MAP 付録P.14 B-1

☎0856-72-0251（津和野カトリック教会） 所島根県津和野町後田乙女峠 開休料見学自由 交JR津和野駅から徒歩20分 Pあり

潜伏キリシタンの殉教地に建つ

明治初年にキリシタン弾圧によって長崎・浦上（うらかみ）の信徒153名が津和野に流され、37名がここで命を落とした。聖堂は、昭和26年(1951)に津和野カトリック教会の神父が献堂。谷川沿いの木立にひっそりと建つ。

毎年5月3日に催される乙女峠まつりの日には野外ミサを行う

聖堂のステンドグラスには殉教の悲しい歴史が描かれている

日原天文台
にちはらてんもんだい

日原 MAP 本書 P.3 D-2

星がきれいに見える場所

口径約75cmの反射望遠鏡で、昼間は太陽観測、夜は星空観測ができる。併設する星と森の科学館で天体について学べるほか、天体関連ビデオの上映も行う。

天気の良い日に訪れたい

☎0856-74-1646 所島根県津和野町枕瀬806-1 開科学館13:30〜21:00、天文台13:30〜17:00（天体観測19:00〜22:00） 休火・水曜（祝日の場合は翌日） 料科学館500円（日中は天文台と共通）、夜間天文台500円 交JR日原駅から車で15分 P40台

鷲原八幡宮
わしはらはちまんぐう

鷲原 MAP 付録P.14 A-3

☎0856-72-1771（津和野町観光協会） 所島根県津和野町鷲原イ632-2 開休料参拝自由 交JR津和野駅から石見交通バス・津和野温泉行きで鷲原下車すぐ Pあり

流鏑馬（やぶさめ）の馬場が現存

鎌倉時代に津和野城の鎮護のため城山の南西麓に創建。日本で唯一原形を保つ流鏑馬馬場があり、春には流鏑馬神事が催される。本堂裏手には樹齢1000年とされる大杉が立つ。

鎌倉・鶴岡八幡宮のものを模したという流鏑馬馬場が残る

本堂と楼門は室町時代の建築。建物は国の重要文化財

永明寺
ようめいじ

津和野駅周辺 MAP 付録P.14 B-1

☎0856-72-0137 所島根県津和野町後田ロ107 開9:00〜15:30 休月曜 料300円 交JR津和野駅から徒歩15分 Pあり

茅葺き屋根の閑静な禅寺

室町時代に津和野城主・吉見頼弘（よしみよりひろ）が創建した県内最古の曹洞宗寺院。吉見氏から坂崎氏、亀井（かめい）氏まで歴代城主の菩提寺とされた。日本庭園があり、秋は紅葉が美しい。森鷗外の墓もある。

山門横にある森鷗外(P.87)の墓

周囲の緑に溶け込むようにして、巨大な茅葺き屋根の本堂が建つ

堀庭園

ほりていえん

邑輝 MAP 付録P.4 A-1

紅葉が見事な国の名勝

江戸時代、笹ヶ谷銅山の年寄役を務めた名家・堀氏の庭園。四季折々の風景が美しく、特に秋の紅葉の名所として知られている。

☎0856-72-0010
所 島根県津和野町邑輝795
開 9:00～16:30 休 月曜(祝日の場合は翌日、11月は最終月曜のみ休園)
料 500円(旧畑迫病院共通券もあり)
交 JR津和野駅から津和野町営バス・長野行きで堀庭園下車すぐ P あり

↑秋には庭園のカエデなどの木々が鮮やかに色づく。新緑も美しい

↑堀氏の客殿「楽山荘」。2階からの庭園の眺めが美しいと評判だ

古(いにしえ)からの歴史を受け継ぐ津和野の伝統芸能

古来伝承される鷺舞、演劇風で親しみやすい石見神楽など、津和野で受け継がれる伝統芸能は独創的で奥が深い。

鷺舞神事 さぎまいしんじ

京都・八坂(やさか)神社発祥の古典芸能で、16世紀半ばに弥栄神社に伝わった。今では全国でも数少ない鷺舞であり、国の重要無形民俗文化財に指定。鷺に扮した2人の踊り手が優雅な舞を披露。

行列の構成

舞方は鷺2人(雌雄各1羽)、棒振りと羯鼓(かっこ)が各2人。囃方は太鼓、鉦、鼓、笛が各2人。ほかに唄方数人に、行事を仕切る頭屋と守護役の警固が2人ずつで行列をつくる。

日時・場所

弥栄(やさか)神社(P.83)祇園祭の御神幸日(7月20日)に町内11カ所、御還幸日(7月27日)に9カ所で舞を奉納。行列は15時頃に郡庁跡(P.79)前を出発し、行程は所要約2時間。

↑2人の踊り手が見事にシンクロした舞を披露。羽を広げた姿が優美

石見神楽 いわみかぐら

島根県西部の石見地方に伝わり、氏子によって受け継がれている神社の奉納舞。豪華絢爛な衣装と仮面を身につけ、神話などを題材に娯楽性・物語性の高い舞楽が演じられる。

舞の特徴

舞手が神職から氏子に変わるなかで従来の六調子からテンポが速い八調子が主流へと変化し、舞いやすいよう軽い和紙製の神楽面を使用。演目は有名な『大蛇(おろち)』をはじめ30を超す。

日時・場所

神社奉納以外にも各上演団体の定期公演があり、鑑賞機会が多い。

←人気演目の『大蛇』。火を吹くなど派手な演出も魅力

流鏑馬神事 やぶさめしんじ

邪気祓いや祈願のために行われる神事。狩装束をまとい、馬を走らせながら3つの的を次々と矢で射る。鷲原(わしばら)八幡宮では4月の大祭の日に、鎌倉時代からの古式に則って披露される。

↑昔の装束の射手が桜の舞うなか颯爽と馬場を駆け抜ける

日時・場所

鷲原八幡宮(P.84)で毎年4月第1日曜に、午前・午後の2回奉納される。馬入りは11時～、14時～。

芸術と文学の人材を輩出した山陰の城下町
歴史の薫りが漂う美しい街並み

津和野は「ツワブキが茂る野」を語源とする。その名のとおり、豊かな自然に包まれた山あいの地だ。400年にわたる城下町の歴史を感じながら、水路に悠々と鯉が泳ぐ美しい街並みを楽しみたい。

江戸～明治時代

黎明から明治維新までをたどる

偉人を育てた城と街

津和野城は元寇に備えた山城が始まり 山あいの盆地は明治まで亀井氏のもとで栄える

津和野は、山陰の小藩の中心となる津和野城の城下町として、山に囲まれた南北に細長い小さな盆地に発展した。津和野城は鎌倉時代、元寇に備えて標高367mの霊亀山山頂に築かれた山城に始まり、もとは三本松城と呼ばれていた。江戸期は、関ヶ原の合戦で功を挙げた坂崎直盛が領地としたが1代で改易となり、元和3年(1617)、亀井政矩が替わって入る。以後11代、亀井家のもとで明治維新まで存続した。

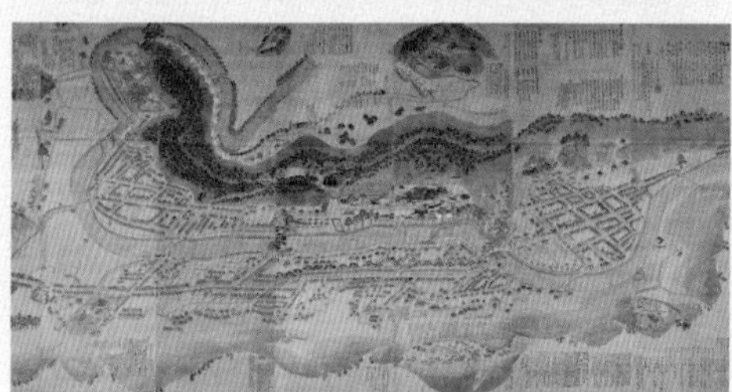

栗本格齋『津和野城下絵図』〈津和野町郷土館蔵〉

山麓に堀と城下町が造られる 幕末から明治には多くの偉人が育った

山頂の城郭に加え山麓には藩邸が置かれた(現在は津和野高校がある場所)。津和野川を天然の内堀とし、津和野大橋から森鷗外旧宅の前まで1kmほどの外堀が造られた。外堀の中は堀内と呼ばれ、藩の蔵屋敷などが備えられた。大橋を渡った先に家老の屋敷と商家が集められ、城を挟んで反対側に家臣の屋敷が配された。家老屋敷が並ぶ殿町通りと商家が並ぶ本町通りの境には門が設けられ通行を制限された。

津和野藩は家臣の教育に力を入れたことでも知られ、藩校の養老館からは、文学の森鷗外、哲学の西周のほか、明治天皇の待講を務めた福羽美静、日本紡績業の父・山辺丈夫(東洋紡の前身を創立)などが輩出された。

津和野城跡 ➲P.81

つわのじょうあと

津和野城跡周辺

MAP 付録 P.14 A-3

坂崎直盛はわずか16年間の領地支配の間に、石垣による近代的な城郭を造り上げた。本丸、二の丸、三の丸と織部丸と呼ばれる出城が造られた。

藩校養老館 ➲P.79

はんこうようろうかん

本町・殿町 MAP 付録 P.15 D-4

津和野藩主亀井氏8代・矩賢(のりかた)が始め、最後の藩主・茲監(これみ)が現在地に移した。保存修理工事を経て、2019年にリニューアルオープン。

西周 日本における諸学問の基礎を作った

津和野藩の典医の家に文政12年(1829)に生まれた。父が森家からの養子で、森鷗外とは親戚にあたる。幼い頃から儒学を学び、長じては西洋の学問にもふれ、オランダへの留学も経験した。明治維新後、西洋哲学の翻訳・紹介に励んだ。「哲学」「科学」「感覚」など、現代では一般的に使われている熟語を多く作り、日本語を使って西洋の学問にふれることを可能にした。

〈国立国会図書館蔵〉

西周旧居 ➲P.82

にしあまねきゅうきょ

津和野城跡周辺

MAP 付録P.14 B-3

西周が25歳まで暮らした。親戚の森鷗外の旧宅は、川を挟んで向かいにある。

明治の文豪が幼少のときに見た城下町の姿

森鷗外(もりおうがい)が書いた津和野の景色

津和野出身の偉人のなかでも、特に名を知られるのが日本近代文学の先駆者となった森鷗外だ。お堀端の武家屋敷で生まれ育った彼は、故郷から遠く離れてもその風景を忘れなかった。

医者の家に生まれ、医学と文学を両立

〈国立国会図書館蔵〉

森鷗外は文久(ぶんきゅう)2年(1862)、津和野藩の典医の長男として生まれた。本名は森林太郎(りんたろう)。幼少のうちに明治維新を迎え、10歳のときに東京へ移住した。東京では医学校へ入学し陸軍の軍医となり、22歳から3年間のドイツ留学も軍医としてのものだった。帰国後、陸軍に勤めながら戯曲や詩の翻訳、小説を次々に発表し、現在では日本近代文学の巨頭のひとりに位置付けられている。津和野を離れたのは幼い時分だが、遺言で「石見(いわみ)(津和野を含む島根県西部)の人、森林太郎として死にたい」と、郷土への愛着を表している。

明治42年(1909)に発表した小説『ヰタ・セクスアリス』では、主人公・金井湛(かないしずか)が幼少時代の出来事を語る際、「中国の或る小さいお大名の御城下」と、明言されてはいないものの津和野を舞台に選んでいる。「門の前はお濠(ほり)で、向うの岸は上(かみ)のお蔵」といった風景描写を思い出しながら津和野を散策するのもおもしろいだろう。ちなみに、この作品は発表当時、卑猥だとして発禁処分を受けたが、性にまつわる思い出を冷静に語るのみで、現代の感覚からは過激な描写は特にみられない。

津和野大橋
つわのおおはし

本町・殿町 MAP 付録 P.15 D-4

現在は埋め立てられているが、鷗外の家の前から津和野大橋までは外堀がめぐらされていた。鷗外は堀沿いに歩き、藩校養老館へ通ったようだ。

交JR津和野駅から徒歩10分　Pなし

森鷗外旧宅・森鷗外記念館
もりおうがいきゅうたく・もりおうがいきねんかん

津和野城跡周辺 ➲P.83

MAP 付録 P.14 B-3

『ヰタ・セクスアリス』で「この辺は屋敷町で、春になっても、柳も見えねば桜も見えない」と表現したとおり、この地域には武家屋敷が並んでいた。

永明寺 ➲P.84
ようめいじ

津和野駅周辺 MAP 付録 P.14 B-1

境内にある鷗外の墓には、遺言に従い「森林太郎墓」の文字のほかは、なにも刻まれていない。

津和野 歴史年表

西暦	元号	事項
1282	弘安 5	吉見頼行が地頭として津和野に赴任
1295	永仁 3	三本松城築城開始(**津和野城跡** ➲P.81)
1324	元亨 4	吉見頼行の子・頼直が三本松城を完成させる
1554	天文23	11代当主・正頼が陶晴賢に対して挙兵。三本松城の戦い
1601	慶長 6	坂崎直盛が関ヶ原の戦いで功を挙げ、津和野を与えられる。津和野藩成立
1615	元和 元	坂崎直盛、大坂の陣で徳川秀忠の娘で豊臣秀頼の正室・千姫を救出し加増を受ける
1616	2	坂崎直盛、千姫の処遇に不満を抱き、千姫強奪を図るも、家臣により殺害される
1617	3	坂崎氏に代わり、亀井政矩が入藩
1686	貞享 3	落雷により津和野城天守閣焼失
1786	天明 6	第8代藩主・矩賢が**藩校養老館** ➲P.79 設立
1849	嘉永 2	第11代藩主・茲監が養老館を殿町へ拡張移設
1855	安政 2	火事により焼失した養老館を再興
1865	慶応 元	西周、オランダから帰国し、徳川慶喜の側近となる
1868	明治 元	乙女峠の光琳寺へ長崎からキリシタンが送られてくる。拷問により37名の殉教者が出る
1871	4	廃藩置県で津和野城廃城、建物は解体される
1872	5	森林太郎(鷗外)、津和野を離れる
1910	43	亀井家14代・茲常の依頼で栗本格齋が**津和野百景図** ➲P.77 製作に着手(3年8カ月後に完成)
1931	昭和 6	ドイツ人ヴェケレーによって**津和野カトリック教会** ➲P.78 が建てられる
1951	26	乙女峠に殉教者に捧げる記念堂が建立される(**乙女峠マリア聖堂** ➲P.84)

天然鮎コース
1万9800円(税・サ別)〜
8〜10品におよぶ多彩な鮎料理が味わえる。さっくり頭からほおばれる塩焼きは、記憶に残る鮮烈な美味

予約 要
予算 Ⓛ Ⓓ 1万9800円(税・サ別)〜

国内屈指の清流に育まれた
絶品天然鮎料理に舌鼓

割烹 美加登家
かっぽう みかどや

日原 MAP 本書 P.3 D-1

歴史情緒あふれる旧街道沿いにたたずむ老舗割烹。国内屈指の清流・高津川産の天然鮎料理が名物で、初夏から秋にかけてのシーズン中は、その香り豊かな美味を求めて全国各地から多くの人が訪れる。

☎0856-74-0341
所 島根県津和野町日原221-2
営 12:00〜13:00 17:00〜19:00
休 月曜
交 JR日原駅から徒歩20分　Ⓟあり

意匠が凝らされた和室で鮎をいただく

創業当時の風情あるたたずまいを残す

日本遺産の街で人々に愛され続ける名店

和の心のおもてなし 古き良き伝統の和食

ていねいに素材を生かして調理される真心のこもった日本料理。
「昔ながらの」という言葉を体現する名店で、格別な一食を堪能したい。

日本海の旬魚を自ら仕入れ
大ぶりのネタが食べ応えあり

寿司割烹 あおき
すしかっぽう あおき

本町・殿町 MAP 付録P.15 E-2

日本海の荒波にもまれ、身がしっかり締まった魚介を店主自ら買い付ける。握り寿司は大ぶりの分厚いネタで噛むほどに魚の甘い脂が口いっぱいに広がる。うずめ飯や芋煮など郷土料理も提供。

☎0856-72-0444
所 島根県津和野町後田イ78-10
営 11:00〜15:00(LO14:30) 17:00〜22:00(LO21:30)　休 火曜(祝日の場合は営業)
交 JR津和野駅から徒歩3分　Ⓟあり

JR津和野駅すぐ。地元の常連や観光客らで賑わう

寿司のほか、定食メニューも豊富で家族連れにも好評

おまかせにぎり
1700円
その日仕入れた店主おすすめのにぎり寿司10貫にお吸い物が付いたいち押しメニュー

予約 可
予算
Ⓛ 1000円〜
Ⓓ 3000円〜

石心定食 2200円
きくらげ入りのこんにゃくなど津和野名物や、店の名前にちなんだ「石の心」などが並ぶ

老舗宿が伝えてきた
津和野の味を堪能あれ

割烹 石心亭

かっぽう せきしんてい

本町・殿町 MAP 付録P.15 E-2

「のれん宿 明月(P.94)」内の食事処。代々亭主自らが包丁を持ち、おいしい料理で客を迎えるのが習わしの、老舗宿の味が味わえる。地元食材を使い津和野の郷土料理を、形を変えることなく伝えてきた料理を楽しみたい。

☎0856-72-0685
所 島根県津和野町後田ロ665
営 11:00〜14:00
18:00〜21:00(夜は予約制) 休 月曜
交 JR津和野駅から徒歩6分 P あり

↑古き良き日本を感じる、趣ある純和風造りの建物

↑重石を取ると、サバのほか旬の魚や野菜の酢の物が登場する「石の心」

↑料理はもちろん器や調度品にもおもてなしの心が宿る

予約 可(夜は要)
予算 Ⓛ1500円〜 Ⓓ3000円〜

知る人ぞ知る名店にも注目

季節料理 とくまさ

きせつりょうり とくまさ

「地元の人においしい和食を味わってもらいたい」そんな店主の思いが詰まった料理店。日本海の魚介や季節の野菜、津和野の地酒などが揃い、座敷でゆったりくつろぎながら食事が楽しめる。

本町・殿町 MAP 付録P.15 E-2

☎0856-72-3074
所 島根県津和野町後田イ293
営 11:30〜21:30 休 不定休
交 JR津和野駅から徒歩5分 P あり

↑大きな通りから1本入ったところに位置する。うずめ飯など津和野の郷土料理も提供する

予約 可
予算 Ⓛ1500円〜 Ⓓ5000円〜

うずめ飯定食 1400円
ご飯の下に具材がうずまる郷土料理。トッピングの岩海苔やわさびがアクセントに

川が流れる優雅な店内で
津和野の郷土料理を満喫

郷土料理 遊亀

きょうどりょうり ゆうき

本町・殿町 MAP 付録P.15 E-2

昭和48年(1973)創業の老舗。夏は鮎、冬はヤマメといった川魚や山菜を使った郷土料理が楽しめる。ふっくら焼き上げた鰻定食3600円も人気だ。骨董品が展示してある店内では小物や手芸品の販売も。

☎0856-72-0162
所島根県津和野町後田ロ271-4
営11:00〜15:00(LO14:30)
休木曜　交JR津和野駅から徒歩5分　Pあり

予約 可
予算 L2000円〜

↑店内は川が流れ、鯉が泳いでいる。古伊万里焼も見応えある

→老舗らしい落ち着いた雰囲気の外観。長年通う常連客も多い

里山と清水が育んだ美味をいただく

豊かな地の食材で郷土の味を楽しむ

周囲の山々と高津川(たかつがわ)水系の豊かな自然が、上質な食材を育む。歴史と文化を受け継ぐ土地柄ならではの名物料理も味わえる。

十割そば 946円
つなぎを一切使ってないので、コシが強いのが特徴。そば本来の甘みと旨みが堪能できる

↑栗を持った看板猿の「つわっきー」が出迎えてくれる

↑石窯パンや甘みの強い津和野栗を使ったスイーツを販売

そば粉と水のみで手打ちする
風味豊かな十割そば

小さな農家レストラン ちしゃの木

ちいさなのうかレストラン ちしゃのき

本町・殿町 MAP 付録P.15 E-1

高津川(たかつがわ)流域で育まれた地元産そば粉と水で毎朝手打ちする十割そばが味わえる。小豆島(しょうどしま)の醤油を使ったつゆとの相性も抜群だ。木の灰汁(あく)で作る昔ながらのこんにゃくや自家製純栗ようかんはおみやげにも人気。

☎0856-72-1455
所島根県津和野町駅前通りイ140　営10:00〜18:00(そばがなくなり次第終了)
休火・水曜　交JR津和野駅から徒歩3分　Pあり

予約 可
予算 L1000円〜

➲ カジュアルな雰囲気の店内。女性を中心に賑わっている

予約
可(夜は要)
予算
Ⓛ1320円〜
Ⓓ2000円〜

地元食材を盛り込んだ
津和野イタリアン

Pino Rosso

ピノ ロッソ

本町・殿町 MAP 付録P.15 F-2

津和野や近郊の野菜や海鮮を使った本格イタリアンとスイーツが食べられる。四季折々の食材が盛り込まれたパスタやピッツァは日によって内容が変更。何があるかは訪れるまでお楽しみに。

⬆ テイクアウトもできるシェフお手製のスイーツ＆パンも人気

☎0856-72-2778
所島根県津和野町後田ロ284
営11:30〜14:00 18:00〜22:00(最終入店20:00)
休木曜、ほか不定休　交JR津和野駅から徒歩3分　Ⓟあり

パスタランチ 1650円
パスタは4種類から1種類が選べる。この日は津和野野菜のペペロンチーノをチョイス

太皷谷稲成神社参拝後は
ぜひ名物いなりずしを

美松食堂

みまつしょくどう

津和野城跡周辺 MAP 付録P.14 B-2

昭和6年(1931)から津和野の人々に愛される3世代で通える大衆食堂。うどんやそばのほか、油抜きから始まり、2日間かけて作ったおあげを使ったいなりずしは、テイクアウトもできる看板メニューだ。

☎0856-72-0077
所島根県津和野町後田ロ59-13
営11:00〜15:00
休水曜(毎月1日、祝日の場合は営業)
交JR津和野駅から徒歩10分　Ⓟあり

⬆ 太皷谷稲成神社のたもとにあり、参拝後に立ち寄る人も多い

⬆ 座敷席もあり、ゆったり過ごせる

いなりずし 1個 130円
色の濃いおあげは意外にもあっさりと甘さひかえめ。うどんとセットにするのもおすすめ

予約 可
予算
Ⓛ1000円〜

津和野の地産食材と郷土料理

自然豊かな山川の恵みである地産食材と、古くから愛され続ける郷土料理が、津和野の「食」の魅力だ。

種類豊富な大地の恵み

城下町を見守るように立つ青野山の火山活動により生まれた津和野盆地。一帯は起伏に富み、場所によって多様な気象条件を見せる。寒暖差が大きい土地に適した茶葉、水はけの良い火山灰土壌と相性の良い里芋、緑深い山中で採れる山菜や栗など、土地ごとの条件を生かした多彩な作物が集まる。

日本有数の清流の恵み

過去何度も水質日本一に輝いている高津川。その水で育ち打たれるそばは風味豊か。また、渓流を生かしたわさび栽培も行われている。初夏から晩秋にかけては天然鮎も味わえる。

⬆「ちしゃの木(P.90)」では十割そばが味わえる

人々に愛される郷土料理

津和野の代表的な郷土料理が「うずめ飯(めし)」。ご飯の下に小さく刻んだ椎茸やニンジン、豆腐などが埋(うず)められており、だしをかけていただく。また、芋煮や美松食堂の通称「黒いいなり」も名物として知られている。

⬆ 一見ただのお茶漬けのようにみえるが、じつは具だくさんな「うずめ飯」

時代を感じるウッド調のカウンター席。ゆったりくつろげるテーブル席もある(沙羅の木 本店)

飾らないたたずまいが醸し出すくつろぎに浸る

不思議と懐かしいお休み処

津和野でのひと休みには、落ち着いた雰囲気のなかでくつろげるカフェや甘味処へ。
時間が経つのを忘れてつい長居してしまうような、とびきりの居心地が待っている。

創業主自慢のコーヒーを

沙羅の木 本店

さらのき ほんてん

本町・殿町 MAP 付録P.15 E-3

レトロな雰囲気のなか、京都のイノダコーヒ、横浜のキャラバンコーヒーそれぞれの豆を使ったブレンドコーヒーが味わえる。昭和50年(1975)から提供するコーヒーゼリーも必食。

☎0856-72-1661
所島根県津和野町後田ロ70
営9:30～17:00 休無休
交JR津和野駅から徒歩10分
Pあり

観光の中心・殿町通りに店を構える

特製コーヒーゼリー750円。自慢のコーヒーを使い、隠し味のブランデーがふくよかな香りを立たせる大人の味

店内で焼き上げる源氏巻などみやげ品がずらり

予約 不可
予算 500円～

心がこもった滋味深い味

みのや

本町・殿町 MAP 付録P.15 E-1

ていねいにだしをとったスープが染みるうどんや小豆から炊いて作ったぜんざいなど、手作りにこだわった料理や甘味が楽しめる。セルフサービスで自由に飲める香ばしい豆茶も美味。

☎0856-72-1531
所島根県津和野町後田イ75-1
営9:30～17:30
休水曜(祝日の場合は翌日)
交JR津和野駅から徒歩2分 Pあり

津和野駅からすぐの場所にある。茅葺き屋根が茶屋らしい

黒米を使ったお餅が入った、まったりした甘さがたまらない栗ぜんざい550円

どこか懐かしさがある店内

予約 不可
予算 500円～

ぬくもりあふれる品々はささやかな贈り物にも

素敵に素朴なおみやげ

素朴さのなかにかわいらしさが光る手工芸品や和雑貨に、定番の銘菓など。
地元でも人気のショップで出会える、おみやげにおすすめの品をご紹介。

薬玉（左）1100円
華飾り（右下）1290円
水引ブローチ（右上）6600円
鮮やかな色合いも印象的な、温かみのある雑貨
分銅屋七右衛門

髪留め
440円
リバティなどの生地を使いひとつずつ手作りされた髪留めは、ポプリ入り
分銅屋七右衛門

こいの里
5個入り 780円
外はサクッ、中はさらりとした口どけの新食感に驚く看板商品
和菓子処 三松堂 本店

金封（左）770円
水引ストラップ（中）1600円
水引イヤリング（右）1600円
和紙や水引を使用した、お店のオリジナル商品
分銅屋七右衛門

つわぶき小皿
1100円
津和野ゆかりのつわぶきをかたどった小皿は人気商品
クンストホーフ津和野

栗御門
1本 1100円
地元産の栗がごろりと入ったつぶ餡を、カステラ状の生地で挟む
山田竹風軒 本町店

一筆箋
「みちの辺の花」
各440円
やさしいタッチの花の絵がちりばめられた一筆箋は同館オリジナルグッズ
安野光雅美術館

源氏巻
1本 350円
津和野町銘菓。数ある源氏巻のなかでも、現在最も長い歴史を持つ
山田竹風軒 本町店

シール「10人のゆかいなひっこし」
各220円
絵本『10人のゆかいなひっこし』に出てくる子どもたちのキュートなシール
安野光雅美術館

かき落し花文皿
2500円
黒い土に白化粧をした花模様がアクセントになっている
クンストホーフ津和野

金彩桜小皿
1500円
桜がちりばめてある春らしい小皿。金彩が華やかな印象
クンストホーフ津和野

クリアファイル
各330円
『草競馬』『メリーさんの羊』などの歌をイメージしたイラスト入り
安野光雅美術館

ギャラリー・美術館で買う
クンストホーフ津和野／安野光雅美術館 ➡P.79

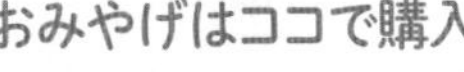

おみやげはココで購入

分銅屋七右衛門
ふんどうやしちうえもん

本町・殿町 MAP 付録P.15 E-3

300年以上も続く老舗店で、お香グッズや和小物を販売する。江戸時代に建てられ、国の有形文化財にも登録された趣ある店構えにも注目を。

☎0856-72-0021
所 島根県津和野町後田ロ190
営 8:30～17:30 休 不定休
交 JR津和野駅から徒歩7分 P なし

和菓子処 三松堂 本店
わがしどころ さんしょうどう ほんてん

津和野城跡周辺 MAP 付録P.14 B-2

「もう一度食べたい」と思える和菓子作りを目指し、素材選びから接客サービスまでを徹底的に追求。地元の老若男女に愛される和菓子店だ。

☎0856-72-0174
所 島根県津和野町森村ハ19-5
営 8:00～18:00 休 無休
交 JR津和野駅から徒歩15分 P あり

山田竹風軒 本町店
やまだちくふうけん ほんまちてん

本町・殿町 MAP 付録P.15 E-2

津和野町や近隣の食材を使った豊富な和洋菓子が並ぶ、創業130年を超える老舗。事前予約で源氏巻の手焼き体験もできるのでぜひチャレンジを。

☎0856-72-1858
所 島根県津和野町後田ロ240
営 7:30～18:00 休 無休
交 JR津和野駅から徒歩5分 P あり

歴代の想いを受け継ぐ
日本情緒にあふれた宿

のれん宿 明月

のれんやど めいげつ

本町・殿町 MAP 付録P.15 E-2

創業から100年余、旅籠と呼ばれていた頃からの歴史を持つ老舗。館内には箱階段や骨董品が並び、古き時代を偲ばせる。宿の主人が直接包丁を握る心尽くしの郷土料理や、宿自慢の檜風呂で旅の疲れを癒やしたい。

☎0856-72-0685
所 島根県津和野町後田ロ665
交 JR津和野駅から徒歩6分
P あり
in 15:30 out 10:00 室 8室
予算 1泊2食付1万1000円～

1.清潔感が保たれ落ち着いた雰囲気の客室
2.旬の食材を使用した、津和野ならではの料理が並ぶ
3.小さな庭が入口になっている独特の形式

津和野(つわの)の宿

山中の城下町でくつろぐ夜

**豊かな自然に囲まれた山懐に、昔ながらの風情を残す城下町・津和野。
素朴さのなかに安らぎがあふれる宿のおもてなしと、しっとり落ち着いたひとときに癒やされる。**

1.シンプルな客室で自宅にいるかのようにくつろげる　2.家庭的で地元感のある料理はボリュームも満点　3.宿名は津和野に伝わる「子鷺踊り」にちなむという

細やかな心遣いがうれしい
親しみのもてる宿

若さぎの宿

わかさぎのやど

津和野城跡周辺 MAP 付録P.14 B-2

津和野で最も古い民宿。家族で経営しており、家庭的なもてなしが人気だ。和洋問わずテーブルにずらりと並ぶ家庭料理にもファンが多い。山陰名物の干しカレイや、主人が30分かけて練るという手作りのごま豆腐が名物だ。

☎0856-72-1146
所 島根県津和野町森村ロ21　交 JR津和野駅から車で5分　P あり　in 15:00　out 9:30
室 6室　予算 1泊2食付8000円～

 写真提供:西日本の素敵な宿・高枕

こちらも
ご注目

津和野に「暮らす」ような滞在

空き家となった古民家をリノベーションした滞在施設にもぜひ注目を。1棟まるごとの貸切で、情感ある津和野の町家暮らしを気軽に体験したい。

明治の町家暮らしを体感

津和野町家ステイ 戎丁

つわのまちやステイえびすちょう

明治23年(1890)に建築されたという長屋をモダンに改装。座敷や庭のある伝統的な日本建築ながら、エアコンなども設置。自宅にいるように気ままに過ごせるのが魅力だ。

本町・殿町 MAP 付録P.15 E-2

☎0856-72-1771(津和野町観光協会)
所 島根県津和野町後田320
交 JR津和野駅から徒歩5分 Pあり
in 15:00 out 10:00 予算 1泊素泊まり1万4000円～(2名利用時の1名料金、人数・時季により変動) ※食事は外食または仕出しを利用可(1週間前までに要予約)

1.リビングは床暖房付き。寒い冬でも快適 2.座敷に面した中庭。風情あるたたずまいだ 3.食事は近所の店に出向くか仕出しを注文する

昭和初期の家屋を改装

津和野町家ステイ 上新丁

つわのまちやステイかみしんちょう

2016年にオープンした津和野町家ステイの2棟目。広々とした間取りが魅力で、ベッドルームのほか和室3部屋、リビングルームがあり、10名までの宿泊が可能。

本町・殿町 MAP 付録P.15 E-3

☎0856-72-1771(津和野町観光協会)
所 島根県津和野町後田イ283
交 JR津和野駅から徒歩10分 Pあり
in 15:00 out 10:00 予算 1泊素泊まり2万8000円～(2名利用時の1名料金、人数・時季により変動) ※食事は外食または仕出しを利用可(1週間前までに要予約)

1.洋室も和室もあるので、幅広い世代で利用できる 2.昭和初期の建築とされる。観光地からも近く好立地 3.中庭から続く土間。落ち着いて過ごせる

車窓を流れる景色が導く旅情

列車に乗って津和野へ旅する

山里を力強く走るロマンあふれるSL列車で旅へ。車窓に見える美しい自然や、列車の車両コンセプトを楽しみながら、極上の列車旅へ出発したい。

迫力ある走行に気分も高揚

SLやまぐち号

エスエルやまぐちごう

昭和48年(1973)に姿を消したJR山口線の蒸気機関車が、SLファンや地元住民の要望に応えて6年後に復活。新山口駅と津和野駅間の全長62.9kmを約2時間で結ぶ。

運行データ

運行日:土・日曜、祝日が中心(HPで要確認) 区間:新山口駅～津和野駅 運行時刻:(下り)新山口駅10:50発(山口駅11:12)▶津和野駅12:58着、(上り)津和野駅15:54発▶新山口駅17:38着(山口駅17:17) 料金:新山口駅～津和野駅間の乗車券＋指定席券またはグリーン車料金 予約受付:乗車日の1カ月前の10:00から、全国のJR駅のみどりの窓口で予約受付

↑津和野路を走るSLやまぐち号。山あいの風景によく似合う

↑黒煙を上げて進むC57形。その優美な姿から貴婦人の愛称で親しまれる

→津和野駅では今や珍しい転車台での方向転換が見られる

※記載された情報は2023年12月の運転時刻です

SLやまぐち号 客車紹介

1号車(グリーン車)
展望デッキを備えたグリーン車。開放感のある空間でのんびりとくつろぎながら車窓の風景を楽しめる。

2号車(普通指定) 落ち着きのある紺色と垂直の背もたれの座席が懐かしさとモダンさを感じさせる。

3号車(普通指定) 蒸気機関車の仕組みや歴史を展示するスペースや、販売カウンターがある。

4号車(普通指定) 2号車同様、紺色の座席とテーブル付きのボックス席を備えた車両。

5号車(普通指定) 緑色の座席がレトロ。車椅子対応の座席やバリアフリー対応トイレを完備。

↑SL修繕中、ディーゼル機関車が牽引する「DLやまぐち号」として運行する

豪快な走りで旅を盛り上げる

DLやまぐち号

ディーエルやまぐちごう

鉄道車両の無煙化・動力の近代化のため製造された凸型が特徴のディーゼル機関車。入換や臨時列車等の牽引を担当する全国的にも希少な機関車。

↑牽引機関車DD51

OTONATABI
Shimonoseki Moji
関門海峡の
両岸に広がる
ふたつの
歴史的港町
下関・門司
古くから現在まで交通の要衝として栄え、
本州と九州の境目にあたる関門海峡は、
源平戦、巌流島の決闘、下関戦争…など
幾度も歴史の転換を見届けてきた。
今も街に残る寺社仏閣、レトロ建築に
当時の面影を垣間見ることができる。
匠の技が光る下関のふぐ料理は必食。

エリアと観光のポイント

下関・門司はこんなところです

本州と九州の境目・関門海峡を挟み、山口県と福岡県にまたがるエリア。歴史的名所のほか、海の幸が集う下関の市場、橋や海峡を望む絶景スポットに注目。

海峡に点在する史跡を巡る

関門海峡の本州側の下関は、下関港を中心に街が広がっている。観光拠点は、市場や水族館がある唐戸(からと)・ベイエリア。街なかには明治維新や日清戦争の舞台となった史跡が残るほか、海峡をつなぐ関門橋の周辺には、平氏と源氏が争った壇ノ浦(だんのうら)の戦いゆかりの地が点在している。

一方、九州側の門司は明治後半から大正期にかけて栄え、多くの洋館が建てられた。門司港レトロ地区と呼ばれ、ノスタルジックな散策が楽しめる。カフェやレストランも豊富。

下関の北東に位置する長府は、長州(ちょうしゅう)藩の支藩・長府(ちょうふ)藩の城下町。高杉晋作(たかすぎしんさく)ゆかりの寺や、練塀のある風情豊かな通りなどが見られる。

新旧の要素が詰まっている

下関 ➡P.100

しものせき

ショッピングや市場グルメを楽しむとともに、関門海峡を望む絶景スポットや数多い史跡も巡りたい。ふぐ料理もぜひ。

観光のポイント 唐戸市場 P.102 / 火の山公園 P.104

海沿いの複合施設・カモンワーフには、下関名物が集結する

火の山公園からは海峡と街並みを見渡せる。夕景や夜景の名所でもある

石畳の路地に史跡が点在する

長府 ➡P.110

ちょうふ

古江小路(ふるえしょうじ)や壇具川(だんぐがわ)沿いに、高杉晋作(たかすぎしんさく)ゆかりの寺や長府藩主の邸宅などの史跡が残る。

観光のポイント 古江小路 P.26／P.110 / 功山寺 P.110

石畳と練塀が続く古江小路の周辺に、見どころが集中している

赤レンガの洋館が並ぶ

門司 ➡P.112

もじ

旧門司税関などレトロな洋館巡りが観光の中心。焼きカレーなどの名物料理も楽しめる。

観光のポイント 旧大阪商船 P.112 / 旧門司税関 P.113

赤レンガの旧門司税関の近くに建つ高層ビルには展望室もある

美しい海に包まれ南国気分に

角島 ➡P.120

つのしま

島へ架かる角島大橋の絶景で有名に。島内も美しい白砂のビーチや灯台、映画のロケ地など見どころ多数。

観光のポイント 海士ヶ瀬公園 P.120 / 角島灯台公園 P.121

角島大橋は、通行無料の橋では日本有数の長さ

観光案内を入手する

- **下関観光コンベンション協会**
  ☎083-223-1144
  URL www.stca-kanko.or.jp/
- **門司港レトロ総合インフォメーション**
  ☎093-321-4151
- **長府観光協会**
  ☎083-241-0595
  URL chofukankou.com/

お役立ちinformation

関門汽船で海峡を楽しむ

関門連絡船

下関の唐戸桟橋と門司のマリンゲートもじを約5分で結ぶ連絡船。関門橋や巌流島の景色を楽しむこともできる。

☎083-222-1488(関門汽船下関支店)／093-331-0222(関門汽船門司営業所) 営唐戸発6:00(日曜、祝日7:00)～21:30／門司港発6:15(日曜、祝日7:10)～21:50で毎時2～3便運航 休無休(天候による欠航の場合あり) 料400円

巌流島連絡船

武蔵・小次郎決闘の地として知られる巌流島へ向かう連絡船で、下関(唐戸桟橋)発着と門司(マリンゲートもじ)発着があり、どちらも片道約10分。船内では巌流島の案内も聞ける。

☎083-222-1488(関門汽船下関支店)／093-331-0222(関門汽船門司営業所) 営下関発着 唐戸発9:05～16:25／巌流島発9:30～16:50(土日祝9:35～16:55)で毎時1～2便運航(季節により変動あり)、門司発着 門司港発／巌流島発とも9:20～16:40で毎時1～2便運航(季節により変動あり、平日運休) 休無休(天候による欠航の場合あり) 料往復900円

門司港レトロクルーズ

海峡プラザ(P.113)横の門司港レトロ内桟橋から発着する、約20分のクルーズ。門司港のレトロな風景や対岸の下関の街並み、海峡風景を満喫できる。

☎093-331-0222(関門汽船門司営業所) 営10:00～不定時(所要20分)※日没後1～2回ナイトクルーズあり 休無休(潮位による欠航の場合あり) 料1000円

関門海峡クルージング

門司港レトロ内桟橋から関門海峡に船出し、赤間神宮や巌流島などの名所を眺めながら遊覧してマリンゲートもじまで海峡を一周して戻ってくる、約40分のクルーズ。

☎093-331-0222(関門汽船門司営業所) 営土曜13:00発～13:40着 休荒天時 料1200円

便利なレンタサイクル

下関駅北自転車駐車場(下関駅)と旧下関英国領事館(唐戸)に設置されているレンタサイクル。4種類のスポーツバイクが用意されている。

☎083-242-0099(下関駅北自転車駐車場)／083-235-1906(旧下関英国領事館) 営施設により異なる 休無休(旧下関英国領事館は火曜) 料1日600円～(ヘルメット貸出無料着用必須)

交通information

下関・門司の移動手段

下関での観光や長府への移動は、下関駅から出ているサンデン交通の路線バスが便利。1日フリー乗車券(1000円)もある。門司へは車で関門橋を渡るほか、関門トンネル人道(P.105)を通ってもいい。また、関門汽船の連絡船は、下関のカモンワーフ近くのターミナルと門司港を結ぶ。

主要エリア間の交通

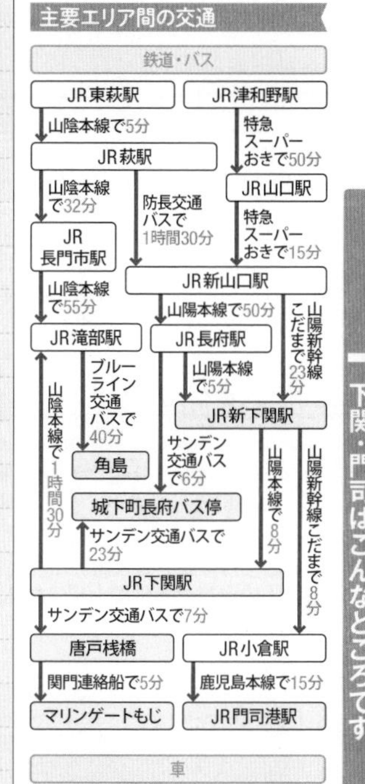

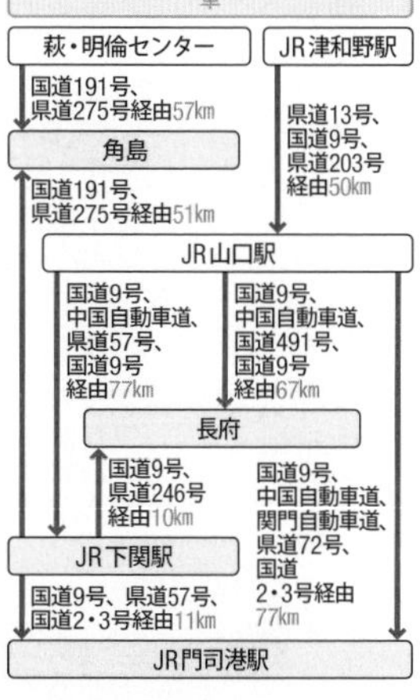

海鮮グルメと歴史舞台の街

下関 しものせき

歴史的事件の舞台、海沿いの魚市場などが魅力の本州最西端の街。本場のふぐ料理、海を望む瀟洒なレストランでグルメも堪能。

↑下関駅から関門橋周辺までの国道9号沿いに歴史スポットが多い。市場や商業施設が賑わう唐戸地区にも注目したい

合戦の舞台となった海峡を望む街

壇ノ浦の戦いが繰り広げられた関門海峡が目の前に広がり、明治時代には下関条約の締結地となった歴史の街。ベイエリアには巨大な唐戸市場や水族館、複合施設などの人気観光施設が集まり、ふぐをはじめ下関の鮮魚料理も満喫できる。

唐戸・ベイエリア 海峡の街に点在する歴史スポットの数々

時代の変遷に寄り添う名所巡り

下関駅から長府方面へ延びる国道9号は通称「関門歴史ロード」。歴史上の象徴的事件に由来する名所が、付近に点在している。

赤間神宮

あかまじんぐう

MAP 付録P.19 F-2

壇之浦を望む地に建つ神社 源氏に敗れた平家一門が眠る

平清盛の孫で、壇ノ浦の戦いに敗れて8歳で入水した安徳天皇を祀る。平家の怨霊伝説を題材にした小泉八雲の怪談『耳なし芳一』の舞台として知られ、境内には平家一門の墓の七盛塚や芳一堂、神社に隣接して御陵の安徳天皇陵がある。

☎083-231-4138
所 山口県下関市阿弥陀寺町4-1
開 休 料 参拝自由
(宝物殿見学9:00〜17:00、拝観料100円)
交 JR下関駅からサンデン交通バスで赤間神宮前下車すぐ Ⓟあり

注目ポイント

「波の下の都」と水天門

源平合戦に敗れ、二位尼(平時子)は孫の安徳天皇を抱いて関門海峡で入水する。その際、幼い孫の気を鎮めるために、「波の下にも都はありますよ」と歌に詠んだという。水天門はこの故事に由来し、竜宮城を模して昭和33年(1958)に建立された。

壇ノ浦の戦いの詳細は➡P.116

↑竜宮城を思わせる赤間神宮の鮮やかな水天門

↑芳一堂には耳なし芳一の木像を安置する

↑平有盛や清経など平家一門の墓の七盛塚

→大安殿とも呼ばれる外拝殿で参拝を行う

→外拝殿に掲げられた扁額は有栖川宮熾仁(ありすがわのみやたかひと)親王の書。奥には内拝殿が見える

亀山八幡宮

かめやまはちまんぐう

MAP 付録P.19 E-2

海峡を見下ろす下関の氏神様
摂社や史跡が境内に点在する

平安前期創建と伝わる古社。沿道には日本最大の大理石製の鳥居が立つ。豊臣秀吉が参拝の折に植えたというソテツの木や世界最大のふくの像、林芙美子文学碑など見どころ豊富。

☎083-231-1323
所山口県下関市中之町1-1　開6:00〜19:00
休無休　料無料　交JR下関駅からサンデン交通バスで唐戸下車、徒歩3分　Pあり

源氏や秀吉も崇めた武運の神様。困難に勝つ「勝守」、福を招く「ふく守」のお守りがある

海峡を見晴らす高台に鎮座し、幕末には下関戦争の火蓋を切った亀山砲台が置かれた

引接寺

いんじょうじ

MAP 付録P.19 E-2

毛利元就の三男の菩提寺
伝説の残る緻密な龍の彫刻

戦国時代に創建され、小早川隆景の菩提寺となって再興された。江戸時代には朝鮮通信使や日清講和会議の清国全権・李鴻章の宿泊所となった。三門の龍の彫刻は必見。

☎083-222-0575
所山口県下関市中之町11-9
開休料参拝自由
交JR下関駅からサンデン交通バスで赤間神宮前下車、徒歩2分　Pなし

18世紀に再建された三門。下関空襲で本堂など大半の堂宇が焼失したが三門は難を逃れた

三門の精緻な龍の彫刻。怪物となって人を襲い、成敗されたとの伝説が残る

日清講和記念館

にっしんこうわきねんかん

MAP 付録P.19 F-2

下関条約の締結地を記念して建立
講和会議の様子を再現

明治28年(1895)に日清戦争の講和会議が開かれ、下関条約が調印された割烹旅館の春帆楼に隣接して建造。会議の行われた部屋を再現し、会議で使われた調度や当時の写真・資料などを展示する。

☎083-241-1080(下関市立歴史博物館)
所山口県下関市阿弥陀寺町4-3　開9:00〜17:00
休無休　料無料　交JR下関駅からサンデン交通バスで赤間神宮前下車すぐ　Pなし

組物や懸魚など細部に伝統的な意匠を用いて、威風ある外観を形成している

講和会議を再現した部屋。伊藤博文ら出席者の席次が示されている

港町の歴史を語るレトロ建築を訪ねて

海外貿易の拠点として賑わった明治時代の下関港。当時のモダン建築が唐戸地区周辺に残っている。

旧秋田商会ビル

きゅうあきたしょうかいビル

大正4年(1915)に建造された西日本初の鉄筋コンクリート建築で、事務所兼住宅として使われていた。下関市指定有形文化財。

MAP 付録P.19 E-2

☎083-231-4141
所山口県下関市南部町23-11　開10:30〜16:00(入館は〜15:40)　休火・水曜
料無料　交JR下関駅からサンデン交通バスで唐戸下車すぐ　Pなし

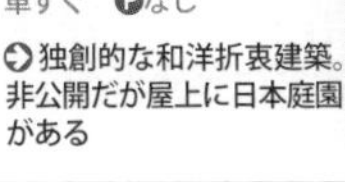

独創的な和洋折衷建築。非公開だが屋上に日本庭園がある

旧下関英国領事館

きゅうしものせきえいこくりょうじかん

明治39年(1906)の建設で、現存の国内の領事館建築では最古。1階に展示室、2階に英国風のティールーム「Liz」、附属屋にギャラリーがある。

MAP 付録P.19 E-2

☎083-235-1906
所山口県下関市唐戸町4-11
開9:00〜17:00、Liz10:00〜18:00
休火曜　料無料　交JR下関駅からサンデン交通バスで唐戸下車すぐ　Pなし

本場英国の紅茶やスコーンが楽しめる

下関南部町郵便局

しものせきなべちょうゆうびんきょく

明治33年(1900)築。下関に現存する最古の洋風建築で、国内最古の現役郵便局舎でもある。昔の面影が残る華やかな中庭やカフェがある。

MAP 付録P.19 E-2

☎083-222-0161
所山口県下関市南部町22-8
開9:00〜17:00　休土・日曜、祝日
料無料　交JR下関駅からサンデン交通バスで唐戸下車すぐ　Pなし

中庭ではイベントなども行われる

新鮮な海の幸を求めて多くの人が集まる唐戸市場

唐戸・ベイエリア 海峡の街ならではの海辺の魅力を満喫する

多彩に楽しむ湾岸レジャー

活気あふれる魚市場に、複合商業施設や水族館などの観光スポット。
さまざまなエンターテインメントが集う湾岸に、賑わいは絶えない。

唐戸市場

からといちば

MAP 付録P.19 E-2

「ふく」など下関自慢の鮮魚がずらり
市場ならではの海鮮グルメも

下関近海でその日に水揚げされた鮮魚や水産加工品が並ぶ活気あふれる市場。小売りも行い、宅配便で発送も可能。2階には回転寿司や食堂があり、金〜日曜や祝日には屋台イベントを実施。

☎083-231-0001 所山口県下関市唐戸町5-50 営5:00(日曜、祝日8:00)〜15:00 ※店舗により異なる 休不定休 交JR下関駅からサンデン交通バスで唐戸下車すぐ Pあり

↑プロの料理人も訪れる下関の台所。鮮魚を買うなら早朝がおすすめ

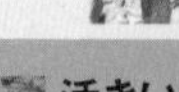

→下関はふぐの水揚げ量日本一。市場前にはふぐ競りの様子の像が立つ

週末限定飲食イベント

↑各屋台にはふぐをはじめ、その日揚がったご当地ネタが豊富に並ぶ

↑開催日は市場の賑わいも最高潮に

活きいき馬関街

いきいきばかんがい

毎週金〜日曜と祝日に開催される「寿司バトル」。市場に集う各商店が新鮮かつ多彩なネタの握りや海鮮丼を用意する、熱気最高潮の名物屋台イベント。

開金・土曜10:00〜15:00 日曜、祝日8:00〜15:00

市場グルメを味わう

魚のプロも通う穴場の名店

市場食堂よし

いちばしょくどうよし

新鮮な海の幸をお値打ち料金で味わえる市場内食堂。よし定食2000円、ふく刺定食1400円などが人気。カウンター席のほか小上がり席もある。

☎083-232-4069 営6:00(日曜、祝日8:00)〜14:00(LO13:00) 休火・水曜(祝日の場合は営業)

↑イクラや中トロ、鯛など、ご飯を覆いつくすように具材がのった海鮮丼1300円

↑海沿いにオープンスペースの席があって開放的

←多彩なソフトクリームなどスイーツも魅力的

カモンワーフ

MAP 付録P.19E-2

多彩な下関グルメを気軽に満喫 おみやげ品も揃う複合施設

海辺のグルメ&ショッピングスポット。魚介類が味わえるレストランやカフェ、みやげ物店など約30店舗が集結。ふくバーガーなどのご当地B級グルメも楽しめる。

☎083-228-0330 所山口県下関市唐戸町6-1 営9:00～19:00(冬季は～18:00)、レストラン11:00～22:00(一部店舗は異なる)※短縮の場合あり 休無休 交JR下関駅からサンデン交通バスで唐戸下車、徒歩2分 Pなし

おみやげ探し&ひと休み

下関のおみやげ探しはここで

ふくの里

ふくのさと

ふくの刺身のほか、唐揚げや一夜干し、焼きふくや珍味など「ふく商品」が充実している。

☎083-229-5800 営9:00～18:00(土・日曜、祝日は～19:00) 休無休

↑特製関門とらふぐの出汁スープを使用したふくうどんやラーメンもおすすめ

ボリューム満点のテイクアウト

源平太鼓

げんぺいだいこ

看板メニューは、海鮮の具がたっぷり入った回転焼きサイズのお好み焼「源平太鼓」。アツアツの揚げ天(ふく・いか)も人気。

☎090-7127-1129 営10:00～19:00 休火・水曜

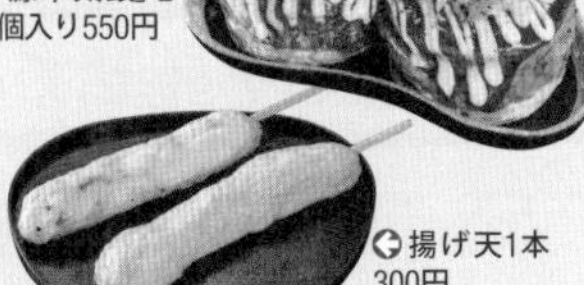

→どっしり食べ応えのある「源平太鼓」2個入り550円

←揚げ天1本300円

下関名物を味わうならココ!

彩や

いろどりや

ふく問屋から直送された安心安全なふぐや海鮮丼、下関名物瓦そばなど各種定食をお手軽価格で提供する。

☎083-233-7420 営11:00～15:00 休木曜(祝日の場合は営業)

↑海鮮丼にふぐ刺し、瓦そばがセットになった超わがままセット2640円

下関市立しものせき水族館「海響館」

しものせきしりつしものせきすいぞくかん「かいきょうかん」

MAP 付録P.19E-3

注目は世界中のフグの仲間や 国内屈指のペンギン展示施設

美しい関門海峡の潮流を再現した水槽や世界一の展示種数を誇るフグの仲間の展示が魅力の水族館。日本最大級のペンギン展示施設「ペンギン村」やイルカとアシカの共演ショーも人気。

↓ペンギンが群れで泳ぐイベント「ペンギン大編隊」は必見

☎083-228-1100 所山口県下関市あるかぽーと6-1 開9:30～17:30(入館は～17:00) 休無休 料2090円 交JR下関駅からサンデン交通バスで海響館前下車すぐ P周辺駐車場利用

はい! からっと横丁

はい!からっとよこちょう

MAP 付録P.19D-3

家族みんなで楽しめる 観覧車が目印の遊園地

関門海峡を一望する高さ約60mの大観覧車がシンボル。シューティングライドやコースター、立体シアターなど、小さな子どもでも楽しめる14種のアトラクションが揃う。

☎083-229-2300 所山口県下関市あるかぽーと1-40 開11:00～18:00(観覧車は～21:00) 土・日曜、祝日10:00～21:00(1月上旬～3月上旬を除く) 休水曜 料入園無料、大観覧車700円※アトラクションにより異なる 交JR下関駅からサンデン交通バスで海響館前下車すぐ Pなし

↓夜は乗り物がイルミネーションで輝く

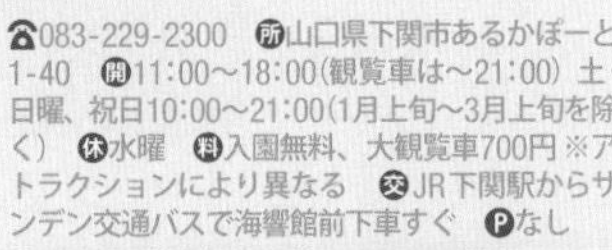

海峡ゆめタワー

かいきょうゆめタワー

MAP 付録P.18C-4

恋人の聖地にも認定された 関門海峡の眺望スポット

全長153mの展望タワー。展望室からは、下関の街並みや関門海峡、対岸の北九州市まで、パノラマ風景を満喫。展望室に縁結び神社もある人気のデートスポット。

☎083-231-5877 所山口県下関市豊前田町3-3-1 開9:30～21:30(入館は～21:00) 休1月第4土曜 料600円 交JR下関駅から徒歩7分 Pあり

↓シースルーエレベーターで球状の展望室へ

和布刈公園から眺める
関門橋と海峡の夕景

関門橋周辺 昔日の大決戦に思いを馳せて

雄大な関門海峡を望む

関門海峡に架かる関門橋の近辺が、源平最後の合戦の主戦場・壇之浦。遠い昔、諸行無常を告げた夕日は、今も美しく海峡を照らす。

火の山公園

ひのやまこうえん

MAP 付録P.17 D-1

壇ノ浦の合戦の舞台地を遠望 ロマンティックな夜景も評判

標高268mの火の山山頂に広がり、瀬戸内海と日本海を見下ろすビュースポット。壇之浦を眼下に一望でき、春は桜やツツジの名所になる。自動車専用道かロープウェイで行くことができる。

☎083-231-1838(下関市観光施設課) 所山口県下関市みもすそ川町火の山山頂 開休料散策自由 ※火の山パークウェイ通行時間は8:00〜23:30 交JR下関駅からサンデン交通バスで火の山ロープウェイ下車、徒歩30分 Pあり

火の山山頂は関門海峡を望む絶好のビュースポット。展望デッキやロープウェイ乗り場の屋上から眺望が楽しめる

春には約1000本の桜、足元には色とりどりのチューリップが咲き乱れる

空中散歩で楽々山頂へ

火の山ロープウェイ

ひのやまロープウェイ

麓から山頂の火の山公園まで約4分で結ぶ。移動中、関門橋の架かる関門海峡の絶景をさまざまな高さで楽しみたい。

☎083-231-1351
営10:00〜17:00(夜間運行は要確認)
休火・水曜、11月中旬〜3月中旬
料片道310円

眼下には、真っ青な響灘が広がる

注目ポイント

下関要塞 火ノ山砲台跡

明治時代に関門地域一帯は重要な海上防衛基地として沿岸各地に要塞が築かれていた。日本海から瀬戸内海まで見晴らせる火の山頂上にも4つの砲台が設置された。当時の砲台跡や弾薬庫など関連施設の跡が保存されている。

レンガ造り倉庫や指令室、観測所など、多くの施設が残る

八艘飛びをする義経と、入水のため碇を担ぐ知盛の像が海辺に対向して立っている

みもすそ川公園

みもすそがわこうえん

MAP 付録P.20 A-1

2度の歴史の舞台となった関門海峡を見下ろす公園

壇ノ浦の戦いの主戦場となった早鞆の瀬戸を一望する公園。園内には平知盛と源義経の像やゆかりの歌碑などが立つ。幕末に外国船へ砲撃した長州藩の砲台の跡も残されている。

↑砲台跡にある長州砲のレプリカ。1門は100円を入れると煙と音が出る

☎083-231-1933(下関市公園緑地課)
所山口県下関市みもすそ川町1
開休料散策自由　交JR下関駅からサンデン交通バスで御裳川下車すぐ　Pなし

和布刈神社

めかりじんじゃ

MAP 付録P.20 B-2

九州最北端に位置する神社 平家が最後の祝宴をあげた地

約1800年前、神功皇后が現在の朝鮮半島である三韓征伐に向かい勝利した際、報賽の思し召しをもって創建された。ご祭神は瀬織津姫。潮の満ち引きを司る「導きの神様」といわれている。

☎093-321-0749
所福岡県北九州市門司区門司3492
開休料参拝自由　交関門トンネル人道・門司入口からすぐ／JR門司港駅から西鉄バスで和布刈神社前下車すぐ　Pあり

↑関門海峡に面して鳥居が建ち、この鳥居の下で和布刈神事が行われる　©TakumiOta

←奈良にある老舗・中川政七商店の協力により、新装された授与所

和布刈公園

めかりこうえん

MAP 付録P.20 B-2

壇ノ浦の戦いを描いた壁画も夜景もきれいな門司の景勝地

関門海峡や関門橋を九州側から望む。第2展望台には、1400枚の有田焼の陶板を使った巨大壁画『源平壇之浦合戦』を設置。瀬戸内国立公園内にあり、門司城跡や唐人墓なども点在する。

☎093-331-1884(門司区役所まちづくり整備課)　所福岡県北九州市門司区門司
開休料散策自由　交関門トンネル人道・門司入口からすぐ／JR門司港駅から西鉄バスで和布刈公園前下車すぐ　Pあり

↓門司城があった古城山一帯に広がる公園。対岸の下関や門司港の街を見晴らせる

平家の一杯水

へいけのいっぱいみず

MAP 付録P.20 B-1

傷ついた武将を癒やした平家伝説の残る清水

「壇ノ浦の戦いで傷を負い、岸辺に泳ぎ着いた平家の武将が水たまりの真水で喉を潤した。しかし、もう一度飲もうとしたら塩水に変わった」という伝説が残る。湧き水の上に祠が建てられた。

☎083-231-1350(下関市観光政策課)
所山口県下関市前田2-1　開休料見学自由
交JR下関駅からサンデン交通バスで前田下車、徒歩6分　Pなし

↑毎年、元旦の若水として赤間神宮に供えられる

関門海峡を歩いて渡る

九州と本州を海底で結ぶ関門トンネルは2層構造で、車道の下に世界でも稀な人道が通っている。全長780mの人道を歩いて関門海峡を徒歩で渡ってみよう。みもすそ川公園近くの人道入口から、エレベーターで約50m下り人道へ。片道約15分で門司側に到着する。

関門トンネル人道

かんもんトンネルじんどう

MAP 付録P.20 A-1(下関側入口)

☎093-618-3141(NEXCO西日本 北九州高速道路事務所)
所山口県下関市みもすそ川町22-34　開6:00〜22:00　休無休　料歩行者無料、自転車・原付20円　交JR下関駅からサンデン交通バスで御裳川下車すぐ　Pあり

↑ほぼ中央にある県境は絶好の撮影ポイント

極上の「ふく」が職人の技で輝く

本場で食すふぐ料理

全国に先駆けてふぐ食が解禁されたのが下関。現在も取扱量は全国トップで、質の高いふぐが集まる。その淡く上品な味わいを堪能したい。

ふくフルコース
1名 2万4200円～
刺身、唐揚げ、白子蒸し、ちり鍋など数々のとらふぐ料理が登場する。なかでも、職人技が光る華やかな薄造りは圧巻

厳選したとらふぐ料理を堪能
伊藤博文も愛した名店

春帆楼 本店

しゅんぱんろう ほんてん

唐戸・ベイエリア MAP 付録P.19 E-2

初代内閣総理大臣・伊藤博文(いとうひろぶみ)によりふぐ料理公許1号店に指定された、全国に名を馳せるふぐ料理の老舗。提供するとらふぐは、厳選した上質なもののみ。ふぐ独特の食感、旨みを存分に楽しめる。

☎083-223-7181
所山口県下関市阿弥陀寺町4-2
営11:00～14:00 17:00～22:00
休無休　交JR下関駅からサンデン交通バスで赤間神宮前下車すぐ　Pあり

敷地内には日清講和記念館、すぐ隣には赤間神宮などの観光スポットがある

正面入口を進むと広がる見事なフロントとロビー。格式の高さを感じる

予約 要
予算
L 6050円～
D 8800円～

客室は大小合わせて10あり、関門海峡の美しい眺望が楽しめる

とらふぐフルコース(2人～)
2万800円
ふく刺しをメインに、ふくのから揚げ、ふくちり、ふく雑炊、香の物など、一流の職人によるコース ※3日前までに要予約

割烹旅館の誇りを感じながら
味わう「ふく」は格別なもの

割烹旅館 寿美礼

かっぽうりょかん すみれ

下関駅周辺 MAP 付録P.18 A-3

下関漁港の磯の香りを残しながら、下関駅から歩くこと3分。至便な場所にたたずむ割烹旅館。創業80年余の伝統を誇りつつ、旅館の主人の先取的な姿勢から、料理へのこだわりは実にバリエーション豊か。

堂々とした門構えから、伝統ある趣を感じられる旅館の玄関

☎083-222-3191
所山口県下関市竹崎町3-13-23
営11:30～14:00 18:00～21:00
休不定休 交JR下関駅から徒歩3分
Pあり

予約 可
予算
L 4400円～
D 5500円～

旅館の主人の兄である、作曲家の和田薫氏にちなんだ「薫 the room」

下関と「ふく」

下関ではふぐは「福」に通じる「ふく」と呼ばれる。ふぐ食は縄文時代からあったというが、豊臣秀吉の朝鮮出兵の際に多くの兵が中毒死し、食用を禁止された(もっとも下関の庶民は隠れてふぐ食を続けたという)。明治時代、伊藤博文が春帆楼に宿泊した際、大時化でほかに魚がなかったためやむなく供されたふぐ刺しを絶賛。博文の命で全国に先駆けてふぐ食が解禁され、下関はふぐ料理の本場としてその名を知られることとなった。

ふぐは下関の人々に愛され、亀山八幡宮(P.101)には巨大な銅像が立つ

国道9号の海岸沿いにある

美景を間近に優雅にいただく

海峡を望むレストラン

爽快な海峡ビューを眺めながらの食事も、関門海峡に面した下関の魅力。内装や料理もスタイリッシュに洗練されており、贅沢な時間を過ごせる。

シャンパンと本格イタリアンで極上のひとときを演出

Ristorante Felice

リストランテ フェリーチェ

唐戸・ベイエリア MAP 付録P.19 F-2

窓に広がる景色を引き立てるのは、地アワビのクリームパスタなどの地の食材を生かした本格イタリアン。ワイン、シャンパンの種類も豊富。

☎083-231-2224

所山口県下関市阿弥陀寺町7-10 ACUBE 2F 営11:30～14:30(LO14:00) 17:30～21:30(LO20:00) 休火・水曜 交JR下関駅からサンデン交通バスで赤間神宮前下車すぐ Pあり

予約 可
予算 Ⓛ3190円～ Ⓓ5280円～

関門海峡が目の前に広がる。個室も用意

ふぐ刺しのカッペリーニ。シャンパンとともに味わいたい

関門海峡を望みながら堪能する旬魚旬菜を使ったコース料理

和欧風創作料理 日和庵

わおうふうそうさくりょうり ひよりあん

下関駅周辺 MAP 付録P.18 C-3

関門海峡を望む、大正10年(1921)築の民家を改装したレストラン。食材はその日にとれる良質なものを中心に全国から仕入れる。フランス料理店での経験を持つ店長が腕をふるうのは、和のテイストを合わせたモダンフレンチ。

☎083-229-3388

所山口県下関市丸山町5-3-19 営11:30～15:00(LO14:00) 17:30～22:00(LO21:00) 休水曜 交JR下関駅から車で5分(ランチタイム無料送迎あり、前日までに要予約) Pあり

予約 可
予算 Ⓛ3000円～ Ⓓ5000円～

どの席からでも関門海峡を望むことができる

季節ごとに変わるコース「美食のための～DINNER A～」8800円

独創的な感覚と遊び心がつくり出すくつろぎの形

海峡の街の個性派カフェ

本州と九州を結ぶ交易都市らしい洒脱(しゃだつ)なセンスが光るカフェたち。
多くの人々が行き交う街の異文化交流を象徴するかのように、新鮮な出会いがそこにある。

色とりどりの特製スイーツが好評

UNPASS CAFE

アンパス カフェ

下関駅周辺 MAP 付録P.18 B-3

結婚式場内にある穴場カフェ。家具や照明などで遊び心をちりばめたオシャレな雰囲気が人気。スイーツはもちろん、地元農園から届く野菜や果物など厳選素材を使った料理も魅力。

予約 可
予算 Ⓛ1000円～ Ⓓ1500円～

☎083-229-1030
所山口県下関市竹崎町4-2-22 ノートルダム下関2F 営11:00～18:00(フードLO17:00、ドリンクLO17:30) 土・日曜、祝日11:00～19:00(フードLO18:00、ドリンクLO18:30) 休火曜 交JR下関駅からすぐ Pなし

店内は設計も装飾もこだわりスタイリッシュ。天井は鏡張り

かわいらしいスイーツが並ぶアフタヌーンティーセット1人2200円(2名～受付)

ふらりと立ち寄りたくなる開放的な店構え。駅近くの便利な立地も人気の理由のひとつ

古美術館をリノベーション

Le Cafe OTO

ル カフェ オト

関門橋周辺 MAP 付録P.20 A-1

みもすそ川別館の庭中にたたずむカフェ。長野県産100%のそば粉を使用したガレット、14時からはカフェタイムでデザートガレットやカラフルなクレープも楽しめる。

☎083-222-3357
所山口県下関市みもすそ川町23-15 みもすそ川別館 営11:00～17:00(LO16:30) 休不定休 交JR下関駅からサンデン交通バスで御裳川下車、徒歩1分 Pあり

予約 不可
予算 1000円～

ゆったり過ごせる落ち着いた雰囲気。古美術品も展示されている

庭からの入口。藤棚のアーチを抜けて店内へ

手前がサラダ付きガレット(ミート)1050円。奥がラズベリークレープ750円(14時～)

隠れ家的な古民家カフェ

BAGDAD CAFE

バグダッド カフェ

唐戸周辺 MAP 付録P.19 D-1

1階はカフェとギャラリー、中地下は図書室をイメージした空間、2階はインテリアショップclayを併設。五穀米のごはんランチは限定10食1200円(税別)。夜はノンアルコールカクテルなども提供している。

☎083-223-5361
所山口県下関市上田中町2-17-25
営11:00～23:00(LO22:30) 休木曜
交JR下関駅からサンデン交通バスで新町3丁目下車、徒歩4分 Pあり

閑静な住宅街の中にある、築40年の民家を改装したカフェ

自家製パンを使ったチキン南蛮サンド単品650円(税別)

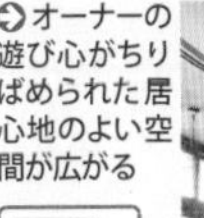

オーナーの遊び心がちりばめられた居心地のよい空間が広がる

予約 可
予算 550円～(税別)

藩政時代の建築が残る旧城下町

長府 ちょうふ

長州藩の支藩・長府藩の中心地で、幕末にも多くの志士が訪れた。独特の練塀の街並みが残る城下町に、歴史ロマンが漂っている。

城下町風情に浸れる閑静な通りを散策

古代律令時代に長門国の国府が置かれ、『日本書紀』にその名が登場する歴史の街。江戸時代には長府毛利藩の城下町として栄えた。通りや武家屋敷などに往時の面影を感じられる。高杉晋作をはじめ、幕末維新時代の偉人ゆかりの史跡も残る。

⇧練塀と石垣が続く古江小路。最も城下町風情が感じられる通りだ

古江小路

ふるえしょうじ

MAP 付録P.21 E-2

家々の土壁が旅情を誘う城下町らしさが漂う通り

江戸時代の練塀が今も通りに連なる。土壁は戦に備えた防御壁の役割を担っていた。街筋にT字路が設けてあるのも防衛が目的だったといわれる。

☎083-241-0595(長府観光協会)
所山口県下関市長府古江小路町 開休料散策自由 交JR長府駅からサンデン交通バスで城下町長府下車、徒歩7分 Pあり

⇧土塀の上から道路に差しかかる木々が、秋には赤や黄色に染まり、なおさら情緒豊かに

功山寺

こうざんじ

MAP 付録P.21 D-2

藩主・長府毛利家の菩提寺 高杉晋作がクーデターを決起

幕末期、時代が維新へ傾く転機となった高杉晋作の挙兵(功山寺決起)が行われた場所。日本最古の禅寺様式の国宝・仏殿や山門、長府毛利家の墓所、高杉晋作像など見どころが多く、桜と紅葉の名所でもある。

☎083-245-0258
所山口県下関市長府川端1-2-3
開休料境内自由(建物内拝観300円)
交JR長府駅からサンデン交通バスで城下町長府下車、徒歩10分 Pあり

⇧2015年に修復された二重屋根の山門

⇧馬に乗って挙兵に向かう姿を表した高杉晋作回天義挙像

⇧鎌倉建築の仏殿。日本最古の禅宗様式で、国宝に指定されている

乃木神社

のぎじんじゃ

MAP 付録P.21 E-1

明治日本を象徴する英傑 郷土に祀られる乃木将軍

長府出身の陸軍大将・乃木希典(のぎまれすけ)と静子(しずこ)夫人を祀るため、大正9年(1920)に創建された。宝物館には乃木将軍と夫人の遺品などを展示する。拝殿近くには復元した旧乃木邸が建つ。

☎083-245-0252
所山口県下関市長府宮の内町3-8
開休料参拝自由(宝物館見学9:30～16:00、料金志納) 交JR長府駅からサンデン交通バスで城下町長府下車、徒歩7分 Pあり

乃木将軍が幼少時代を過ごした乃木家の旧宅を境内に復元

明治天皇大葬の日に殉死した乃木夫妻を祀る。夫妻の像も立つ

下関市立歴史博物館

しものせきしりつれきしはくぶつかん

MAP 付録P.21 E-2

坂本龍馬(さかもとりょうま)や高杉晋作の 自筆の手紙や遺品を所蔵

海峡とともに歩んだ下関の歴史・文化を紹介する博物館。奇兵隊を結成した高杉晋作や坂本龍馬の書状などを所蔵している。常設展と企画展がある。

航空写真や町歩き動画で下関観光を手助け

☎083-241-1080 所山口県下関市長府川端2-2-27 開9:30～17:00(入館は～16:30) 休月曜(祝日の場合は翌平日) 料常設展210円、企画展210円、特別展は別途 交JR長府駅からサンデン交通バスで城下町長府下車、徒歩10分 Pあり

長府毛利邸

ちょうふもうりてい

MAP 付録P.21 E-2

花や紅葉が美しい庭園が魅力 歴史散策の休憩にぴったり

長府毛利家14代藩主・元敏(もととし)が明治36年(1903)に建てた屋敷。季節の花が彩る池泉回遊式庭園や書院庭園を広々とした母屋からゆっくり眺められる。お茶のサービスもある。

☎083-245-8090
所山口県下関市長府惣社町4-10
開9:00～17:00(入場は～16:40) 休無休
料210円 交JR長府駅からサンデン交通バスで城下町長府下車、徒歩10分 Pなし

純和風の部屋に腰を下ろして、日本庭園の風情を楽しみたい

重厚な構えの母屋。明治天皇が宿泊した部屋も残されている

忌宮神社

いみのみやじんじゃ

MAP 付録P.21 E-2

『古事記』や『日本書紀』に登場 朝廷や武将も崇敬した古社

仲哀(ちゅうあい)天皇と神功(じんぐう)皇后が、西国平定の際に7年を過ごした豊浦宮(とゆらのみや)跡地に創建したと伝わる。仲哀天皇の伝説をもとにして、8月に1週間かけて行われる奇祭「数方庭祭(すほうていさい)」が有名。

☎083-245-1093 所山口県下関市長府宮の内町1-18 開休料参拝自由
交JR長府駅からサンデン交通バスで城下町長府下車、徒歩5分 Pあり

仲哀天皇と神功皇后を祀る神社

城下町の面影を残す見どころ

城下町風情たっぷりの古江小路や壇具川(だんぐがわ)沿いに残る江戸時代の建物。

菅家長屋門

かんけながやもん

長府藩の藩医と侍講職を務めた菅家の長屋門は、武家屋敷構えとは趣が異なるが、古江小路沿いに今も保存されている。

MAP 付録P.21 E-2
所山口県下関市長府古江小路町2
交JR長府駅からサンデン交通バスで城下町長府下車、徒歩7分

門の広めの間口などが武家屋敷と異なる

長府藩侍屋敷長屋

ちょうふはんさむらいやしきながや

家老職・西(にし)家の分家の門に付属していた建物を、侍町から壇具川沿いに移築。格子窓など、随所に上級藩邸ならではの凝った造りが見られる。

MAP 付録P.21 E-2
所山口県下関市長府侍町1-1-1
交JR長府駅からサンデン交通バスで城下町長府下車、徒歩5分

壇具川沿いには食事処や甘味処が点在

レトロ建築がおしゃれに出迎える

門司 もじ

明治時代以降、日本の近代化の波に乗って海外貿易の要衝として発展した門司港周辺。当時のレトロ建築が立ち並ぶ観光エリアとして、人気を博している。

レトロモダンな洋館を訪ね ハイカラな港町の趣を楽しむ

明治22年(1889)に国の特別輸出港に指定され、国際貿易港として栄えた門司港。明治から大正、昭和期に建てられた商社、海運会社などの洋館が残り、一帯は門司港レトロ地区として美しく整備され、ミュージアムなどのスポットも生まれた。

⇧門司港駅周辺の「門司港レトロ地区」が観光のメイン。景観を楽しみつつ散策したい

⇧さまざまな建築物を眺めながらのそぞろ歩きを楽しみたい

JR門司港駅

ジェイアールもじこうえき

MAP 付録P.20A-4

門司港散策の始まりは ノスタルジックな駅舎から

大正3年(1914)に創建され、昭和63年(1988)には、鉄道駅で初めて国の重要文化財に指定された。保存修理工事を経て、2019年3月に創建時の姿に復原した。風格のある外観とレトロな駅舎内は必見。

所福岡県北九州市門司区西海岸1-5-31 開休料入場自由(2階は9:30〜20:00、見学不可の場合あり) 交JR門司港駅内 P門司港レトロ地区内駐車場利用

⇧皇族も利用された2階貴賓室は、豪華な内装で復原された。入口からの見学のみ

⇧ネオ・ルネサンス様式を基調にした駅舎。明かりが灯った夜にはロマンティックな姿に

旧大阪商船

きゅうおおさかしょうせん

MAP 付録P.20B-4

国際貿易都市を象徴する建物 美しい外観が港に映える

大正6年(1917)築の大阪商船門司支店。1階には乗客船の待合室があった。オレンジ色の外壁や八角形の塔屋が美しく、港の美貌と称された。北九州市出身のイラストレーター・わたせせいぞう氏のギャラリーがある。

☎093-321-4151(門司港レトロ総合インフォメーション) 所福岡県北九州市門司区港町7-18 開9:00〜17:00 休無休(わたせせいぞうギャラリーは年2回休みあり) 料無料(わたせせいぞうギャラリーは150円) 交JR門司港駅からすぐ P門司港レトロ地区内駐車場利用

⇩おしゃれなカフェには門司港にちなんだメニューもあり、ひと休みできる

⇧1階はわたせせいぞうギャラリー。オリジナルグッズも販売

旧門司三井倶楽部

きゅうもじみついくらぶ

MAP 付録P.20 B-4

アインシュタインが滞在した大正モダンの優雅な洋館

三井物産の社交クラブとして、大正10年(1921)に建築。1階は和洋レストランがあり、2階にはアインシュタイン夫妻が宿泊した当時の客室を再現。門司出身の作家・林芙美子の記念室も設けている。

☎093-321-4151(門司港レトロ総合インフォメーション)
所福岡県北九州市門司区港町7-1
開9:00～17:00(レストラン11:00～15:00 17:00～21:00、LO各1時間前) 休無休(レストランは不定休) 料無料(2階は150円)
交JR門司港駅からすぐ P門司港レトロ地区内駐車場利用

↑大正11年(1922)にアインシュタイン夫妻が滞在した部屋を再現

↑木造の骨組みが特徴的なヨーロッパ伝統様式の外観。館内はアール・デコ調の優雅な装飾だ

旧門司税関

きゅうもじぜいかん

MAP 付録P.20 B-3

重厚な赤レンガ建築から門司港レトロを一望

明治45年(1912)築の税関庁舎で、昭和初期まで使用された。門司港の歴史的建築物のなかでも、現存する数少ない明治期のレンガの建物。1階には吹き抜けのエントランスホールやカフェなどがあり、上階には展望室もある。

↑館内には門司税関広報展示室も常設

↑優雅な雰囲気漂う吹き抜けのエントランスホール

☎093-321-4151(門司港レトロ総合インフォメーション) 所福岡県北九州市門司区東港町1-24
開9:00～17:00 休無休 料無料
交JR門司港駅から徒歩5分
P門司港レトロ地区内駐車場利用

大連友好記念館

だいれんゆうこうきねんかん

MAP 付録P.20 B-3

白と茶のコントラストが美しい異国情緒あふれる建築物

北九州市と中国・大連市の友好都市締結15周年を記念して建築。ロシア帝国が大連市に建築した東清鉄道汽船事務所を複製建築したもの。

☎093-321-4151
(門司港レトロ総合インフォメーション)
所福岡県北九州市門司区東港町1-12 開9:00～17:00 休無休 料無料 交JR門司港駅から徒歩5分 P門司港レトロ地区内駐車場利用

↓明治後期に大連市に建てられた建物を忠実に複製している

門司港のショッピングスポット

港ハウス みなとハウス

MAP 付録P.20 B-3

北九州市の特産品などが手に入る観光物産館。焼きカレーなどの門司港グルメを販売するテイクアウトコーナーもある。

☎093-321-4151(門司港レトロ総合インフォメーション) 所福岡県北九州市門司区東港町6-72 営10:00～18:00 休不定休
交JR門司港駅から徒歩8分
P門司港レトロ地区内駐車場利用

↑北九州市の特産品や銘菓などが充実

海峡プラザ かいきょうプラザ

MAP 付録P.20 B-4

手作りも体験できるオルゴールやガラス製品の専門店をはじめ、眺望抜群のレストランや地元名産のおみやげ、おしゃれな雑貨が揃う。

☎093-332-3121
所福岡県北九州市門司区港町5-1
営10:00～20:00(飲食店11:00～21:00、店舗により異なる) 休無休
交JR門司港駅から徒歩3分 P29台

↑門司港レトロの中心にある

本土と九州を結んだ玄関口の魅力

海峡の街を楽しむ

風光明媚なレトロ建築を見るだけでなく、鉄道や海峡など門司の歴史について学べるスポットにも、興味の赴くままに訪ねてみたい。

門司港レトロ展望室

もじこうレトロてんぼうしつ

MAP 付録P.20 B-3

海峡を見渡す絶景ポイント

高層マンションの31階にあるガラス張りの開放的な展望室。地上103mの高さからレトロ地区や対岸の下関まで一望できる。

☎093-321-4151（門司港レトロ総合インフォメーション） 所福岡県北九州市門司区東港町1-32 開10:00〜22:00（入場は〜21:30） カフェ10:30〜21:30LO） 休年4回不定休 料300円 交JR門司港駅から徒歩5分 P門司港レトロ地区内駐車場利用

➲日本を代表する建築家・黒川紀章氏の設計

関門海峡ミュージアム

かんもんかいきょうミュージアム

MAP 付録P.20 A-4

体験型博物館で関門海峡を知る

大型客船をイメージした館内で、巨大スクリーンや人形アート、展示コーナーなどを通じて関門海峡の歴史や文化が学べる。海峡や門司港レトロ地区などを一望できる展望デッキも備える。

☎093-331-6700 所福岡県北九州市門司区西海岸1-3-3 開9:00〜17:00（季節により変動あり） 休年5回不定休 料入館無料（有料展示エリアは500円） 交JR門司港駅から徒歩5分 P200台（有料）

➲2階から4階を貫く国内最大級のスクリーンで、関門海峡の魅力を伝える海峡アトリウム

➲昭和16年（1941）製造のC591。ほかに8車両と3台の前頭部車両がある

➲本館には、畳の座席が並ぶ明治時代の本物の客車がある

九州鉄道記念館

きゅうしゅうてつどうきねんかん

MAP 付録P.20 B-4

九州で活躍した鉄道車両を展示

明治建築の赤レンガの建物を利用したミュージアム。かつて九州を走っていた懐かしの機関車や特急列車、明治期の客車などの実物展示のほか、九州の鉄道模型、鉄道用品の展示、運転シミュレーターなどがある。

☎093-322-1006 所福岡県北九州市門司区清滝2-3-29 開9:00〜17:00 休不定休（年9日ほどメンテナンスのため休館） 料300円 交JR門司港駅から徒歩3分 Pなし

おしゃれな店で味わう門司港グルメ

レトロな港町らしく、港の景色や懐かしい風情のレストランやカフェが点在する。代表的なご当地料理の「焼きカレー」をはじめ、魅力的なメニューが揃う。

大正ロマンあふれるレトロ喫茶

ミルクホール門司港

ミルクホールもじこう

焼きカレーで有名な「BEAR FRUITS」の2号店。素朴な味わいの門司港プリン693円をはじめ、ハヤシライス1100円やナポリタン1100円といった昔ながらの洋食メニューが揃う。

MAP 付録P.20 B-4

☎093-321-3729 所福岡県北九州市門司区西海岸1-4-3 日産船舶ビル1F 営10:00〜20:00（LO19:30） 金・土曜、祝前日は〜21:00（LO20:30） 休無休 交JR門司港駅からすぐ Pなし

➲門司港プリンとコーヒーがセットになったミルクホールセット1155円

門司港を一望、本格イタリアン

陽のあたる場所

ひのあたるばしょ

店主はフレンチをスタートに海外のホテルで和食を担当。現在は魚介を刺身で食べる和食の技や野菜ソムリエの知識を生かしイタリアンを極める。目の前でパスタにチーズを絡めるなど演出も魅力。

MAP 付録P.20 B-4

☎093-321-6363 所福岡県北九州市門司区西海岸1-4-3 日産船舶ビル7F 営11:00〜22:00（LO21:00） 休火曜 交JR門司港駅からすぐ Pなし

➲イタリアパルマ産生ハムのサラダ仕立て1300円。シェフが目の前で盛り付けてくれる

門司港焼きカレーフェア第1位

世界にひとつだけの焼きカレー

プリンセスピピ門司港

せかいにひとつだけのやきカレー プリンセスピピもじこう

伊勢神宮外宮奉納の焼きカレーが味わえる。野菜とハーブを使ったアジアンテイストなメニューも充実。「王様焼きカレー」もじっくり火を通すことで野菜の旨みを引き出したもの。ベイサイドの風景とともに味わいたい。

MAP 付録P.20 B-4

☎093-321-0303 所福岡県北九州市門司区西海岸1-4-7 営11:00〜15:00（LO14:30） 17:00〜21:00（LO20:00） 休火曜（祝日の場合は翌日） 交JR門司港駅からすぐ Pなし

➲王様焼きカレー1040円〜。野菜ソムリエが厳選した関門の季節の野菜がたっぷり

火の山公園 ➡P.104

ひのやまこうえん
下関 MAP 付録P.17 D-1

眼下に広がるワイドビュー

山頂やロープウェイ乗り場屋上から、イルミネーション輝く関門橋や対岸の門司港の夜景を見下ろせる。ロープウェイの夜間運行は期間限定で実施。

日本夜景遺産にも選定されている

下関 門司

横たわる海峡沿いにちりばめられた眩い輝き

光の宝石箱・海峡夜景

対岸の街明かりとランドマークのライトアップがつくり出すきらめきに酔う。

海峡ゆめタワー

かいきょうゆめタワー ➡P.103
下関 MAP 付録P.18 C-4

光り輝く関門海峡の眺め

高さ143mの展望室から、雄大な煌めく夜景が一望に広がり、多彩な海峡の表情が楽しめる。

縁結び神社もあるデートスポット

和布刈公園 ➡P.105

めかりこうえん
門司 MAP 付録P.20 B-2

関門橋の夜景を間近に

第2展望台などから関門橋を間近に眺められ、門司港や下関の街の夜景も美しい。響灘(ひびきなだ)に沈む夕日もロマンティックだ。

関門橋や対岸の下関のきらめく夜景が広がる

門司港レトロ展望室

もじこうレトロてんぼうしつ ➡P.114
門司 MAP 付録P.20 B-3

レトロ地区の夜景を満喫

建築家・黒川紀章氏設計の高層マンションの31階にある。ライトアップされたレトロ地区や関門橋の夜景を楽しめる。カフェもある。

夜は違った趣を見せる門司港レトロ地区

門司港レトロクルーズ

もじこうレトロクルーズ ➡P.99
門司 MAP 付録P.20 B-4

日没後はナイトクルーズに

門司港レトロ地区から発着し、門司港や下関市の街並み、海峡風景が満喫できる約20分のクルーズ。

日没後1〜2回、ナイトクルーズを催行する

多くの勝者と敗者を見守った陸地を分かつ海峡

海峡で起きた歴史劇を追う

源氏と平氏の最後の決戦たる壇ノ浦の戦い。宮本武蔵と佐々木小次郎が戦った巌流島の決闘。新時代の始まりを予感させた下関戦争。関門海峡は歴史を決定づける大舞台を幾度も経験した。

元暦2年/寿永4年(1185)3月24日

平氏の栄華に終わりを告げる

壇ノ浦の戦い

驕れる平家を打倒するため兵を挙げた源氏軍 平氏を西へ押し込み、源平戦最後の合戦へ

平安末期に武士初の太政大臣となった平清盛は、官職を独占し、幼い孫の安徳天皇を皇位につけて専制政治を行った。治承4年(1180)、源頼政と後白河法皇の皇子・以仁王が横暴な平氏打倒の兵を挙げる。諸国の武士もこれに呼応し、各地で騒乱が始まった。源氏方は源義経の巧みな戦術で一ノ谷、屋島の合戦に相次いで勝利。平氏軍は船で西方の長門国(山口)に敗走するが、九州へ先回りした源範頼に進路を断たれ、関門海峡の壇ノ浦に追い詰められる。

潮流に翻弄されながらも大船団の源氏が圧勝 国を席巻した平家一門が滅亡へと追いやられる

平氏方は下関市南端に浮かぶ彦島に陣を取り、源氏の総大将・源義経の船団を迎え撃った。衝突は元暦2年(1185)3月24日に壇ノ浦付近の海上で始まった。平氏軍の兵船500艘余に対し、瀬戸内の水軍たちを味方につけた源氏軍の兵船は840艘余にのぼった。壇ノ浦は潮の流れが速く、潮流の変化の激しい場所だ。『吾妻鏡』によれば、海戦は午前中に始まり、当初は平氏が東の潮流に乗って有利に戦ったが、昼近くに潮流が西に変わると形勢逆転し、義経軍の猛攻撃で平氏軍は壊滅状態に。敗戦を覚悟した平清盛の妻・二位尼は8歳の孫・安徳天皇を抱えて入水。平家のおもだった武将も絶命し、平家はついに滅亡する。

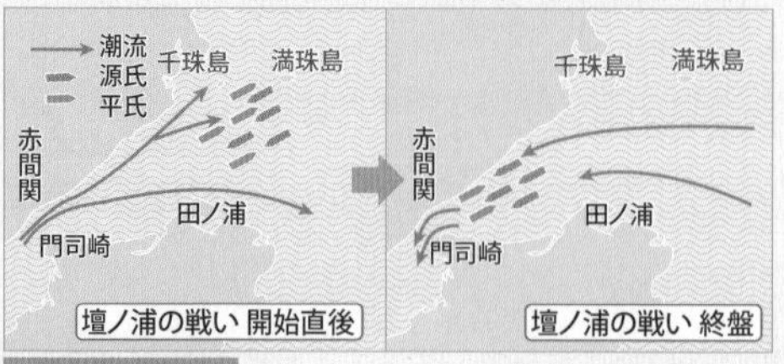

壇ノ浦の戦い経過

↑月岡芳年『源平八嶋大合戦之図』。刺し違えんと迫る平家の猛将・教経(のりつね)の攻撃を、義経は船から船へと飛び移る「八艘飛び」でかわした。奥には二位尼に抱かれた安徳天皇の姿も見える〈国立国会図書館蔵〉

彦島 平家が最後に立て籠もった拠点

下関の南端に位置する彦島は、壇ノ浦の戦いで滅んだ平家が最後の砦とした地。合戦後に移住した平家残党が、島の開拓の基礎を築いたといわれている。平家踊りや平家太鼓など、民俗芸能に平家の足跡を残す。

彦島 MAP 付録P.16 A-4

所 山口県下関市彦島 交 JR下関駅からサンデン交通バスで彦島口下車すぐ

↑彦島に架かる彦島大橋。現在は夕日の名所

赤間神宮 ➲P.100

あかまじんぐう

唐戸・ベイエリア MAP 付録P.19 F-2

壇ノ浦の戦いに敗れて入水した安徳天皇を祀り、平家一門の墓がある。小泉八雲の怪談『耳なし芳一』の舞台でもある。

みもすそ川公園 ➲P.105

みもすそがわこうえん

関門橋周辺 MAP 付録P.20 A-1

壇之浦を一望できる。船に次々と乗り移る「八艘飛び」で敵の攻撃をかわす源義経と碇を担ぎ入水した平知盛の像が立つ。

慶長17年
(1612)
4月13日
諸説あり

2人の剣豪が雌雄を決する

厳流島の決闘

日本で最も有名な決闘が行われた海峡の島 燕返しの小次郎に武蔵は秘策を繰り出す

小倉藩剣術指南役の佐々木小次郎と剣豪・宮本武蔵による有名な厳流島の決闘は、慶長17年(1612)4月13日、関門海峡に浮かぶ小島が舞台となった。武蔵は決闘の時刻に2時間遅れて島に到着し、手には船の櫂を削った木刀が握られていた。痺れを切らした小次郎は剣の鞘を波打ち際に投げ捨てて挑みかかる。それを見た武蔵は「小次郎敗れたり。勝者なんぞその鞘を捨てん(勝者は鞘を捨てたりしない)」と一喝。虚を突かれた小次郎の太刀は武蔵をかすめ、武蔵の木刀が小次郎の頭を一撃。小次郎は息絶えた。

厳流島にある2人の決闘をかたどった銅像

劇的にドラマ化される決闘シーン 不明な点が数多く異聞がつきまとう

2人の決闘は、吉川英治の小説『宮本武蔵』や映画などで数多く描かれた。有名なエピソードは主に、武蔵の没後100年以上して書かれた伝記『二天記』がもとになっている。この伝記は脚色が多く、決闘については多くの異説が語られている。武蔵の養子・伊織が刻ませた「小倉碑文」には、両者は島に同時に到着したと書かれ、『二天記』と同時代の『丹治峯均筆記』では武蔵が先に到着としている。寛文12年(1672)編纂の『沼田家記』には、島に潜んでいた武蔵の弟子が小次郎のとどめを刺したと記されている。

宮本武蔵 日本を代表する二刀流の剣豪

生年は天正12年(1584)頃とされ、若くして剣術修業のため諸国をまわり、二刀流を考案して二天一流剣法の祖となる。敵の技を事前に熟知し、心理戦を仕掛けるなど巧みな戦術を駆使。生涯約60回の勝負で無敗を誇った。厳流島の決闘では、小次郎自慢の長太刀よりも長い木刀を準備し、遅刻でじらせるなどの心理戦や奇襲戦を仕掛けたとされる。

佐々木小次郎 謎多き燕返しの使い手

越前(福井)の出身とされるが、生年を含めた経歴は不明のまま。武者修業で諸国を歴遊して自身の流派・厳流を立て、小倉藩主・細川忠興に仕える。秘剣・燕返しは、振り下ろした刀を瞬時に返して下から斬り上げる剣法。物干し竿と呼ばれた長太刀を駆使した。

錦帯橋近くの吉香公園に立つ佐々木小次郎像

錦帯橋 ➲P.146
きんたいきょう

岩国 MAP 付録P.25 E-4

吉川英治は小説『宮本武蔵』で、小次郎は「錦帯橋の畔で、飛燕を斬って大太刀の修練をした」と創作。実際には、橋ができたのは決闘の約60年後だ。

伝馬船
てんません

厳流島 MAP 付録P.16 C-4

厳流島には人工海浜が整備されており、武蔵が乗ってきた小船(伝馬船)のレプリカが置かれている。

交厳流島船着場から徒歩10分 Pなし

厳流島 決闘の聖地へ上陸する

厳流島は歩いて小一時間ほどで一周できる無人島で、正式名称は船島。敗者の思いを酌んだ地元住民が小次郎の流派名をとって厳流島と呼ぶようになったという。下関の唐戸桟橋から連絡船が毎日定期運航しており、関門海峡や対岸の門司港の風景を眺めつつ約10分で到着。島の海岸に上陸し、武蔵と小次郎の決闘シーンに思いを馳せたい。

連絡船の船上や厳流島から眺める関門海峡の風景も魅力的。門司港発着便やチャーター船もある(※天候などにより運航ダイヤが変更になる場合あり)

厳流島
MAP 付録P.16 B-4
所山口県下関市彦島船島
【厳流島連絡船 DATA】
➲P.99

江戸時代末期

攘夷の無謀を悟り倒幕へ進む
下関戦争

志士が活躍し維新の重要舞台となった下関 尊王攘夷の長州藩が関門海峡で外国船を攻撃

文久3年(1863) 5月、下関海峡(関門海峡)を航行する外国船に長州藩の大砲が放たれ、下関戦争が勃発する。アメリカのペリー艦隊の来航以来、開国へと向かう幕府に対抗して尊王攘夷派急先鋒の長州藩が起こした攘夷事件だった。欧米列強はすぐに報復を行い、下関の砲台を占拠する。翌年にはイギリスなどの四国連合艦隊が長州軍に猛攻撃を仕掛けた。長州藩士の高杉晋作は新軍隊の奇兵隊を下関で結成して迎え撃つが、欧米の強大な軍事力を前に大敗北し、攘夷が不可能であることを悟る。

イギリスの新聞社特派員F.ベアトが撮影した、元治元年(1864)8月の四国連合艦隊による下関占拠の様子〈長崎大学附属図書館蔵〉

高杉晋作の内乱で倒幕へ向かう長州藩 薩長同盟が結ばれ維新の道が開かれる

下関戦争勃発の3カ月後、京都では公武合体派の薩摩が長州勢を追放する事件が起こる。元治元年(1864)には長州征伐軍の派兵が決定する。下関戦争で危機に瀕する長州は戦わずに降伏。藩が幕府恭順へ傾くなか、倒幕派の高杉晋作は下関の功山寺で兵を挙げて恭順派を一掃し、藩論を倒幕へ軌道修正した。慶応2年(1866)には坂本龍馬の仲介で薩長同盟が結ばれ、薩摩と長州が倒幕で協力する約束が交わされる。同盟締結後の第二次長州征伐では、薩摩藩の支援を受けた長州が下関を拠点に反撃、幕府軍に勝利する。

高杉晋作終焉の地
たかすぎしんさくしゅうえんのち

下関駅周辺 MAP 付録P.18 A-2

高杉晋作は結核の病をおして第二次長州征伐で指揮を執った。その後、この地にあった庄屋邸の離れで療養生活を送り、維新直前に27歳で没した。

交JR下関駅からサンデン交通バスで厳島神社前下車、徒歩2分 Pなし

奇兵隊 高杉が創設した新たな時代の軍隊

下関戦争で西洋の軍事力に圧倒された高杉晋作は、それに対抗する新たな軍隊の奇兵隊を組織する。志ある者を集めるため身分は問わず、武士と農民町民が半数ずつで構成された。西洋の兵法を取り入れ、給与や軍服、兵舎が用意されるなど近代軍隊に近い処遇を得ていた。第二次長州征伐の戦いで活躍し、大政奉還後は新政府軍として戊辰戦争にも従軍した。

奇兵隊陣屋跡
きへいたいじんやあと

東行庵周辺 MAP 付録P.2 C-3

奇兵隊が慶応3年(1867)から明治2年(1869)に解散するまで陣屋(本陣)を置いた場所。約400人の隊士がここで訓練を行った。当時の土塁が名残をとどめている。

交JR小月駅からサンデン交通バスで東行庵入口下車、徒歩10分 Pなし

大歳神社
おおとしじんじゃ

下関駅周辺 MAP 付録P.18 B-3

武運の神様として知られる。文久3年(1863)に奇兵隊が旗揚げした際に軍旗が奉納された。大鳥居は、奇兵隊を支援した白石正一郎が奉納したもの。

交JR下関駅から徒歩5分 Pなし

青春交響の塔
せいしゅんこうきょうのとう

唐戸・ベイエリア MAP 付録P.19 D-3

新時代の幕開けに向けて奮闘し、実現の直前に生涯を終えた高杉晋作と坂本龍馬。ふたりの友情を表現した彫刻が関門海峡を望む地にそびえ立つ。

交JR下関駅からサンデン交通バスで海響館前下車、徒歩5分 Pなし

東行庵・下関市立東行記念館
とうぎょうあん・しものせきしりつとうぎょうきねんかん

東行庵周辺 MAP 付録P.2 C-3

高杉晋作の恋人・おうのが尼となり、晋作の菩提を弔った庵。晋作の墓のほか、晋作や奇兵隊関連の資料を展示する記念館がある。梅、桜、菖蒲、紅葉の名所。

交JR小月駅からサンデン交通バスで東行庵入口下車、徒歩15分 Pあり ※下関市立東行記念館は観覧料300円が必要

日本の未来のため奔走した坂本龍馬が、新婚生活を送った地

龍馬とおりょうが過ごした下関

維新を夢見た龍馬が国内を飛びまわって活躍したのは、非業の死を遂げる前の5年ほど。その濃密な時間の多くを下関で過ごし、終の棲家で愛妻おりょうとの暮らしを楽しんだ。

おりょうが龍馬の帰りを待った町

坂本龍馬(さかもとりょうま)が文久(ぶんきゅう)2年(1862)に土佐藩を脱藩して向かったのは、尊王攘夷派の後援者だった下関の豪商・白石正一郎(しらいししょういちろう)の邸宅だった。龍馬は頻繁に下関に訪れるようになり、下関に来訪した薩摩藩士や長州の桂小五郎(かつらこごろう)らと会談し、薩長和睦の話し合いを重ねた。薩長同盟締結後の慶応(けいおう)2年(1866)には、長州藩の購入した船・桜島丸(さくらじままる)に乗って来航し、小倉口(こくらぐち)の戦いで高杉晋作(たかすぎしんさく)率いる長州軍に加勢した。同3年(1867)には下関本陣の伊藤助太夫(いとうすけだゆう)宅の一室「自然堂(じねんどう)」を、夫婦の生活の場として借り受けている。維新に向け奔走する龍馬は下関に戻った折には、おりょうと2人で巌流島(がんりゅうじま)へ遊びに行ったり、稲荷町(いなりまち)の花街から朝帰りし夫婦喧嘩をしたりして束の間の時を過ごした。京都・近江屋(おうみや)での龍馬暗殺の悲報をおりょうが聞いたのも自然堂だった。

本陣伊藤邸跡

ほんじんいとうていあと

唐戸・ベイエリア MAP 付録P.19 E-2

龍馬とおりょうが暮らした豪商・伊藤家の邸宅跡。龍馬は、暗殺されることとなる京都・近江屋へは、ここから向かったという。

交JR下関駅からサンデン交通バスで赤間神宮前下車、徒歩3分 Pなし

末廣稲荷神社

すえひろいなりじんじゃ

唐戸・ベイエリア MAP 付録P.19 E-2

かつては神社一帯は花街の広がる一大繁華街で、幕末の志士たちや龍馬も遊びに来たという。今も残る神社が当時を偲ばせる。

交JR下関駅からサンデン交通バスで唐戸下車、徒歩7分 Pなし

下関・門司 歴史年表

西暦	元号	事項
200頃	—	仲哀天皇が九州平定に向け、穴門豊浦宮を築いたとされる(現・**忌宮神社** ➲P.111)
7世紀	—	長門国の国府が現在の長府に設置される
1167	仁安 2	平清盛、太政大臣となる
1180	治承 4	以仁王、打倒平氏の令旨を発する
1185	元暦 2	**壇ノ浦の戦い** ➲P.116で平家滅亡
1191	建久 2	赤間関(下関)阿弥陀寺に安徳天皇を祀る御影堂建立(明治維新後、**赤間神宮** ➲P.100となる)
1276	建治 2	元寇に備えて鎌倉幕府が長門探題を設置
1336	建武 3	足利尊氏、九州へ下る際に忌宮神社で戦勝祈願
1374	文中 3 応安 7	大内義弘、長門・豊前の守護に任命され、関門海峡の両岸を治める
1451	宝徳 3	大内教弘、下関を拠点に日明貿易に参入
1557	弘治 3	大内義長、毛利元就に破れ**功山寺** ➲P.110で自害。大内氏の領地の大半を毛利氏が得る
1561	永禄 4	この頃、大友義鎮(宗麟)と毛利元就が門司を争って激しい合戦を繰り返す
1600	慶長 5	下関が長府藩領となる
1607	12	朝鮮通信使が下関に訪れる。以降、通信使の寄港地となり**引接寺** ➲P.101を客館として整備
1612	慶長 17	この頃、舟島(**巌流島** ➲P.117)で宮本武蔵と佐々木小次郎が決闘を行ったとされる
1863	文久 3	久坂玄瑞らが**亀山八幡宮** ➲P.101から外国船へ砲撃(**下関戦争** ➲P.118)
1864	元治 元	四国連合艦隊による報復が行われる。第一次長州征伐。高杉晋作が功山寺で挙兵
1865	慶応 元	坂本龍馬、下関を訪れ桂小五郎(木戸孝允)と薩長同盟につながる会談を行う。翌年の第二次長州征伐では小倉口の戦いで高杉晋作に協力
1889	明治 22	門司港が石炭などの特別輸出港に指定される
1895	28	日清戦争終結後、春帆楼にて下関条約が結ばれる(**春帆楼 本店** ➲P.106)
1901	34	山陽鉄道の終点として馬関駅(現下関駅)開業。下関・門司間で関門連絡船が就航
1942	昭和 17	関門トンネル開通。世界初の海底鉄道トンネル
1958	33	関門国道トンネルと**関門トンネル人道** ➲P.105が開通。世界初の海底国道トンネル
1973	48	関門橋完成。完成当時は日本最長の吊り橋
1975	50	山陽新幹線、岡山〜博多間が開業。新関門トンネル開通

美しい海と空の間に広がる潮風の楽園

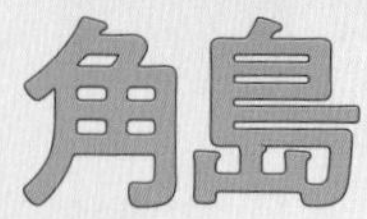

角島

つのしま

**透き通ったコバルトブルーの海と、
吸い込まれそうに広い空を縫うかのような角島大橋。
渡った先にも爽快なビーチや最高の見晴らしが待つ。**

注目ポイント

美しい自然に調和した角島大橋

全長1780m、通行無料の橋としては国内屈指の長さを誇る。橋脚が低いため車やバイクで走ると、まるでコバルトブルーの海を滑るような走行感が実感できる。眺めは本土側の海士ヶ瀬公園からがベスト。

CMや映画のロケ地になった北長門海岸随一の絶景の小島

山口県の北西端、本土から2km沖合に浮かぶ人口約700人の島。コバルトブルーの海と白砂のビーチが広がり、可憐な草花や夕日も感動的だ。島名は北東の牧崎(まきざき)と北西の夢崎(ゆめざき)、2つの岬が牛の角に見えることに由来。岬にはそれぞれ開放感ある公園があり、その間を景観の良い海岸線が続く。

➡島に渡ってすぐの「瀬崎陽(せさきあかり)の公園」には、大橋開通を記念した「しま心」碑が立つ

海士ヶ瀬公園

あまがせこうえん

MAP 付録P.21 F-4

角島大橋が一望できる

角島大橋に渡る本土側の手前にあり、絶好のビュースポットだ。橋の西側から望む展望台のほか、東側にある駐車場からの眺めも人気が高い。

☎083-786-0234(豊北町観光協会観光案内所)
所 山口県下関市豊北町神田附野
開休料 散策自由　交 JR滝部駅からブルーライン交通バスでホテル西長門リゾート入口下車、徒歩3分　Pあり

⬆国道を挟む西側は展望台で階段やスロープも設けられている

⬅橋の入口の東側には駐車場、トイレ、モニュメント、売店がある

交通information

鉄道・バス 下関駅から滝部駅までJR山陰本線で1時間30分、ブルーライン交通バスで学校横まで50分
車 下関市街から角島大橋まで国道191号、県道275号経由で51km

島内散策の起点

しおかぜの里 角島

しおかぜのさと つのしま

島の中心部にあり、特産品を売る販売所や、海を眺められる食堂などがある。ウニやサザエなどの海鮮料理や、ワカメソフトクリームが人気。

MAP 付録P.21 D-4
☎083-786-0700
所 山口県下関市豊北町角島853-4
営 9:00～17:00
休 水曜(祝日の場合は翌日、8月は無休)
交 JR滝部駅からブルーライン交通バスで学校横下車すぐ　Pあり

⬆角島に点在する「めのは小屋」をイメージした外観

角島灯台公園

つのしまとうだいこうえん

MAP 付録P.21 D-4

360度見渡せる展望台も

日本海側では初の洋式灯台で、明治9年(1876)の初点灯以来、現在も現役だ。高さは29.6mあり、展望台へは105段のらせん階段と傾斜80度ほどのはしご段12段を上っていく。

☎083-786-2788
所山口県下関市豊北町角島2343-2
開角島展望ギャラリー10:00～16:00 灯台参観9:00～17:00(10～2月は～16:30) 休角島展望ギャラリーは木曜 灯台参観は荒天時 料寄付金300円 交JR滝部駅からブルーライン交通バスで灯台公園前下車、徒歩5分 Pなし(近隣有料駐車場利用)

↑「日本の灯台の父」ブラントンの傑作と名高い美しい灯台

→島の西端に位置し、絶景の夕日も。期間限定でライトアップも

角島大浜海水浴場

つのしまおおはまかいすいよくじょう

MAP 付録P.21 D-4

ホワイトサンドと紺碧の海

真っ白でさらさらの砂浜と紺碧の海とのコントラストが美しい。バンガローやキャンプ場もあり、海水浴シーズンはシャワーや売店など設備が整う。

☎083-786-0477(角島大浜キャンプ場)
所山口県下関市豊北町角島 開休料散策自由(海水浴期間は海浜清掃協力金あり)
交JR滝部駅からブルーライン交通バスで大浜海水浴場下車すぐ Pあり

↓透明度の高いコバルトブルーの海と小さな貝殻でできた真っ白な砂浜が美しい

コバルトブルービーチ

MAP 付録P.21 D-3

コバルトブルーの海を満喫

「しおかぜの里 角島」の前に広がる海水浴場で、海水浴シーズンはシャワー設備もある。夏場は混み合うので早めに到着したい。

↑白い砂浜と青い海で県内屈指の人気を誇る

☎083-786-2311(角島漁業協同組合)
所山口県下関市豊北町角島 開休料散策自由(夏の海水浴期間は場内整理料あり) 交JR滝部駅からブルーライン交通バスで学校横下車すぐ Pあり

牧崎風の公園

まきざきかぜのこうえん

MAP 付録P.21 E-3

海と空と緑に癒やされる公園

島の最北端の岬にあり、日本海が一望できる。秋には愛らしいダルマ菊(11月中旬)が咲き誇り、冬は波の花が舞う。公園の手前には放牧場がある。

☎083-786-0234(豊北町観光協会観光案内所)
所山口県下関市豊北町角島 開休料散策自由
交JR滝部駅からブルーライン交通バスで牧崎公園口下車、徒歩20分 Pあり

←運が良ければ、放牧の牧歌的風景が見られることも

↓岬へと続く草原の一本道はスニーカーなど歩きやすい靴で

夢崎波の公園

ゆめさきなみのこうえん

MAP 付録P.21 D-4

角島灯台公園に隣接

公園周辺にはハマユウ(7月中旬)や水仙(1月中旬)など島に自生する草花が咲く。庭園は角島灯台の設計者である英国人技師にちなんで英国式になっている。

☎083-786-0234(豊北町観光協会観光案内所)
所山口県下関市豊北町角島
開休料散策自由
交JR滝部駅からブルーライン交通バスで灯台公園前下車、徒歩5分 Pあり

↑ハマユウの自然群落地もあり、夏季には白い花が咲き誇る

日帰り入浴スポット

ホテル西長門リゾート

ホテルにしながとリゾート

MAP 付録P.21 F-4

角島を望む本土側の西長門海岸に建つホテル。目の前の窓一面に広がる夕日が美しく、温泉露天風呂からの眺めも最高。

☎083-786-2111
所山口県下関市豊北町神田2045
営13:00(日曜、祝日12:00)～19:00 休無休
料1000円 交JR滝部駅からブルーライン交通バスでホテル西長門リゾート入口下車すぐ Pあり

↑日本海に面した展望大浴場。午後の時間帯に日帰り入浴ができる

関門海峡が眼下に広がる 格式の高い優雅なホテル

下関グランドホテル

しものせきグランドホテル

唐戸・ベイエリア MAP 付録P.19 E-2

昭和45年(1970)創業の大型シティホテル。地元の人からの信頼も厚く、結婚式や宴会でも多く利用されている。客室はシングルから最上階のロイヤルスイートまで9タイプ。海側に面したオーシャンビューの部屋は窓が大きくとられており、眺望も抜群だ。

☎083-231-5000
所山口県下関市南部町31-2 交JR下関駅からサンデン交通バスで唐戸下車すぐ
Pあり in15:00 out12:00
室86室 予算1泊2食付1万4000円～

1.海峡を行き交う船の汽笛が響き渡る 2.客室は海側と街側がある。写真は海側のスイートルーム 3.海峡を眺めながら本格的なフランス料理をいただける「ブルーフォンセ」 4.「花瀬」ではふく会席など、旬の海の幸を中心にした日本料理を提供

下関・門司の宿

海峡美景を楽しむステイ

本州と九州の間に横たわる関門海峡を望む海峡の街・下関と門司。窓の外に美しい海峡の開放的な風景が広がる、眺望自慢のホテルや宿は要チェック。

海峡の大パノラマを眼前に 地元の旬の味覚に舌鼓

下関市満珠荘

しものせきしまんじゅそう

関門橋周辺 MAP 付録P.20 B-1

瀬戸内海国立公園火の山の山麓に建つ公営の宿。部屋からはもちろん、全面ガラス張りになったレストランや、大きな窓のある大浴場からも関門海峡を見渡せる。季節を感じさせる会席にはファンも多く、ランチや日帰り入浴で訪れる人も多い。

☎083-222-1126
所山口県下関市みもすそ川町3-75 交JR下関駅からサンデン交通バスで国民宿舎前下車すぐ
Pあり in15:00
out10:00 室9室
予算1泊2食付9710円～

1.下関観光の拠点として最高の立地だ 2.下関の幸を中心に12品がずらりと並ぶ満珠会席 3.展望風呂は響と周防の2カ所。当日予約制の家族風呂もある

門司港でもひときわ目立つ アーティスティックなホテル

プレミアホテル門司港

プレミアホテルもじこう

門司 MAP 付録P.20 B-3

門司港レトロの中心に建ち、観光の拠点として最適なデザイナーズホテル。イタリアの建築家アルド・ロッシのデザインで「門司の鮫」をイメージして造られた。客室からの眺めはもちろん、特別室宿泊者限定のクラブラウンジからの夜景も見逃せない。

☎093-321-1111
所福岡県北九州市門司区港町9-11 交JR門司港駅からすぐ Pあり
in15:00 out11:00
室162室 予算1泊朝食付9900円～

1.建物上部の丸い窓はサメの目を表しているという 2.「ポルトーネ」では関門の魚介と九州の旬の野菜を使った「門司港イタリアン」を提供 3.家具や照明などもホテルオリジナルのデザインだ

肌にやさしい名湯と食事に
大満足のホテル

一の俣温泉グランドホテル

いちのまたおんせんグランドホテル

一の俣温泉 MAP 付録P.2 C-2

山あいの豊かな自然に抱かれた温泉宿。肌がしっとりする美肌の湯を満喫できるお風呂は、露天風呂やマッサージ風呂、桶風呂や石風呂など種類豊富。下関名物のふく料理やあんこう鍋、宿の名物猪鍋をはじめとするジビエ料理もおすすめ。

☎083-768-0321
所山口県下関市豊田町一ノ俣湯の原15
交JR小月駅から車で35分
(小月駅から無料送迎あり、要予約)
Pあり in15:00 out10:00 室30室
予算1泊2食付1万8850円～

1.露天風呂にある打たせ湯で肩こりも解消できるかも 2.個室利用で会席を楽しめる日帰りプランも人気だ 3.落ち着いた雰囲気の客室。庭に面した部屋からは日本庭園が一望できる 4.国産のとらふぐをふぐ刺しなどで堪能できる「ふくプラン」もある

一の俣温泉の宿

山々に抱かれた秘湯の里へ

下関から北の山あいを流れる一ノ俣川の近く、国道491号に沿って湯宿がまばらに点在する温泉地。素朴な山里に湧く湯は、「化粧水のようなやわらかさ」の名湯と高い評価を得ている。

雄大な自然ととろとろの温泉に
癒やされるリゾートホテル

一の俣温泉観光ホテル

いちのまたおんせんかんこうホテル

一の俣温泉 MAP 付録P.2 C-2

「一の俣温泉グランドホテル」の姉妹館。化粧水を浴びているような感触の温泉を露天風呂や大浴場で楽しめる。貸切の家族風呂は、窓を開ければ半露天になる贅沢な空間だ。客室の窓際には掘りごたつ。のんびり景色を見ながらくつろぎたい。

☎083-768-0111
所山口県下関市豊田町一ノ俣1711
交JR小月駅から車で35分(小月駅から無料送迎あり、要予約) Pあり
in15:00 out10:00 室22室
予算1泊2食付1万8300円～

1.初夏にはホタル観賞のためのバスの運行もある 2.大きな窓のある大浴場は開放感抜群 3.猪鍋・鹿鍋がいただける。秘伝の特製ダレで煮込んだ鍋は絶品だ 4.大自然がすぐ目の前に迫る露天風呂

大自然を舞台にした旅館で
歴史ある温泉を楽しむ

川棚グランドホテル お多福

かわたなグランドホテル おたふく

川棚温泉 MAP 付録P.2 B-3

「旅館は劇場」と称し、主役であり観客でもあるゲストをもてなす。客室は本館の和室ほか、露天風呂付きの離れや数寄屋造りの特別室などさまざま。温泉は貸切温泉もあり、内湯に露天、サウナなどを満喫できる。

☎083-774-1111
所山口県下関市豊浦町川棚温泉
交JR川棚温泉駅から徒歩20分(川棚温泉駅から無料送迎あり、要予約)／JR新下関駅から無料送迎シャトルバスで30分(要予約) Pあり
in15:00 out10:00
室51室 予算1泊2食付1万3200円〜

1.大浴場の「山頭火」。大自然と一体となれるシンプルな造りになっている 2.下関のとらふぐのみを使ったフルコースもいただける 3.本館からは響灘や鬼ヶ城連山などの眺めが楽しめる

川棚温泉の宿

歴史ある名湯で優雅な休日

開湯は少なくとも800年以上前と古く、大地震で絶命した青龍を祀ると湯が湧いたという伝説が残る。江戸時代には毛利氏の御殿湯も置かれ、種田山頭火が愛したことでも知られる歴史ある温泉地だ。

非日常の空間が広がる
大人だけの隠れ家

小天狗さんろじ

こてんぐさんろじ

川棚温泉 MAP 付録P.2 B-3

昭和4年(1929)創業の老舗「旅館小天狗」の新館としてオープン。8室の客室はそれぞれが露地でつながる離れという造り。食事処「十草木」も個室仕立て。周りに気兼ねすることなく特別なプライベートタイムを過ごすことができる。

1.全室に源泉かけ流しの露天風呂が付いている。部屋によって造りはさまざまだ 2.メゾネットタイプと平屋タイプの2種類の部屋がある 3.食事は5つのコースから選択。ふぐや瓦そばなどの名物が味わえる

☎083-772-0227
所山口県下関市豊浦町川棚5153 交JR川棚温泉駅から車で5分 Pあり
in15:00 out11:00 室8室
予算1泊2食付2万8000円〜

100年の歴史を感じさせる
有形文化財の木造旅館

玉椿旅館

たまつばきりょかん

川棚温泉 MAP 付録P.2 B-3

大正12年(1923)、山口県出身の力士・玉椿関が創業。巡業宿として栄え、横綱が誕生するたびに客室を増築してきたという。客間の名前は往年の横綱名。手形や錦絵、明治・大正の番付表などが飾られた館内は、相撲ファンでなくとも楽しめるはず。

☎083-772-0005
所山口県下関市豊浦町川棚5132
交JR川棚温泉駅から徒歩20分
Pあり in15:00 out10:00 室4室
予算1泊2食付1万8520円〜

1.とらふぐフルコースの宿泊プランは11〜3月まで 2.温泉は24時間かけ流し。大小2カ所の風呂があり、貸切で使うことができる(予約制) 3.建物全体が国の有形文化財に指定。大広間の天井は折上格天井という格式ある構造で建築技術の高さを感じさせる

OTONATABI
Yamaguchi
山口県の
中心都市には、
大内氏の栄華が
今も残る
山口
南北朝時代から室町時代にかけて
西国最大の大名だった大内氏の拠点。
京都を模した街並みや歴史ある寺社に、
華やかな大内文化の名残を探したい。
さらに秋吉台の壮大な自然にふれ、
山陽道沿いの情趣豊かな街を歩けば、
いっそう充実した旅になるだろう。

エリアと観光のポイント

山口はこんなところです

大内氏や幕末ゆかりの史跡を巡って、湯田温泉の温泉宿に泊まるプランが一般的。秋吉台のカルスト台地、山陽道や瀬戸内海沿いの歴史深い街にも足をのばしたい。

寺社や美しい川を訪ねたい

南北朝時代に大内弘世が本拠地を移してから、山口の街は発展したといわれている。街の中心となった大内氏館は、現在、龍福寺のある場所に置かれていた。大内文化を今に伝える瑠璃光寺五重塔や、古熊神社などの寺社も、館を囲むように配置されている。

街の中心を流れる一の坂川は、春は桜、初夏はホタルが舞う名所。左岸の竪小路まで古い街並みが残り、点在するカフェやギャラリーを訪ねながら、気持ちのよい散策が楽しめる。

すぐ近くにある湯田温泉は、幕末の志士たちも訪れた歴史のある温泉街で、山口市の繁華街でもある。飲食店の選択肢が豊富なため、併せて立ち寄りたい。

西の京と謳われる歴史ある街

山口タウン ➡P.128

やまぐちタウン

大内文化を伝える貴重な寺社が点在する。維新期には長州藩庁が置かれたため、志士ゆかりの地も多い。

観光のポイント
国宝 瑠璃光寺五重塔 P.128
竪小路・一の坂川 P.132

山口県庁そばに藩庁の門(P.130)が残る

中心部から近い街なか温泉

湯田温泉 ➡P.152

ゆだおんせん

山口県の中心に位置し、観光拠点に便利な温泉街。詩人・中原中也の記念館などが見どころ。

観光のポイント
中原中也記念館 P.52
松田屋ホテル P.152

6カ所ある足湯でも温泉を楽しめる

石灰岩がつくる独特の地形

秋吉台 ➡P.144

あきよしだい

日本最大のカルスト台地。ゴツゴツした岩肌が露出している草原や、巨大な鍾乳洞・秋芳洞が見どころ。

無数の白い石灰岩が草原の緑に映える

天神様に愛された土地

防府 ➡P.148

ほうふ

奈良・平安期には国府が置かれ、この地方の中心地だった。国分寺や日本初の天満宮には、重要文化財も多数。

東大寺別院 阿弥陀寺はアジサイの名所だ

白壁の商家を金魚が飾る

柳井 ➡P.150

やない

瀬戸内海に近く、海上交通の要衝として栄えた商業の街。白壁の街並みをはじめ、柳井縞などの工芸品も魅力。

軒先にかかる金魚ちょうちんが彩りを添える

名橋として知られる錦帯橋

岩国 ➡P.146

いわくに

岩国藩の城下町として繁栄した。錦帯橋や山頂にそびえる岩国城などの歴史的な名所が数多く残っている。

岩国城から錦帯橋を見下ろす

工業都市がアートの街へ

宇部 ➡P.149

うべ

ときわ公園がいちばんの見どころ。たくさんの野外彫刻作品のほか、動物園や植物館など多様な施設も必見。

湖を中心に緑と花と彫刻が広がるときわ公園

明るい日が差す瀬戸内の島

周防大島 ➡P.151

すおうおおしま

柳井市から橋が架かる、瀬戸内海で3番目に大きな島。温暖な気候に恵まれており、温泉や絶景が楽しめる。

本土と周防大島を結ぶ大島大橋

観光案内を入手する

●**山口観光案内所**
山口タウン
MAP 付録P.24 B-2
☎083-933-0090

●**香山公園前観光案内所**
山口タウン
MAP 付録P.24 A-1
☎083-934-6630

●**湯田温泉観光案内所**
湯田温泉
MAP 付録P.25 F-1
☎083-901-0150

お役立ちinformation

便利なレンタサイクル

●**クリエイティブ・スペース赤れんが(P.133)**
●**山口ふるさと伝承総合センター(P.132)**
●**山口市菜香亭(P.131)**

3施設が共同で運営するレンタサイクル。借りた自転車は3施設のどこにでも返却できる。普通自転車(各4台)のほか、電動自転車もある。
営9:00～17:00 休各施設に準ずる
料半日(4時間未満)300円、1日500円(電動自転車は半日400円、1日600円)

●**福武貸自転車**

JR山口駅から横断歩道を渡ってすぐの場所にあり利用しやすい。自転車は13台。
山口タウン MAP 付録P.24 B-2
☎083-922-0915 営9:00～18:00
休無休(雨、雪の日は除く)
料2時間300円、以降1時間100円、1日700円

人力車で山口観光

●**ぶらり山口竪小路 人力車**

山口市菜香亭(P.131)を起点に運行し、周回もしくは片道で15分・30分・1時間のコースから選べる人力車サービス(予約制)。
☎083-934-3312(山口市菜香亭)
営9:00～17:00 休火曜(祝日の場合は翌平日)
料15分コース1名2100円～

着物に着替えて街歩き

●**山口市菜香亭 着物体験**

「山口の街並を着物で歩こう会」が主催する着物体験。希望日前日午前中までに要予約。
☎083-934-3312(山口市菜香亭)
営9:00～17:00
休火曜(祝日の場合は翌平日)
料2時間未満3000円、2時間以上3800円

交通information

山口の移動手段

JR山口駅を起点に、コミュニティバスや路線バスでの移動が基本。瑠璃光寺のある香山公園までバスで行き、そこから徒歩でまわるのもおすすめだ。やや離れた常栄寺は、バスではアクセスしにくいので注意。レンタサイクルは湯田温泉でも借りられる。

主要エリア間の交通

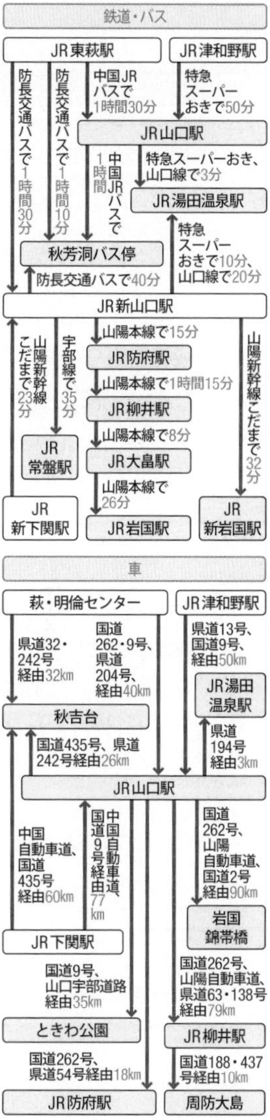

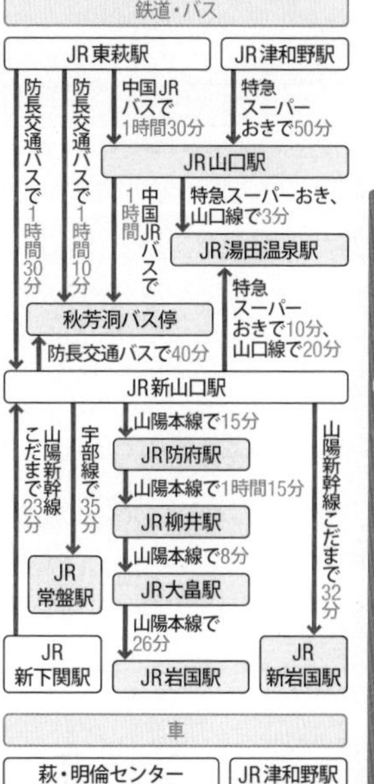

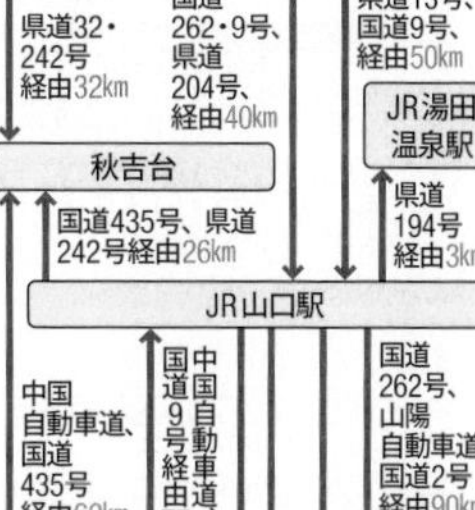

山口はこんなところです

中世の大内氏、幕末の毛利氏の本拠

山口タウン

やまぐちタウン

大内氏の下で200年間の栄華を極めた山口。今も多数現存する貴重な歴史的建造物の規模と美しさが、その繁栄ぶりを如実に語る。

緑に映える瑠璃光寺五重塔。桜や紅葉の季節も美しい

室町時代に花開いた大内文化 寺社建築に往時の栄華をたどる

山口は、室町時代に九州北部や中国地方で一大勢力を誇った大内氏の本拠地となって大きな発展を遂げた地だ。大内氏は大陸貿易で得た財力を投入し、京都を模した町を造り上げ、独自の大内文化を育んだ。その繁栄ぶりは「西の京」と謳われ、市内には大内文化を伝える荘厳な寺社建築が数多く残る。大内氏を破った毛利氏は江戸時代に萩に移るが、幕末には藩庁が萩から山口に移され、廃藩置県後は県庁所在地となった。

文化を尊んだ大内氏

24代当主・大内弘世は京都で目にした雅な街並みや文化に深く感銘を受け、山口の町造りの手本とした。京都を模した町割りが整備され、多くの文化人を京都から招いて文化を奨励した。明や朝鮮との交易も積極的に行ったため、京文化と大陸文化が融合した独自の文化として成熟。その後も歴代当主によって尊ばれた大内文化は、200年間にわたり繁栄を続けた。

大内氏の歴史は ➡ P.134

➲香山公園内に立つ大内弘世像。1360年頃、山口に政庁を移し、大内文化の礎を築いた

国宝 瑠璃光寺五重塔

こくほう るりこうじごじゅうのとう

MAP 付録P.24 A-1

日本三名塔のひとつ 大内文化が生んだ最高傑作

寺院は25代当主・大内義弘が建立した香積寺が起源。五重塔は義弘の没後、その菩提を弔うため、室町時代中期に建立された。檜皮葺き屋根の伸びやかな反りが美しい。日没後は毎日22時までライトアップされ違った趣を見せる。

☎083-934-6630(香山公園前観光案内所) 所山口県山口市香山町7-1 香山公園内 開休料拝観自由
交JR山口駅から山口市コミュニティバスで香山公園五重塔前下車すぐ Pあり(香山公園駐車場)

※2023年11月現在、令和の大改修中(～2025年3月頃)。詳細は「西の京 やまぐち」HPを確認

常栄寺雪舟庭

じょうえいじせっしゅうてい

MAP 付録P.23 E-1

雪舟作と伝えられる 禅の心を感じさせる庭

29代当主・大内政弘が別邸とした寺に造られた池泉回遊式庭園。画僧・雪舟が作庭したとされている。池や滝、石組みを巧みに配しており、国の史跡・名勝に指定された。庭園の遊歩道や本堂から見ることができる。

⇧石組みを配した庭。見る角度で趣はさまざまだ

☎083-922-2272 所山口県山口市宮野下2001-1
開8:00～17:00(11～3月は～16:30、入場は各30分前まで) 休無休 料300円
交JR宮野駅から徒歩22分 Pあり

龍福寺（大内氏館跡）

りゅうふくじ（おおうちしやかたあと）

MAP 付録P.24 B-3

大内氏が居館を構えた地 大内家最後の当主の菩提寺

大内氏18代当主・満盛が現在の山口市白石に創建。弘治3年（1557）に毛利隆元が31代・大内義隆の菩提寺とし、大内氏居館跡である現在地に再興した。室町建築の本堂は国の重要文化財に指定されている。

☎083-922-1009
所山口県山口市大殿大路119
開9:00～17:00 休無休 料200円
交JR山口駅から徒歩20分／山口市コミュニティバスで竪小路下車、徒歩2分 Pあり

本堂は大内氏の氏寺・興隆寺の本堂を移築したもの

大内氏の館時代にあった西門が復元されている

今八幡宮

いまはちまんぐう

MAP 付録P.24 B-1

壮大で豪奢な社殿が並ぶ 山口の総鎮守

大内氏が山口に入る以前の古社で、創建年は不明だが、社殿は文亀3年（1503）に大内氏30代・義興が建立。楼門から拝殿、三間社流造りの本殿までが一直線に配置され、それらすべての建物が国の重要文化財。

楼門、拝殿、本殿を一直線上に連結させる配置は山口特有

楼門は拝殿を兼ねており、左右には翼楼が配されている

☎083-922-0083 所山口県山口市八幡馬場22
開休料参拝自由 交JR上山口駅から徒歩10分
Pあり

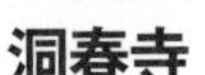

洞春寺

とうしゅんじ

MAP 付録P.24 A-1

毛利元就を弔う菩提寺に残る 大内文化の山門と観音堂

応永11年（1404）に大内盛見が建立した国清寺がのちに毛利元就の菩提寺となり、洞春寺とされた。山門と観音堂は国の重要文化財で、本堂は江戸時代の焼失後に再建されたもの。坐禅体験（要予約）もできる。

☎083-922-1028 所山口県山口市水の上町5-27 開8:00～17:00 休無休 料無料
交JR山口駅から中国JRバス／防長交通バスで県庁前下車、徒歩10分 Pあり

観音堂は大内氏の菩提寺だった観音寺の仏殿を移築した

国清寺創建当時のものとされる山門。装飾のない禅風の造り

大内氏が山口の地に勧請した数々の神社に注目

京都から勧請された多数の神社や、当時唯一直接の分霊が行われた神宮が、大内氏治下の隆盛を物語っている。

八坂神社

八坂神社を勧請

やさかじんじゃ

大内弘世が応安2年（1369）、祇園社総本社・八坂神社の分霊を勧請。室町様式の本殿は16世紀前半に建立された。建物周囲には13種の多様な彫刻からなる蟇股が配される。

MAP 付録P.24 B-3

☎083-922-0083 所山口県山口市上竪小路100 開休料参拝自由 交JR山口駅から徒歩20分／中国JRバスまたは防長交通バスで野田学園下車、徒歩1分 Pあり

室町建築の本殿は国の重要文化財

古熊神社

北野天満宮を勧請

ふるくまじんじゃ

応安6年（1373）に大内弘世が京都の北野天満宮を勧請し創建。江戸時代に毛利氏が現在地に社殿を移築、2023年に鎮座650年を迎える。学問の神様・菅原道真と、その子どもの福部童子を祀る。

MAP 付録P.24 C-2

☎083-922-0881
所山口県山口市古熊1-10-3
開休料参拝自由（御朱印9:00～17:00）
交JR山口駅から徒歩20分／車で3分 Pあり

本殿と楼門式の拝殿が国の重要文化財

山口大神宮

伊勢神宮を勧請

やまぐちだいじんぐう

永正17年（1520）に大内義興が伊勢から勧請。江戸時代には唯一の伊勢神宮の分霊であったため「西のお伊勢」として賑わった。境内には内宮、外宮の2つの本殿が建つ。

MAP 付録P.24 A-1

☎083-922-0718 所山口県山口市滝町4-4
開休料参拝自由 交JR山口駅から徒歩25分／中国JRバスまたは防長交通バスで県庁前下車、徒歩5分 Pあり

社殿は伊勢神宮と同様の神明造り

県庁側の脇門は常時開かれており、正門は歴史イベントなどに合わせて特別に開門される

旧山口藩庁門

きゅうやまぐちはんちょうもん

幕末の志士たちが通った かつての藩庁の正門

毛利敬親は藩の本拠を萩から山口に移し、藩庁の政事堂を建設。明治3年(1870)築の正門が今も残されている。明治4年(1871)まで藩庁門として使われ、廃藩置県後は山口県庁の門として利用された。

MAP 付録P.24A-3

☎083-934-6630(香山公園前観光案内所)
所山口県山口市滝町1 開休料見学自由
交JR山口駅から徒歩20分/中国JRバスまたは防長交通バスで県庁前下車すぐ Pあり

この門を維新の時代の多くの長州志士たちが往来したという

激動の時代に再び歴史の表舞台へ

長州藩士 幕末の軌跡

幕末に藩庁が萩から移され、防長の政庁として返り咲いた山口。倒幕の拠点となり、維新、そして近代日本へとつながっていく、ゆかりのスポットを紹介。

露山堂

ろざんどう

MAP 付録P.24A-1

☎083-934-6630(香山公園前観光案内所)
所山口県山口市香山町7-1 香山公園内
開休料外観のみ見学自由
交JR山口駅から山口市コミュニティバスで香山公園五重塔前下車すぐ
Pあり(香山公園駐車場)

長州藩主が建てた茶室 倒幕の極秘会議が行われた

幕末の藩主・毛利敬親が、現在の県庁敷地にあった一露山の麓に建てた茶室。ここに家来を集めて倒幕の密議をしたという。明治24年(1891)に現在地に移された。

藩庁が萩から山口に移った際に建てられた。現在は香山公園内にある

枕流亭

ちんりゅうてい

MAP 付録P.24A-1

☎083-934-6630(香山公園前観光案内所) 所山口県山口市香山町7-1香山公園内
開9:00~17:00 休無休 料無料
交JR山口駅から山口市コミュニティバスで香山公園五重塔前下車すぐ Pあり(香山公園駐車場)

薩長の重臣たちが集い 倒幕について話し合った

慶応3年(1867)に薩摩藩の西郷隆盛と長州藩の木戸孝允らが会合した旧家・安部家の離れを、毛利家墓所近くの香山公園内に移築保存。薩長連合の話し合いがもたれたという。

建物1階ではここに集った志士たちの写真と紹介を展示

もともとは山口市道場門前にあった建物。この2階で、倒幕に向けての重要な話し合いが行われた

墓所前の参道は足踏みの音が反響するため、うぐいす張りの石畳と呼ばれる

香山墓所
こうざんぼしょ

毛利敬親と家族らの墓所 参道はうぐいす張りの石畳

明治4年（1871）に没した長州藩13代藩主・毛利敬親（たかちか）の墓地。敬親の妻や子、孫など7基の墓があり、萩市と合わせて計4カ所ある毛利家墓所のひとつとして国の史跡に指定。

MAP 付録P.24 A-1

☎083-934-6630（香山公園前観光案内所）
所山口県山口市香山町7-1 香山公園内
開休料見学自由 交JR山口駅から山口市コミュニティバスで香山公園五重塔前下車すぐ
Pあり（香山公園駐車場）

大広間には料亭を訪れた政治家や文化人ら26名の書が並ぶ

レンタサイクルがあるほか、週末を中心に着物体験（要予約）や人力車などの有料サービスも実施

山口市菜香亭
やまぐちしさいこうてい

山口ゆかりの著名人が数多く訪れていた料亭

明治10年（1877）に創業した料亭・祇園菜香亭を一部移築・復元。長州藩出身で維新後の日本を牽引した伊藤博文（いとうひろぶみ）や井上馨（いのうえかおる）をはじめ、佐藤栄作（さとうえいさく）など多くの政治家や文化人に親しまれ、直筆の書などゆかりの品を展示する。

MAP 付録P.24 B-1

☎083-934-3312 所山口県山口市天花1-2-7 開9:00～22:00（観覧は～17:00） 休火曜（祝日の場合は翌平日） 料入館無料（大広間・展示室100円） 交JR山口駅から山口市コミュニティバスで野田下車、徒歩3分 Pあり

そして長州藩は「山口県」に

大正モダンの優雅な県庁舎

山口県政資料館
やまぐちけんせいしりょうかん

MAP 付録P.24 A-3

大正5年（1916）に完成した後期ルネサンス様式の旧県庁舎と旧県会議事堂。資料館として内部を公開し、当時のままの旧知事室や会議室も見学できる。

☎083-933-2268 所山口県山口市滝町1-1 開9:00～16:30 休月曜、祝日（5/5、11/3は開館） 料無料 交JR山口駅から徒歩20分／中国JRバスまたは防長交通バスで県庁前下車すぐ Pあり

中央の塔屋が印象的な旧県会議事堂。吹き抜けの議場がある

旧県庁舎。内部装飾に東洋風の意匠が見られる

「西の京」の街並みをそぞろ歩きで楽しむ
堅小路・一の坂川

たてこうじ・いちのさかがわ

大内文化の原点ともいえる京都への憧れを反映した街並み。堅小路や一の坂川沿いを歩いて、京風情を感じ取ってみたい。

京に憧れた大内氏が築いた町 面影を残す小路や川沿いを散策

室町時代、山口を本拠地に決めた大内氏は、憧れの京の都を模した町造りを行った。一の坂川を鴨川(かもがわ)に見立てて、道路を碁盤の目状に整備。大通りには「大路」、そこに交わる道には「小路」の名がつけられた。細い路地が連なる町割や大路・小路の京風の通り名が市内に今も残されている。往時の町の中心部にあたる堅小路から古い町家が点在する界隈を巡り、風情あふれる一の坂川沿いの道を歩く。

堅小路散策のポイント

堅小路一帯へはJR山口駅または上山口駅から徒歩10〜15分ほどだが、山口駅から山口市コミュニティバスに乗れば堅小路バス停まで約5分なので便利。また、山口駅前や山口市菜香亭(P.131)で利用できるレンタサイクルを活用するのもいい。できれば、龍福寺(大内氏館跡)(P.129)などの寺社にも立ち寄りたい。

➲堅小路一帯では、現代の生活感ある街並みのなかに伝統的な町家建築が見つけられる

⬆敷地内には豪商・萬代家の主屋や杉私塾もある

1 十朋亭維新館
じっぽうていいしんかん

MAP 付録P.24 B-4

維新の志士の足跡を知る

維新の志士たちが多く出入りした史跡「十朋亭」を整備。山口の幕末・明治維新を楽しく学ぶことができる。

☎083-902-1688 所山口県山口市下堅小路112 開9:00〜17:00 休火曜(祝日の場合は翌平日) 料入館無料(本館展示室のみ有料) 交JR山口駅から山口市コミュニティバスで堅小路下車、徒歩3分 Pなし

2 大路ロビー
おおじロビー

MAP 付録P.24 B-3

散策前にまずは情報収集

堅小路や大殿エリアの街歩きの拠点になる施設。古い町家を改修した建物を利用し、周辺の観光名所や飲食店などの情報を発信している。

⬆堅小路と大殿大路の角にある
⬆休憩に便利。大内文化や維新にまつわる展示を常設

☎083-920-9220 所山口県山口市下堅小路115-3 開10:00〜17:00 休火曜 料無料 交JR山口駅から山口市コミュニティバスで堅小路下車、徒歩4分 Pなし

3 山口ふるさと伝承総合センター
やまぐちふるさとでんしょうそうごうセンター

MAP 付録P.24 B-3

大内塗などの伝統文化を紹介

明治建築の酒造場や移築された豪農の邸宅を公開。別棟で山口の伝統工芸である大内塗の実演や箸作り体験(有料・要予約)も楽しめる。

☎083-928-3333 所山口県山口市下堅小路12 開9:00〜17:00(体験10:00〜16:00、原則平日のみ。要予約) 休無休 料入館無料、大内塗体験880円 交JR山口駅から山口市コミュニティバスで堅小路下車、徒歩5分 Pあり

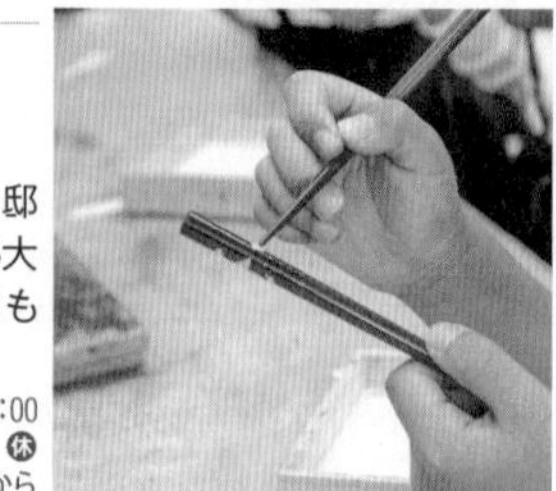
⬆箸作り体験は所要約30分

川沿いのカフェでひと休み

カフェ&ギャラリー ラ・セーヌ
カフェ&ギャラリー ラ・セーヌ

MAP 付録 P.24 B-4

ギャラリーを併設し、ゆっくり時間を楽しみたい人の憩いのカフェ。モーニング700円〜や日替わりランチ980円などフードメニューも充実している。

☎083-922-4009 所山口県山口市後河原121 営8:30〜21:00 休第2・4・5水曜 交JR山口駅から徒歩15分 Pあり

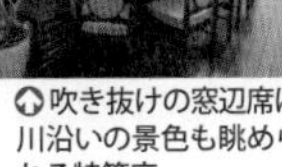
吹き抜けの窓辺席は川沿いの景色も眺められる特等席

ティータイムに人気のチョコバナナアイスクレープ850円

ランプや時計、陶器、火縄銃、古い紙幣など、見応え満点

ケーキセット900円。コーヒーは汲み上げた地下水で淹れる

むくの木 むくのき

MAP 付録 P.24 B-4

50年近くの歴史を持つ老舗。創業時から変わらず木のぬくもりにあふれた店内はまるでログハウス。店主が集めた豊富なアンティーク雑貨も魅力。

☎083-925-1741 所山口県山口市後河原140 営9:00〜17:00(ランチ11:00〜14:00) 休月曜 交JR山口駅から徒歩16分 P10台

5 クリエイティブ・スペース赤れんが
クリエイティブ・スペースあかれんが

MAP 付録 P.24 B-4

赤レンガの古い書庫を活用

大正7年(1918)建造の旧県立山口図書館の書庫を改装した文化交流施設。幕末に藩庁が山口へ移った直後、仮の藩庁となった山口御茶屋跡地に建つ。

☎083-928-6666 所山口県山口市中河原町5-12 開9:00〜17:00(夜間の催しがある場合は〜22:00) 休月曜(祝日の場合は翌日)、祝日の翌日(土・日曜は除く) 料入館無料 交JR山口駅から山口市コミュニティバスで西京橋下車、徒歩2分 Pあり

レトロモダンな建物に改装された

↑

4 一の坂川
いちのさかがわ

MAP 付録 P.24 B-3

京都・鴨川(かもがわ)に見立てられた清流

市内中心部を南北に流れる。川沿いの道には古民家のカフェや食事処が点在し、春は並木の桜が咲き誇り、初夏の夜にはゲンジボタルが幻想的に瞬く。

☎083-933-0090(山口観光案内所) 所山口県山口市後河原 開休料散策自由 交JR山口駅から山口市コミュニティバスで竪小路下車、徒歩5分 Pなし

桜の季節には夜間ライトアップされる

両岸に約600mの桜並木が続く

移動時間 ◆ 約20分

散策ルート

竪小路バス停 たてこうじバスてい

↓ 竪小路を北へ進む 徒歩3分

1 十朋亭維新館 じっぽうていいしんかん

↓ すぐ隣にある 徒歩すぐ

2 大路ロビー おおじロビー

↓ さらに竪小路を北へ進み、左側の路地に入る 徒歩3分

3 山口ふるさと伝承総合センター やまぐちふるさとでんしょうそうごうセンター

↓ そのまま路地を抜け、川沿いの道に出よう 徒歩2分

4 一の坂川 いちのさかがわ

↓ 川沿いを下る。橋で対岸と行き来するのもいい 徒歩5分

5 クリエイティブ・スペース赤れんが クリエイティブ・スペースあかれんが

↓ 一の坂川交通交流広場の間を抜けて、山陰道に合流 徒歩5分

竪小路バス停 たてこうじバスてい

山口を「西の京」たらしめた大内氏の歩み

西国の覇者の栄枯盛衰

南北朝、室町時代を通じてこの地域を治めたのが大内氏。一時は博多・堺も支配下に置いて貿易を独占、西日本最大の守護大名として富貴を極めた。その中心となった山口の街に昔日の面影を探してみたい。

南北朝時代～戦国時代

山口を拠点に権勢を誇った

大内氏の興亡

朝鮮半島の出自と伝わる大内氏 南北朝の動乱に乗って一大勢力へ成長

大内氏に伝わる話では、来日した朝鮮半島の百済の王族・琳聖太子が聖徳太子に大内県を与えられたのが始まりという。この話を実証する記録は残されていないが、発掘成果によると朝鮮系の人々が古い時代からこの地域に居住していたのは確かだという。

大内氏は平安・鎌倉時代に防府周辺を支配する在庁官人として勢力を伸ばす。元弘3年/正慶2年(1333)に後醍醐天皇と足利尊氏らにより鎌倉幕府が滅ぼされ、間もなく南北朝の動乱が始まる。正平7年/観応3年(1352)に大内弘世は当主となると、当初は南朝につき周辺勢力を駆逐。周防、長門の2国の守護として認められた。のちに北朝の室町幕府の優勢を見て勧誘に応じ、新しい時代のなかでも地位を確保した。山口へ拠点を移したのは弘世といわれる。

弘世の後を継いだ大内義弘はまだ基盤が不安定な室町幕府に協力し、さらに勢力を伸ばす。博多を含む九州北部、堺を含む関西の一部も領地とし、朝鮮半島との貿易を独自に行うなど、日本最大の守護大名として繁栄を極めた。しかしその勢力の大きさを幕府はしだいに危惧。応永6年(1399)、足利義満により謀反に追い込まれ義弘は討ち取られた。

室町時代を通じて大きな勢力を持つが 戦国の世が訪れると突然の終わりを迎える

義弘ののちも後継者争いによる内乱こそあったものの、室町時代を通じて大内氏は周防、長門、九州北部を支配する大大名であり続けた。その栄華の終焉は戦国時代の始まりとともに訪れる。当主・義隆のもと各地での戦いで連勝し、大内氏は最盛期を迎えていたが、天文11年(1542)、出雲の月山富田城の戦いでの敗北で跡継ぎの晴持を失ったことをきっかけに、義隆は一転、戦いを避け遊興に浸るようになる。不満を持った陶隆房(晴賢)の謀反で、天文20年(1551)、義隆は命を落とす。ここに大内氏は事実上滅亡する。

龍福寺(大内氏館跡) ➲P.129

りゅうふくじ(おおうちしやかたあと)

山口タウン MAP 付録P.24 B-3

大内氏が政務を執った館の跡地に龍福寺が建ち、本堂は大内氏の始祖・琳聖太子が創建したとされる興隆寺から移されたもの。敷地内にある資料館では、大内氏歴代の肖像画も展示されている。

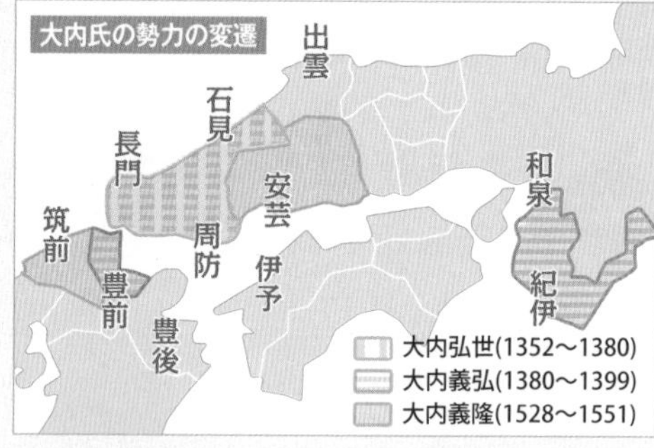

陶隆房(晴賢) 大内氏の世を終わらせた

陶隆房は大内氏の軍勢を統括する立場だったが、大内義隆が軍事を嫌うようになったことでその影響力を失った。陶隆房の謀反は下克上の代表例として挙げられることが多いが、大内氏に替わって当主になったのではなく、あくまで当主を交替させたにとどまる。強引な体制刷新が、毛利元就の台頭を招くことになった。

雪舟『四季山水図巻・晩秋(部分)』〈毛利博物館蔵〉

南北朝時代～戦国時代

一大文化拠点となった

山口で花開いた文化

京都から訪れた文化人、大陸からの文化移入で大内文化は多彩な要素を持った

室町時代の守護は京都での活動期間が長く、大内氏もその例に漏れず京都の文化に親しんでいた。また、代々の当主は文化に造詣が深く、戦乱が続く京都から山口に逃れてきた文化人も多かった。また大内氏は、朝鮮の王族を出自に持つと主張しながら朝鮮半島や中国との交易を行うなかで、海外の文化にも深くふれていたことから、多彩な要素を持つ独自の大内文化が花開くことになった。

大内文化の名残としては、まず街の各所に残る寺社が挙げられる。数多く建てられた大内氏の菩提寺などは毛利時代に失われたものも多いが、京都から勧請した八坂神社(P.129)には京都の文化への思いを、伊勢神宮の数少ない分社である山口大神宮(P.129)からは、大内氏が持っていた大きな政治的・文化的影響力を察することができる。また、貴重な大内時代の遺物である、国宝 瑠璃光寺五重塔(P.128)の壁面には大内氏の家紋・大内菱が見える。乗福寺跡からは当時の朝鮮半島の技術で焼かれた瓦も発掘されている。

山口を拠点とした文化人で代表的なのは雪舟で、34歳にして山口へ移り住んだのち、中国への渡航や各地への旅行で離れたこともあったが、多くの時間を過ごしたようだ。

大内菱

雪舟 山口にとどまらず日本を代表する画聖

岡山に生まれ京都相国寺で修行したのち、山口を訪れた。幼い頃、絵ばかり描いてお経を読まなかったため柱に縛られたが、涙で描いたネズミの絵の見事さに許されたという逸話が有名。現存する作品のうち、6点が国宝となっている。

雲谷庵跡 うんこくあんあと

山口タウン MAP 付録 P.24 B-1

雪舟が居住した庵があったと伝わる場所で、ここで没したとの説もある。現在の建物は、明治期に古い社寺などの古材を使い再建したもの。山裾にひっそりとたたずむ。

所山口県山口市天花1-12-10 開9:00～17:00 休無休 料無料 交JR山口駅から中国JRバス/防長交通バスで県庁前下車、徒歩15分 Pあり

常栄寺雪舟庭 ➲P.128

じょうえいじせっしゅうてい

山口タウン MAP 付録 P.23 E-1

雪舟が庭を作った当時は、妙喜寺という大内氏の菩提寺だった場所。

国宝 瑠璃光寺五重塔 ➲P.128

こくほう るりこうじごじゅうのとう

山口タウン MAP 付録 P.24 A-1

大内義弘の菩提を弔うために建てられた。大内氏の家紋が見られるのは、高欄がある2層目。

※2023年11月現在、令和の大改修中

日本でのキリスト教布教をするにあたり山口を選んだ

フランシスコ・サビエル

イエズス会の宣教師サビエルが訪れたとき、山口は大内義隆のもとで、日本有数の大都市となっていた。はるか異国の宣教師の目に、この地はどう映ったのだろうか。

ヤジロウとの出会い日本布教を決意

フランシスコ・サビエル（ザビエル）はスペインのバスク地方に1506年に生まれた。同郷のイグナチオ・デ・ロヨラとともにイエズス会を創設し、当時の教皇の命に従って、ヨーロッパ以外の地へのキリスト教の宣教に力を注いだ。

サビエルはアジアでの布教を志し、1541年ポルトガルのリスボンを発ち、翌年インドのゴアに到着、インド各地での布教を行った。1547年、マラッカで鹿児島出身の日本人・ヤジロウに出会い、彼の聡明さに感銘を受け日本での布教を決意する。1549年、ヤジロウとともにゴアを発ち、日本へと向かった。

サビエルの航海

⇧山口サビエル記念聖堂にある銅像。山口では郷土であるバスクでの読み方「シャビエル」に近い「サビエル」と呼ばれている

山口サビエル記念聖堂

やまぐちサビエルきねんせいどう

山口タウン MAP 付録 P.24 A-4

サビエルが山口を訪れてから400年を記念して、昭和27年（1952）に建てられた聖堂。聖堂は一度焼失し、1998年に白亜の斬新なデザインで再建された。サビエルの足跡や日本でのキリスト教の歴史を学べる展示もある。

☎083-920-1549 所山口県山口市亀山町4-1 開10:00～16:00 休無休（臨時休あり） 料200円 小学生100円 交JR山口駅から徒歩15分 Pなし

荒廃した都に失望し、山口で布教する

サビエルが最初に山口を訪れたのは天文（てんぶん）19年（1550）11月、鹿児島、長崎平戸（ひらど）での布教ののち、帝や将軍の許可を得るため京都へ向かう途上だった。大内義隆（おおうちよしたか）に謁見し布教の許可を求めたが、サビエルが説く教義は義隆の不興を買い、この時は許可は得られなかった。

戦国の世に荒廃した京都の街や、帝と将軍の権威失落を目の当たりにしたサビエルは、山口の繁栄ぶりに目をつけ、再び義隆に布教の許可を請うことを試みる。天文20年（1551）4月、これまでの日本滞在からみすぼらしい衣装では軽んじられることを学んだサビエルは、美しく衣装を整え、望遠鏡や時計など珍しい献上品を持参して山口を訪れた。すると一転、義隆は布教を許すとともに廃寺を布教の場として与えた。半年ほどの山口滞在のうちに、500人以上の信者を得たという。

サビエルはヨーロッパへの手紙に、日本人の論争好きや名誉を重んじる様子とともに、山口などでの2年余の布教の日々を人生において最も幸せな時間であったと書き綴っている。

山口は日本でのクリスマス発祥の地

サビエルに同行した宣教師による

サビエルが去ったのち山口での布教を引き継いだコスメ・デ・トーレスが、天文21年（1552）12月にクリスマスを祝ったのが、日本で最初のクリスマスといわれる。山口市では毎年12月に「12月、山口市はクリスマス市になる」と謳い、イベントやライトアップが行われる。

山口の歴史と文化にふれるスポット

**雪舟の作品をはじめとする大内文化の遺宝や、維新の志士の思いが伝わる品々。
この地の歩んできた道を知り、旅を思い出深いものへ。**

山口県立山口博物館
やまぐちけんりつやまぐちはくぶつかん

幅広い分野の展示がある総合博物館

天文、地学、植物、動物、考古、歴史、理工の7分野で山口県の自然と歴史を紹介している総合博物館。

山口タウン MAP 付録P.24 A-4

☎083-922-0294
所山口県山口市春日町8-2
開9:00～16:30(入場は～16:00)
休月曜(祝日の場合は翌日) 料150円
交JR山口駅から中国JRバス／防長交通バスで県庁前下車、徒歩4分 Pあり

工夫されたさまざまな展示で、子どもから大人まで楽しめる

山口市歴史民俗資料館
やまぐちしれきしみんぞくしりょうかん

郷土の考古・歴史・民俗の展示が行われている

常設展では、大内氏館跡からの出土品や幕末に関する資料が展示されている。そのほか企画展も随時開催。

山口タウン MAP 付録P.24 A-1

☎083-924-7001
所山口県山口市春日町5-1
開9:00～17:00(入館は～16:30)
休月曜(祝日の場合は翌平日) 料110円
交JR山口駅から中国JRバス／防長交通バスで県庁前下車、徒歩5分 Pあり

市の歴史をさまざまな資料からわかりやすく紹介

山口県立美術館
やまぐちけんりつびじゅつかん

郷土ゆかりの作品にふれる緑豊かな美術館

雪舟(せっしゅう)と雲谷(うんこく)派、香月泰男シベリア・シリーズなど、県にゆかりのある作品を収蔵。テーマを設けたコレクション展で随時展示。詳細は事前に確認を。

山口タウン MAP 付録P.24 A-4

☎083-925-7788 所山口県山口市亀山町3-1
開9:00～17:00(入館は～16:30)
休月曜(祝日の場合は開館)
料300円、特別展は別途
交JR山口駅から徒歩15分 Pあり

畳敷きの展示室で、ゆっくりと日本美術を鑑賞

山口 歴史年表

西暦	元号	事項
611	推古19	百済の王族・琳聖太子が来日したとされる
1336	建武 3	大内弘世の叔父・鷲頭長弘が足利尊氏に協力し周防守護職を得る
1351	観応 2 正平 6	大内弘世が南朝から周防守護職を得る。のちに鷲頭氏を討伐し、大内氏を統一する
1358	延文 3 正平13	弘世が長門守護に。山口へ本拠を移し、**八坂神社**、**古熊神社** ➲P.129 を勧請したと伝わる
1392	元中 9 明徳 3	大内義弘、和泉、紀伊を与えられ、6カ国の守護となる
1399	応永 6	大内義弘、和泉で反乱を起こし戦死。弟の弘茂は降伏し、長門・周防2カ国の守護となる
1401	8	弘茂の兄・大内盛見が弘茂を討ち、領内を掌握。のち九州で勢力を拡大する
1431	永享 3	盛見が戦死し、義弘の子・持盛と持世が家督を争う。幕府の支持を受けた持世が勝利
1442	嘉吉 2	この頃、盛見が生前に造営を計画していた**国宝 瑠璃光寺五重塔** ➲P.128 が完成
1461	寛正 2	大内教弘、安芸・石見・肥前を勢力下に収める
1467	応仁 元	大内政弘、応仁の乱で畿内各地を転戦。のち、領内でも自己の権力強化などに励む。雪舟、遣明船で明へ渡り、水墨画を学ぶ
1508	永正 5	大内義興、管領代に就任。室町幕府で将軍の後見人となる
1520	17	義興が伊勢神宮を勧請(**山口大神宮** ➲P.129)
1550	天文19	サビエルが山口を訪れ、大内義隆と謁見
1551	20	サビエル、再度の謁見で大内義隆から布教を許される。陶隆房(晴賢)が義隆に反乱を起こし自害させ、大内晴秀(義長)を豊後から当主に招く
1555	24	陶晴賢が厳島で毛利元就に敗れ死亡
1557	弘治 3	大内義長、毛利元就に敗れ自決。大内氏滅亡

コース 7920円(昼のみ)
1万3200円(夜のみ)
前菜からデザートまで旬の食材が盛り込まれる贅沢な内容。一皿一皿が芸術品のような美しさ(na no ha na)

地元民が愛する確かな名店を探して

隠れ家レストランで上質な美食に出会う

地元の人だからこそ知る、山口の名店をピックアップ。旬の食材たちがていねいに調理され、どれも納得の味わいだ。

細部にまでこだわり尽くす真心のこもった創作料理

na no ha na

ナノハナ

湯田温泉 MAP 付録P.25 F-1

季節の食材を手間ひまかけて調理し、最上級のおいしさで提供。真心こもった料理はどれを食しても間違いない。仕入れによっては秋穂(あいお)の車エビが登場することも。食事はコース料理のみで前日までに予約を。

予約 要(前日まで)
予算 Ⓛ7920円 Ⓓ1万3200円

↑入口もオーナーの洗練されたセンスを感じさせる

☎083-922-1312
所 山口県山口市湯田温泉3-3-4
営 昼営業12:00 夜営業19:00 休 月〜水曜
交 JR湯田温泉駅から徒歩10分 P あり

↑スタイリッシュな厨房と一枚板の広々としたカウンター

良い食材を最も適した調理で
美味を追求する隠れ家和食店

魚菜 浜ふく

ぎょさい はまふく

新山口駅周辺 MAP 付録P.23 F-4

日本海、瀬戸内海の旬の魚介を使った料理に定評あり。おすすめは、素材の味を存分に楽しめるさっくりと揚げた天ぷら。低温調理法で旨みを閉じ込める肉料理も人気。山口の地酒も豊富に揃う。

☎0839-73-2929
所山口県山口市小郡大江町1-23
営17:30～23:00(LO22:30)
休日曜(月曜が祝日の場合は営業、月曜休)
交JR新山口駅から徒歩5分　Pあり

↑座敷、掘りごたつ席を完備した落ち着いた和の空間

↑一見住宅のように見える店舗。モダンな白壁と黒い暖簾が目印

刺身盛り合わせ
佐賀牛の赤身春野菜添え
穴子一本揚げ すべて時価
旬の食材をふんだんに使った料理が楽しめる。メニュー、値段は仕入れによって変更

予約 望ましい
予算 Ⓓ5000円～

素材の味を引き出した
繊細な創作和食を堪能

新創作 こ熊や

しんそうさく こぐまや

湯田温泉 MAP 付録P.25 F-1

湯田温泉の誰もが知る名店。厳選食材を使い、味はもちろんのこと、見た目にもおいしい創作和食を提供する。多彩に揃う山口の地酒は約35種。ちょっと贅沢なひとときを過ごしたい夜に最適。

☎083-932-6155
所山口県山口市湯田温泉1-2-1 白狐ビル1F　営18:00～23:00(LO22:30)
休日曜、祝日
交JR湯田温泉駅から徒歩5分　Pあり

↑高級感漂う店内。全室個室なのでゆっくりと過ごせる

↑店へと続く小道。隠れ家を訪れるような演出が心憎い

予約 望ましい
予算 Ⓓ6600円～

季節のコース料理
6600～1万1000円
地元の食材や酒を中心に8～9品で提供される日替わりコースなどが楽しめる

地のもの旬のものを厳選
鮮度抜群の魚介と地酒が魅力

味わい処 あかぎ

あじわいどころ あかぎ

山口タウン MAP 付録P.24 B-2

魚介は冷凍ものを一切使わず、すべて市場で仕入れた生のみ。日本海、瀬戸内海、玄界灘の旬の魚介をさまざまな和食で提供してくれる。獺祭や雁木など、豊富な山口県産の地酒も魅力。

☎083-924-3290
所山口県山口市道場門前2-6-24
営11:30～14:00 17:30～23:00(LO22:30)
休日曜　交JR山口駅から徒歩10分
Pあり

↑商店街の裏通りに位置する。ランチどきはすぐ満席に

↑懐かしい雰囲気が漂う店内はカウンター席と座敷を完備

お刺身盛り合わせ
1人前1500円～
鮮度抜群の旬の魚介を提供。季節によってはノドグロやウニなども登場する(写真はイメージ)

予約 不可
予算 Ⓛ750円～
Ⓓ4000円～

思わず長居したくなるカフェレストラン

Rubino café

ルビノ カフェ

予約 可
予算 1200円〜

山口タウン MAP 付録P.24 A-1

築50年余の古民家をリノベーションしたレトロモダンなカフェ。旬の地元野菜をふんだんに使ったランチは女性に大好評。器はすべて萩焼を使用するなど、随所にこだわりが光る。

☎083-976-4777
所山口県山口市滝町5-2
営11:00〜17:00 ※夜は5名〜で受付、3日前までに要予約 休不定休
交JR山口駅から徒歩25分／中国JRバスまたは防長交通バスで県庁前下車、徒歩5分 Pあり

店構えもスタイリッシュ。法閒寺への案内石碑を目印に坂道を進む

きょうのお昼ごはん(ドリンク付き)1200円。内容は週替わり

コンクリート壁と剥き出しの骨組みが印象的なセンスの良い空間。テーブルや椅子も厳選

光あふれる洗練された空間でモダンにリラックス

おしゃれなカフェでひと休み

明るくしゃれた雰囲気で女性を中心に人気を集めるカフェにぜひ注目を。こだわりのメニューも魅力で、カフェ休憩のほかランチタイムの利用もおすすめできる。

粉雪のような新食感かき氷

アイススウィーツ専門店 QQQ 山口店

アイススウィーツせんもんてん キューキューキュー やまぐちてん

山口タウン MAP 付録P.23 F-4

大阪の和菓子屋さんが始めた新食感のアイススイーツの店。練乳とミルクを専用の機械で瞬時に凍らせ、雪のように細かくしたふわさら食感が特徴。1年中食べられるのも魅力。

☎なし
所山口県山口市小郡御幸町4-19
営12:00(夏季11:00)〜17:30(LO)
休月・火曜(祝日の場合は営業)
交JR新山口駅から徒歩4分 Pあり

2023年6月にオープン。隣接するパン店「二度寝の長州」と行き来ができる

アイススイーツは各800円(写真は左からいちごミルク、黒蜜きな粉金時ミルク、宇治抹茶金時ミルク)。期間限定メニューもある

店内にカウンター席20席を用意

予約 不可
予算 480円〜

川沿いのアットホームカフェ

Olive Oil & Café CHIACCHIERA

オリーブ オイル & カフェ キアッケラ

予約 夜のみ可
予算 1100円〜

山口タウン MAP 付録P.24 B-4

世界の逸品を揃えたオリーブオイル専門店で、オイルを贅沢に使い、厳選素材で手作りするイタリアンとスイーツが味わえる店。約8種類から選べるランチコースがおすすめ。

☎083-920-8335
所山口県山口市中央1-6-11 営11:00〜17:00(LO、金・土曜は〜LO20:00)
休水曜、第1・3木曜
交JR山口駅から徒歩11分 Pなし

白い外壁と緑豊かなエントランス。木の扉もおしゃれでかわいい

季節のフルーツたっぷり、人気のおやつケーキ450円

窓辺のカウンターやテーブル席も居心地抜群。オリーブオイル販売ブースもある

ゆるやかに時間が流れる どこか懐かしい憩いの場所

安らぎをお約束。こだわり喫茶

店構えや内装はもちろん、調度品やメニューまでレトロ感があふれる「懐かしの喫茶店」。数十年の時を経てなお変わらぬ空間で、外界を忘れてしばしタイムトリップ気分を満喫したい。

お茶の香りに包まれる手作り甘味処

純喫茶 長寿

じゅんきっさちょうじゅ

新山口駅周辺 MAP 付録P.23 F-4

約60年続くお茶屋さん兼喫茶店。あんこもシロップもすべて手作りで、抹茶付きぜんざい800円やクリームぜんざい700円、抹茶ジュース600円などメニューも多い。夏にはかき氷を求める客で行列ができる。

☎083-972-0567
所山口県山口市小郡明治2-6-16
営9:30〜17:00 休日曜
交JR新山口駅から徒歩3分 Pあり

※2023年11月現在、夏期限定のかき氷は販売休止中

予約 不可
予算 600円〜

↑雰囲気のよい白壁の純日本家屋。左手がお茶の販売。格子扉が喫茶の入口

↑香り高い抹茶を使った抹茶ミルク500円やクリームあんみつ800円など

↑使い込まれ艶のあるテーブルや椅子。小さな庭が心和ませる居心地のよい空間

心満たす昔ながらの喫茶店

珈琲館 琥珀

こーひーかん こはく

山口タウン MAP 付録P.24 B-4

現店主の父が創業し40年、地元に愛される喫茶店。一杯ごとに豆を挽き、サイフォンでていねいに淹れるコーヒーは香り高く深い味わい。終日注文できるモーニングサービス600円も人気。

☎080-5230-3382
所山口県山口市後河原136 営9:10〜20:00
休不定休 交JR山口駅から徒歩15分
Pあり

↑レトロな雰囲気が漂う。店主とのおしゃべり目当てに訪れる常連客も多数

予約 可
予算 450円〜

→春は桜、夏はホタルが楽しめる一の坂川(P.133)沿いに位置する

↑独特な食感の手作り濃厚プリン350円はコーヒーと一緒に味わいたい

銘菓に伝統工芸、おしゃれ雑貨まで

古都の華やぎ「西の京」みやげ

山口外郎(ういろう)をはじめとする定番銘菓にこだわりの和洋菓子、大内塗に代表される伝統工芸品や華やかな雑貨たち。往時の古都の賑わいを思い起こさせる、多彩な品揃えだ。

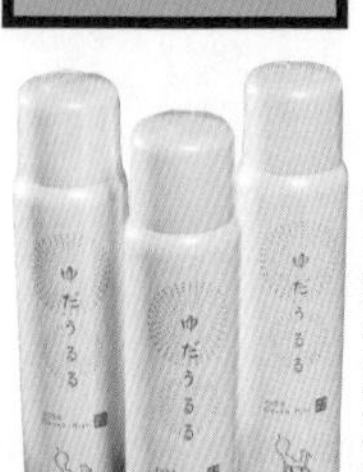

ゆだうるる
1本 1100円
美肌の湯・湯田温泉の源泉100%で作られたミスト化粧水。天然保湿成分でスベスベの肌に
特産品ショップ やまぐちさん

白きつね貯金箱
各880円
湯田温泉を発見したと伝えられる白狐をモチーフにした貯金箱。地元の工房による手作り
特産品ショップ やまぐちさん

大内人形(18号・ペア)
8550円
ふっくらとした丸み、やさしい表情が特徴の大内塗で作られた人形。サイズはさまざま
特産品ショップ やまぐちさん

外郎(ういろう)(真空パック)
普通形3本入り 830円(上)
普通形16本入り 4360円(下)
本わらび粉ならではの、やわらかい食感と素朴で奥深い味わいが独特の山口外郎
御堀堂 本店

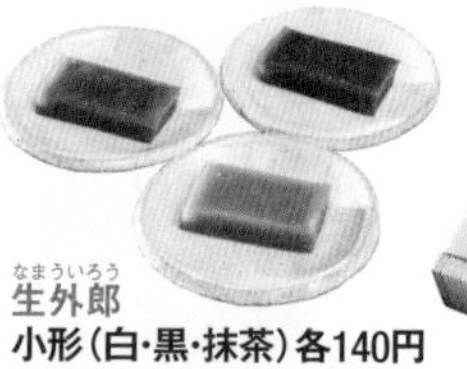

生外郎(なまういろう)
小形(白・黒・抹茶)各140円
絶大な人気を誇るのは、消費期限が3日間の生外郎。生ならではのみずみずしさは感動もの
御堀堂 本店

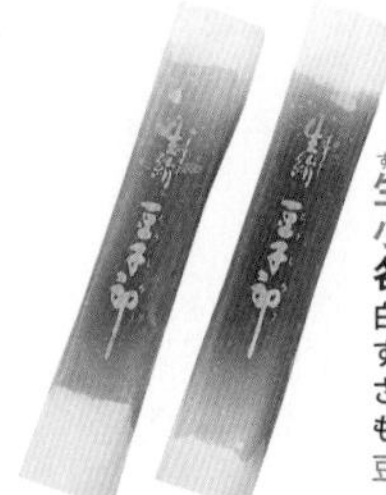

生絹豆子郎(すずしとうしろう)
小豆(右)・抹茶(左)
各1本 150円
白小豆と大納言が織りなす豊かな風味と上品な甘さ、わらび粉特有の食感もクセになる絶品美味
豆子郎の里 茶藏庵

のんた
1個 150円
なめらかな餡を黒蜜風味の生地で包んだしっとりやさしい口あたりの焼き菓子。「のんた」は語尾に付ける山口弁
豆子郎の里 茶藏庵

大内館(おおうちやかた)
1個 180円
守護大名大内氏の栄華に思いを馳せた焼き菓子。抹茶が香る雅なおいしさが歴史情緒を誘う
豆子郎の里 茶藏庵

萩の旬(はぎのたけ)
1棹 1200円
笹で包まれた、竹の産地・萩にちなむ和風カステラ。白味噌と山椒風味の懐かしい味わいが人気
豆子郎の里 茶藏庵

おみやげはココで購入

特産品ショップ やまぐちさん
とくさんひんショップ やまぐちさん
山口タウン MAP 付録P.24 B-2

岩国から下関まで山口県内の特産品が一堂に揃う。県外からの観光客はもちろん、県内の利用者も多数。火〜木曜、土曜に開かれる朝市も人気。
☎083-934-9120
所 山口県山口市道場門前1-3-16
営 10:00〜18:00 休 水曜
交 JR山口駅から徒歩8分 P なし

御堀堂 本店
みほりどう ほんてん
山口タウン MAP 付録P.24 B-2

山口外郎(ういろう)の元祖・福田屋の製法と伝統を継承する創業90年の老舗。商品は3種の味の外郎のみ。国産の最上級わらび粉や北海道産の小豆など素材を厳選。
☎083-922-1248
所 山口県山口市駅通り1-5-10
営 8:00〜19:00 休 無休
交 JR山口駅から徒歩3分 P あり

豆子郎の里 茶藏庵
とうしろうのさと さくらあん
山口タウン MAP 付録P.23 D-2

山口銘菓「豆子郎」の本店。美術品鑑賞や庭園散策が楽しめる「和文化」の空間が広がる。甘味も味わえ、憩いの場として市民にも愛されている。
☎083-925-2882
所 山口県山口市大内御堀1-1-3
営 7:00〜19:00(茶房10:00〜16:30LO)
休 無休 交 JR山口駅から徒歩15分 P あり

酒杯
各5500円
約400年の歴史を持つ萩焼の伝統に新しい感性を取り入れた、作家大和猛氏による山口萩焼
長州苑 本館

大内人形マグネット
大480円 小380円
ほんわかとした心が和む表情が特徴の大内人形のマグネットは手頃な値段でおみやげに人気の商品
長州苑 本館

萩焼の一輪挿し
2750円
萩焼の侘びた味わいが花の存在をぐんと引き立てる一輪挿し。さりげなく置ける大きさも魅力
長州苑 本館

大内人形coaster（殿・姫2枚入り）
220円
夫婦円満の象徴とされる大内人形をモチーフにした、長州苑オリジナルのコースター
長州苑 本館

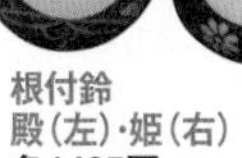

アーモンドのサブレ
3枚入り 275円
刻んだローストアーモンドの香りと食感がクセになる、バターたっぷりのサブレ
焼き菓子 やをぜ 後河原店

根付鈴
殿（左）・姫（右）
各1435円
地元の工房が手がける大内人形の根付鈴。殿と姫があり、老若男女問わず人気の定番みやげ
長州苑 本館

キャラメル生姜パウンド
308円
自家製しょうが蜜煮とキャラメル入りのパウンドケーキ。しょうがの風味が効いた大人の味わい
焼き菓子 やをぜ 後河原店

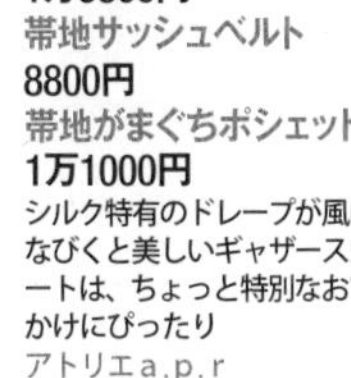

着物地
タックギャザースカート
1万9800円
帯地サッシュベルト
8800円
帯地がまぐちポシェット
1万1000円
シルク特有のドレープが風になびくと美しいギャザースカートは、ちょっと特別なおでかけにぴったり
アトリエa.p.r

着物地ブルゾン
3万5200円
紬スタンドカラーシャツ
1万8700円
2種類の着物地を組み合わせたブルゾンは、背中の柄もインパクト大。カジュアルに着こなしておしゃれ上級者な装いに
アトリエa.p.r

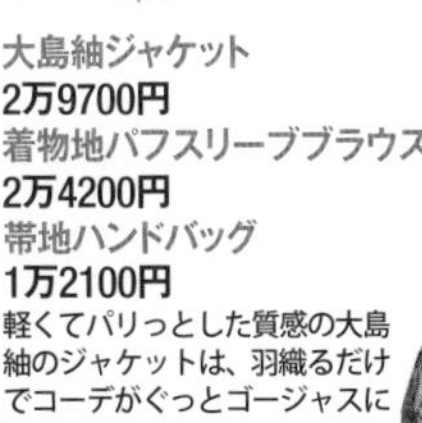

ピーカンショコラ
1個 421円
小麦粉不使用の濃厚なガトーショコラ。ローストしたピーカンナッツの香ばしさがアクセント
焼き菓子 やをぜ 後河原店

がまぐちポーチ
1000円～
定番人気のがまぐちは、コインケース、メイクポーチ、ポシェットまでサイズバリエーション豊富
アトリエa.p.r

大島紬ジャケット
2万9700円
着物地パフスリーブブラウス
2万4200円
帯地ハンドバッグ
1万2100円
軽くてパリっとした質感の大島紬のジャケットは、羽織るだけでコーデがぐっとゴージャスに
アトリエa.p.r

長州苑 本館
ちょうしゅうえん ほんかん

山口タウン MAP 付録P.24 B-1

スタッフ厳選の山口県内の銘品を販売。国宝 瑠璃光寺五重塔そばにあり、県外、海外の観光客が多数訪れる。魅力的な品が揃い、地元客にも人気。

☎083-925-5850 所山口県山口市木町1-6
営9:00～17:00 休無休
交JR山口駅から山口市コミュニティバスで香山公園五重塔前下車、徒歩1分 Pあり

焼き菓子 やをぜ 後河原店
やきがし やをぜ うしろがわらてん

山口タウン MAP 付録P.24 B-3

古民家をリノベーションした焼き菓子店。「やをぜ」はドイツ語で「3時のおやつ」の意味。定番から旬のフルーツを使ったものまで常時16種が並ぶ。

☎083-941-6424 所山口県山口市後河原188
営11:00～18:30（水曜のみの営業） 休日～火・木～土曜 交JR山口駅から山口市コミュニティバスで伊勢大路下車、徒歩4分 Pあり

アトリエ a.p.r
アトリエ エー.ピー.アール

山口タウン MAP 付録P.24 B-3

着物リメイクを中心とした一点ものの洋服や小物を販売する、幅広い世代に人気のショップ。自前の着物を持参して、リメイクのオーダーもできる。

☎090-9733-9821 所山口県山口市大殿大路114-1 営10:00～19:00
休月・火曜（月曜が祝日の場合は営業）
交JR上山口駅から徒歩8分 Pあり

注目ポイント

カルスト台地

秋吉台には遊歩道や自然観察路が整備され、ウォーキングを楽しむ人の姿も。また、秋吉台を貫く県道242号(通称カルストロード)のドライブやサイクリングも爽快だ。

雄大なカルスト台地と神秘の鍾乳洞を探索

秋吉台

あきよしだい

東西17km、南北8kmにわたって広がるカルスト台地と地下の鍾乳洞群。世界でも稀な景観と自然美に誰もが心揺さぶられるだろう。

壮大なカルスト台地の景観は太古の海より誕生した

約3億5000万年前、海中のサンゴ礁が時間をかけて石灰岩となり、雨水に浸食されて現在のようなカルスト台地になったとされる。無数の石灰岩柱が地表から突き出る景色は壮観。地下には大小合わせて約450もの鍾乳洞があり、長い歳月が織りなす自然美が堪能できる。

交通 information

バス JR山口駅から秋芳洞まで中国JRバスで1時間／JR新山口駅から秋芳洞まで防長交通バスで40分
車 山口市街から秋芳洞まで国道435号、県道242号経由で26km

地上の秋吉台・地下の秋芳洞

秋吉台の地下には秋芳洞(P.145)が広がっており、正面口、エレベーター口、北西の黒谷口の3つの出入口とそれぞれに案内所がある。地上では各出入口を乗合タクシー(4～10月の平日限定)や、循環バス(土・日曜、祝日限定)が巡回しているので、必要に応じて活用すれば、より効率的にまわることができる。

秋吉台カルスト展望台

あきよしだいカルストてんぼうだい

MAP 付録P.26 B-3

全周囲に広がるパノラマ

1階はトイレ、2階が回廊式の展望フロアで、そこからは見渡す限りの秋吉台の景色が360度の眺望で楽しめる。隣接する売店では夏みかん味や梨味のソフトクリームも販売されている。

☎0837-62-0305(秋吉台観光交流センター)
所山口県美祢市秋芳町秋吉秋吉台
開休料見学自由　交秋芳洞エレベーター口から徒歩10分／秋芳洞バス停から防長交通バスで6分、秋吉台下車、徒歩3分　Pなし

↑カルスト台地が360度望める格好のビュースポット

←2階の展望台へは車いすやベビーカーでも上がれる

休憩スポット

Karstar(Mine 秋吉台ジオパークセンター)

カルスター(ミネ あきよしだいジオパークセンター)

MAP 付録P.26 B-3

秋吉台を眺めながらゆっくりとくつろげる無料休憩所。認定ジオガイドが常駐していて、ジオツアーや観光案内も行っている。

☎0837-63-0040　所山口県美祢市秋芳町秋吉11237-862　営9:00～17:00　休無休　交秋芳洞エレベーター口から徒歩5分／秋芳洞バス停から防長交通バスで6分、秋吉台下車、徒歩5分　Pあり

↑カフェを併設し、無料Wi-Fiや携帯の充電スポットも完備

美祢市立 秋吉台科学博物館

みねしりつあきよしだいかがくはくぶつかん

MAP 付録P.26 B-3

豊富な展示で自然史を知る

秋吉台や秋芳洞の地形の成り立ちや地域の動植物などについて、豊富な資料とともにわかりやすく解説。化石や動物の標本などの展示も見応えがある。

☎0837-62-0640
所山口県美祢市秋芳町秋吉11237-938
開9:00～17:00　休月曜(祝日の場合は翌日)
料無料　交秋芳洞エレベーター口から徒歩10分／秋芳洞バス停から防長交通バスで6分、秋吉台下車、徒歩3分　Pなし

↑化石や標本、ジオラマなど展示内容が豊富でわかりやすい

→秋吉台の自然を守り研究する、地域に根ざした博物館

洞内は神秘的な雰囲気。長い歳月が生んだ自然美だ

秋芳洞

あきよしどう

MAP 付録P.26 B-3

日本最大級の鍾乳洞

秋吉台南麓の地下100mに広がる鍾乳洞で、総延長11.2kmのうち約1kmが公開されている。洞内には川が流れ、さまざまな形状の鍾乳石や石筍が見られる。見学所要時間は約1時間。

☎0837-62-0305(秋吉台観光交流センター)
所山口県美祢市秋芳町秋吉3506-2

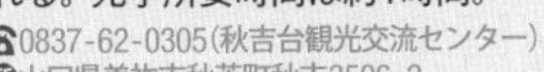

開8:30～17:30(12～2月は～16:30)　休無休
料1300円　交秋芳洞バス停から徒歩7分
Pあり

↑無数の鍾乳石がつららのように垂れ下がる「傘づくし」

↑直径4m、高さ15mの巨大な石灰華柱「黄金柱」は必見だ

←石灰分が皿状に500枚以上蓄積された石灰華段丘「百枚皿」

長者ヶ森

ちょうじゃがもり

MAP 付録P.26 B-2

謎多き静寂の森

見晴らしの良いカルスト台地にポツンと現れる小さな森。長者の屋敷が森に変わったなど、さまざま伝説が残る。

☎0837-62-0305(秋吉台観光交流センター)
所山口県美祢市美東町秋吉台上　開休料見学自由　交秋芳洞バス停から防長交通バスで6分、秋吉台下車、徒歩40分／JR新山口駅から車で35分　Pあり

↓草原の中にポツンと残る森

多彩な鍾乳洞の神秘を楽しむ

カルスト台地ならではの自然の芸術が隠された個性豊かな鍾乳洞。

大正洞 たいしょうどう

5層の洞窟が縦穴でつながる立体的な鍾乳洞で、まだ成長期にある。人一人がやっと通れる「よろめき通路」や「獅子岩」など見どころも多彩。

MAP 付録P.26 B-1

☎08396-2-0605　所山口県美祢市美東町赤2666-1　開8:30～17:15(入場は～16:30)　休無休　料1100円(景清洞との共通券1650円)　交秋芳洞バス停から防長交通バスで21分、大正洞下車、徒歩2分　Pあり

↓戦乱時には里人が牛を隠していたことも

↑壁や天井の浸食跡はまるで芸術作品

景清洞 かげきよどう

壇ノ浦で敗れた平家の武将が潜んでいたと伝えられ、その名の由来に。バリアフリーに対応した平坦な一般観光コースのほか「探検コース」も人気。

MAP 付録P.26 B-1

☎08396-2-2201　所山口県美祢市美東町赤3248　開8:30～17:00(入場は～16:30、探検コースは～16:00)　休無休　料1100円(大正洞との共通券1650円)　交JR新山口駅から車で50分　Pあり

昭和25年(1950)に台風で流出したが再建され、今もその優美な姿で人々を魅了し続ける

四季の風情に美しい史跡が調和する

岩国

いわくに

吉川家が築いた城下町の象徴は悠々と流れる錦川に架かる優美な錦帯橋。橋を渡った先には藩ゆかりの名所が多く残る。

名勝の錦帯橋を渡り吉川家と城下の面影を巡る

慶長5年(1600)の関ヶ原の戦いで毛利家が周防長門の2カ国へ移封されたのに伴い、その内の岩国を吉川家が治めることになった。そうしたことから岩国には、錦帯橋をはじめ城下町が発展するなかで築かれた吉川家ゆかりの史跡が多く残る。特に橋から城側に広がる吉香公園に見どころが集まる。

交通information

鉄道・バス JR山口駅から新岩国駅まで山口線、山陽新幹線こだまで1時間15分(新山口駅で乗り換え)、錦帯橋バス停までいわくにバスで14分、JR岩国駅からいわくにバスで20分
車 山口市街から錦帯橋まで国道262号、山陽自動車道、国道2号経由で90km

←錦帯橋を岩国城側へ渡った先には、香川家長屋門など武家屋敷の遺構が残る

→文化施設などの見どころは、岩国城の麓にある吉香公園内にある

柏原美術館

かしわばらびじゅつかん

MAP 付録P.25 D-3

古武具から知る日本の伝統

全国でも珍しい古武具中心の博物館。奈良時代から江戸時代にかけての刀剣や甲冑、陣羽織、陶磁器など約1万2000点を所蔵し、『川中島合戦図屏風』などの常設展示のほかに特別展も開催。

☎0827-41-0506 所山口県岩国市横山2-10-27 開9:00〜17:00(12〜2月は〜16:00) 休火曜(繁忙期を除く) 料800円 交錦帯橋バス停から徒歩7分 Pなし

↑戦国時代から幕末にかけての銘刀を展示

→岩国城ロープウエーの山麓駅近くに建つ和風建築

錦帯橋

きんたいきょう

MAP 付録P.25 E-4

3世紀半の歴史を刻む名橋

延宝(えんぽう)元年(1673)に第3代藩主・吉川広嘉(きっかわひろよし)が創建した、5連アーチで錦川(にしきがわ)に架かる全長193.3m、幅員5mの木組み構造の橋。世界的にも珍しい構造と美しい景観から日本三名橋に数えられる。

☎0827-29-5116(岩国市観光振興課) 所山口県岩国市岩国 開24時間(22:00〜はライトアップ消灯) 休無休 料310円 小学生150円 交錦帯橋バス停からすぐ Pあり

岩国シロヘビの館

いわくにシロヘビのやかた

MAP 付録P.25 D-3

縁起のいいシロヘビの博物館

国の天然記念物に指定されている「岩国のシロヘビ」について楽しく学べる施設。古文書や映像を使って伝承や生態を紹介するほか、シロヘビの生体展示も。神秘的な姿に魅了される。

☎0827-35-5303 所山口県岩国市横山2-6-52 開9:00〜17:00 休無休 料200円 交錦帯橋バス停から徒歩10分 Pなし

↓白ヘビにちなんだオリジナルグッズも販売

岩国城

いわくにじょう

MAP 付録P.25 D-3

天守閣も眺望も美しい

慶長13年(1608)、初代当主・吉川広家によって造られた山城だったが、元和元年(1615)の一国一城令により取り壊される。現在の4重6階の天守は昭和37年(1962)に再建されたもの。

☎0827-41-1477(錦川鉄道 岩国管理所)
所山口県岩国市横山3 開9:00〜16:45(入場は〜16:30) 休無休(ロープウェイ点検日を除く) 料270円 交岩国城ロープウエー・山頂駅から徒歩8分 Pなし

↑展望台からは錦帯橋や晴れた日には瀬戸内海まで望める

↑天守閣内には武具や甲冑、錦帯橋の精密模型などを展示

日本国内でも珍しい桃山風南蛮造りの天守閣だ

注目ポイント

岩国城ロープウエー

城の建つ標高200mの城山山頂まで、山麓の吉香公園前から約3分で結ぶ。15分間隔で運行しており、爽快な空中散歩が楽しめる。

☎0827-41-1477(錦川鉄道 岩国管理所)
所山口県岩国市横山2 営9:00〜17:00
休無休(点検日臨時休) 料往復560円
交錦帯橋バス停から徒歩10分 P山麓駅前駐車場60台

吉香神社

きっこうじんじゃ

MAP 付録P.25 E-3

江戸中期の貴重な神社建築

吉川家の歴代の神霊を祀る神社。現社殿は享保13年(1728)に造営され、明治18年(1885)に現在地に曳家された。独特の形式と当時の高い技術が評価され、国指定重要文化財に。

☎0827-41-0600
所山口県岩国市横山2-8-10 開9:00〜17:00
休無休 料無料
交錦帯橋バス停から徒歩10分 Pなし

↑祖霊を祀る神社建築は全国でも数少ない

←境内の錦雲閣は明治18年(1885)に造られた絵馬堂で、堀に面した姿が美しい

岩国と吉川家について知る

江戸から幕末にかけて岩国を治めた吉川家の歩みは岩国の歴史そのもの。

岩国徴古館 いわくにちょうこかん

江戸時代の岩国に関する古文書や錦帯橋に関する資料などを展示する博物館。建物は太平洋戦争終戦直前に完成した。4〜5月にはボタンやツツジの名所になる。

MAP 付録P.25 E-3

☎0827-41-0452 所山口県岩国市横山2-7-19 開9:00〜17:00 休月曜(祝日の場合は翌平日) 料無料 交錦帯橋バス停から徒歩10分 Pなし ※2024年5月頃から休館予定

↑1998年に国の有形文化財に登録された

↑正面の長屋門は寛政5年(1793)の建造

吉川史料館 きっかわしりょうかん

始祖から約830年の歴史を持つ吉川家伝来の歴史資料や美術工芸品など約7000点を収蔵し、年数回の展示替えにより公開。国宝の太刀をはじめ国指定重要文化財の工芸品も多数。

MAP 付録P.25 E-3

☎0827-41-1010
所山口県岩国市横山2-7-3 開9:00〜16:30
休水曜(祝日の場合は翌日) 料500円
交錦帯橋バス停から徒歩10分 P24台

グルメスポット

錦帯橋たもと 平清

きんたいきょうたもと ひらせい

MAP 付録P.25 E-4

安政5年(1858)創業の老舗和食店。岩国寿司、大平、三杯酢など岩国の郷土料理がコースや御膳で楽しめる。地酒も多数あり。2階席からは錦帯橋を一望できる。

☎0827-41-0236
所山口県岩国市岩国1-2-3 営11:30〜13:30(土・日曜、祝日、繁忙期11:00〜14:00)※夜は団体事前予約のみ(要相談)
休火・水曜不定休(祝日の場合は営業)
交錦帯橋バス停からすぐ Pなし

↑観光客に一番人気のじゃのめ御膳1800円

→満席のことも多い人気店。予約が望ましい

道真公は京都と地続きである防府で、無実の知らせを待ちたいと願われたという

1300年の歴史と文化が薫る山陽の古都

防府

ほうふ

古くから周防の国府として発展。菅原道真が愛し、藩主毛利家が栄華を極めた四季の花々が彩る名所旧跡を訪ね歩く。

⬆「茶聖」と讃えられた道真公にちなんで建てられた茶室・芳松庵

防府天満宮

ほうふてんまんぐう

MAP 付録P.27 E-1

日本で最初の天満宮

日本三天神のひとつ。創建は延喜4年(904)と天満宮では最初。菅原道真公が九州に西下する途中でこの地に立ち寄った。歴史館には国の重要文化財を含む約500点の文化財を収蔵。

☎0835-23-7700
所 山口県防府市松崎町14-1　開休料 参拝自由 ※歴史館は9:00～16:30 拝観500円、茶室芳松庵は9:30～16:00 拝観500円(抹茶・菓子付き)
交 JR防府駅から徒歩6分　Ⓟあり

いにしえの文化に彩られ静かにたたずむ歴史ロマン

7世紀後半に国府が置かれ、奈良時代には国分寺が建立されるなど早くから文化が花開いた。瀬戸内海に面した要衝で、江戸時代には萩と萩往還(P.66)で結ばれた。菅原道真ゆかりの天満宮や由緒ある東大寺の別院、国の名勝・毛利氏庭園など、歴史を感じさせる名所旧跡が点在する。

交通information

鉄道 JR山口駅から防府駅まで山口線、山陽本線で1時間(新山口駅で乗り換え)
車 山口市街から防府市街まで国道262号経由18km

東大寺別院 阿弥陀寺

とうだいじべついん あみだじ

MAP 付録P.3 F-3

鎌倉時代初期に建立の古刹

文治3年(1187)、東大寺の大勧進職だった俊乗房重源上人により建立。建久8年(1197)に鋳造された国宝の鉄宝塔ほか貴重な文化財を収める。境内には80種4000株のアジサイも。

☎0835-38-0839
所 山口県防府市牟礼1869
開休料 参拝自由(宝物館9:00～17:00、入館料400円、要事前予約) ※6月は入山料200円
交 JR防府駅から防長交通バスで阿弥陀寺下車すぐ　Ⓟあり

⬆茅葺き屋根で古刹らしいたたずまいの仁王門

⬆2万5000坪におよぶ庭園は、国の名勝に指定

⬅展示室では季節ごとに4件の国宝ほか多数の文化財を入れ替え、展示する

毛利博物館・毛利氏庭園

もうりはくぶつかん・もうりしていえん

MAP 付録P.27 F-1

名勝の庭と国宝・重文の博物館

博物館の建物は、旧公爵毛利家の本邸として大正5年(1916)に完成し、重要文化財に指定。国宝の雪舟作『四季山水図』をはじめ、毛利家伝来の文化財2万点を所蔵し、公開している。

☎0835-22-0001　所 山口県防府市多々良1-15-1　開 9:00～17:00(入館は～16:30)
休 無休(博物館は12/22～31休)
料 博物館・庭園共通券1000円(特別展1200円)
交 JR防府駅から防長交通バスで毛利本邸入口下車、徒歩6分　Ⓟあり

周防国分寺

すおうこくぶんじ

MAP 付録P.27 E-1

国の重文など仏像も多数

奈良時代中期に建立された官寺。伽藍は全国でも珍しく創建当時の配置を保ち、境内は国の史跡に指定。国指定重要文化財の本尊薬師如来坐像をはじめ50体以上の仏像を安置する。

☎0835-22-0996　所 山口県防府市国分寺町2-67　開休料 参拝自由(金堂拝観500円、9:00～16:00、月曜休)　交 JR防府駅から防長交通バスで国分寺下車、徒歩2分　Ⓟあり

⬇本堂は安永8年(1779)に再建された

ときわ公園の野外彫刻『蟻の城』は宇部市のシンボルのひとつ

自然と芸術でいっぱいの街は世界からも注目を受けている

戦後、工業都市として発展した宇部市だが、同時に煤塵などの公害も問題に。そのため産・官・学・民が協力して緑化事業を推進。しだいに街や公園が緑や花であふれるようになるなか、街に野外彫刻を置く運動も高まり、60年以続く野外彫刻の国際コンクール「UBEビエンナーレ」は、世界の注目を集めている。

交通information

鉄道 JR山口駅から常盤駅まで山口線、宇部線で1時間20分(新山口駅で乗り換え)
車 山口市街からときわ公園まで県道6号山口宇部道路経由35km

花とアートが息づく都市景観を満喫

宇部

うべ

江戸時代に造成された人造湖・常盤湖（ときわこ）を抱くときわ公園をはじめ、街中に緑と花と彫刻があふれる。人気のパワースポットも鎮座。

ときわ公園

ときわこうえん

MAP 付録P.3 D-4

日本屈指の美しい総合公園

世界かんがい施設遺産に登録された常盤湖（ときわこ）を中心に、緑と花と彫刻に彩られた総合公園。189haという広大な敷地を誇る園内では、春は3500本の桜やツツジ、初夏は約2万株の花菖蒲などさまざまな花が楽しめる。さらに、動物園や植物館、遊園地など子どもから大人まで楽しめる施設が揃っている。

☎0836-54-0551(ときわ公園課)
所山口県宇部市則貞3-4-1
開動物園・遊園地・植物館9:30〜17:00(植物館入館は〜16:30)、ときわミュージアム・石炭記念館9:00〜17:00 休火曜(祝日の場合は翌日)
料無料(一部施設は有料)
交JR常盤駅から徒歩15分 Pあり

ときわミュージアム「世界を旅する植物館」

国内で初めて全国に生息環境展示を取り入れた「ときわ動物園」

春は3500本の桜で園内がピンク色に染まる

ここだけの授与品を求める参拝客も多い

琴崎八幡宮

ことざきはちまんぐう

MAP 付録P.3 D-4

宇部を守護する産土神社

貞観（じょうがん）元年(859)、八幡宮の総本宮・大分県の宇佐神宮（うさじんぐう）より御分霊をいただき、創建された由緒ある神社。952種類の御守があり、ここにしかない御守も多い。

☎0836-21-0008
所山口県宇部市宇部大小路571
開休料参拝自由 交山陽自動車道・宇部ICから車で3分 Pあり

「彫刻のまち」の祭典・UBEビエンナーレ

ときわ公園内にあるUBEビエンナーレ彫刻の丘では、昭和36年(1961)から隔年で「UBEビエンナーレ(現代日本彫刻展)」を開催。また、園内には歴代受賞作品を中心とした約100点の野外彫刻が常設され、公園全体が野外彫刻美術館のようだ。

UBEビエンナーレ彫刻の丘では2年ごとに最新の入選作品を鑑賞できる

国の重要伝統的建造物群保存地区に選定されている「白壁の町並み」

白壁が並ぶ通りを歩いて かつての栄華に思いを馳せる

柳井は古くから瀬戸内海の交通の要衝として栄え、江戸期には「岩国吉川藩の御納戸」と呼ばれるほどの商都に発展した。レトロな雰囲気が漂うJR柳井駅の北側を進み、雁木が残る柳井川を渡れば、往時の豪商の家屋が立ち並ぶ落ち着いた風情が漂う路が約200mにわたって続く。

➲名産品の金魚ちょうちんが軒下に吊るされて、街並みを飾る

商家の軒先に金魚ちょうちんが揺れる

柳井

やない

室町時代の町割に、江戸時代の商家が並ぶ美しい「白壁の町並み」。かつて大八車が行き交った通りをゆっくりと歩いてみたい。

交通information

鉄道 JR山口駅から柳井駅まで山口線、山陽本線で2時間10分(新山口駅で乗り換え)
車 山口市街から柳井市街まで国道262号、山陽自動車道、県道63・138号経由79km

商家博物館むろやの園

しょうかはくぶつかんむろやのその

MAP 付録P.27 E-3

市内最古の豪商の屋敷

油商として栄えた小田家の屋敷で、江戸時代には50隻もの船を持つ西日本指折りの豪商だった。母屋をはじめ11棟35室もの建物があり、現存する町家では国内最大級。展示品も多い。

☎0820-22-0016
所 山口県柳井市柳井津439
開 9:00〜17:00 休 水曜(祝日の場合は翌日)
料 450円 交 JR柳井駅から徒歩6分 P あり

➲元禄14年(1701)頃に建てられたと推定される

➲生活用具1553点、古文書1011点が建物とともに県の有形民俗文化財に

国森家住宅

くにもりけじゅうたく

MAP 付録P.27 E-3

柳井の商家を代表する館

江戸時代中期に建てられた本瓦入母屋造りの商家。火災や盗難を防ぐためのさまざまな仕掛けが施されている。細部まで往時のままに保存され、国の重要文化財に指定されている。

☎0820-23-3655(柳井市観光協会)
所 山口県柳井市柳井津467 開 9:00〜17:00
休 事前予約制(10日前まで) 料 200円 学生以下100円 交 JR柳井駅から徒歩10分 P あり

➲どっしりとした白漆喰土蔵2階建ての商家

やない西蔵

やないにしぐら

MAP 付録P.27 E-3

人気の民芸品の製作体験も

大正時代末期に建てられ、昭和55年(1980)頃まで醤油の醸造に使用されていた。現在はギャラリーや体験工房を併設する複合型観光施設で、金魚ちょうちんや柳井縞などの製作体験ができる。

☎0820-23-2490 所 山口県柳井市柳井3700-8 開 9:00〜17:00(各種体験は要問い合わせ)
休 火曜(祝日の場合は翌日) 料 入館無料(金魚ちょうちん製作800円〜、柳井縞製作400円〜)
交 JR柳井駅から徒歩12分 P あり(共用駐車場)

➲館内は無料Wi-Fiが使えるので休憩スポットとしても利用できる

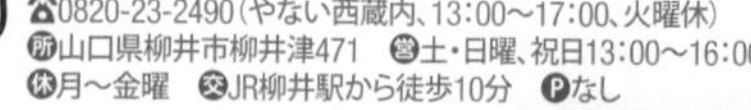

「幻の織物」をおみやげに

柳井縞の会 からり

やないじまのかい からり

MAP 付録P.27 E-3

大正時代に一度、姿を消した柳井の伝統木綿織物「柳井縞」を復活させた「柳井縞の会」が運営している店。

☎0820-23-2490(やない西蔵内、13:00〜17:00、火曜休)
所 山口県柳井市柳井津471 営 土・日曜、祝日13:00〜16:00
休 月〜金曜 交 JR柳井駅から徒歩10分 P なし

➲➲手織りの素朴な風合い。明るい色も加えた現代的アレンジも人気

本土と周防大島を結ぶ大島大橋。起伏に富んだ島内には、見晴らしの良い場所も多数点在する

島に漂う南国ムードを満喫できる片添ヶ浜海浜公園

瀬戸内海の陽光に愛された魅惑の島

周防大島

すおうおおしま

青く澄みわたる瀬戸内の海と空に包まれ、一年中気候が温暖な癒やしの島。心とカラダをリフレッシュする旅情を存分に味わおう。

『古事記』にも登場する原初の島で景観を生かした名所や温泉へ

柳井と大島大橋でつながる周防大島(屋代島)は、瀬戸内海で3番目に大きい島。由緒は古く、「国産み」神話で最初に生まれた6つの島のひとつとして『古事記』にも登場する。温暖で南国のようなリゾートとして人気で、風光明媚な温泉もある。名産のみかんや夕日の美しさでも知られる。

交通information

鉄道 JR山口駅から大畠駅まで山口線、山陽本線で2時間20分(新山口駅で乗り換え)、防長交通バスで安高バス停まで36分、周防平野バス停まで45分
車 山口市街から大島大橋まで国道262号、山陽自動車道、国道437号経由92km

四岩合わせ奇岩(しあわせ祈願)

地域に古くから伝わる信仰。安下庄湾にそびえる「立岩」と「厳門」、嵩山中腹にある洞窟の「岩屋権現」、巨石の「帯石観音」の4つの奇岩を巡ると、家庭円満や子孫繁栄、健康長寿などのご利益があるという。

厳門(写真)と立岩は竜崎温泉の近く、岩屋権現と帯石観音は嵩山の中腹にある

竜崎温泉 潮風の湯

りゅうざきおんせん しおかぜのゆ

MAP 付録P.5 E-4

眺望の良いセピア色の湯

瀬戸内海を望み、浴室や露天風呂からは安下庄湾と大島富士とも呼ばれる嵩山を一望できる。湯は全国でも珍しいセピア色の強塩泉で皮膚炎や神経痛に効く。

☎0820-77-1234
所 山口県周防大島町東安下庄685-2 営 11:00〜21:00 休 月曜(祝日の場合は翌日) 料 730円 交 安高バス停から徒歩15分 P あり

通称「大島富士」の嵩山(だけさん)が眼前に

星野哲郎記念館

ほしのてつろうきねんかん

MAP 付録P.5 F-4

島出身作詞家の歩みを紹介

星野哲郎は『男はつらいよ』『三百六十五歩のマーチ』などの作詞家。海を望むように建つ。

☎0820-78-0365
所 山口県周防大島町平野417-11
開 9:00〜17:00(入館は〜16:30)
休 水曜(祝日の場合は翌日)
料 520円
交 周防平野バス停からすぐ P あり

館内からの眺めも良い

300年を超える歴史と維新のロマンが感じられる宿

松田屋ホテル

まつだやホテル

湯田温泉 MAP 付録P.25 F-1

延宝3年(1675)創業。明治維新の志士たちが集い、語り合ったという老舗旅館だ。敷地内には数々の文化財や、高杉晋作や桂小五郎(木戸孝允)らも入浴したという「維新の湯」が残されている。木造2階建ての本館は純和風の趣あふれるたたずまい。

☎083-922-0125(受付時間9:00〜20:00)
所 山口県山口市湯田温泉3-6-7 交 JR湯田温泉駅から徒歩10分 P あり in 16:00 out 10:00 室 31室 ※休館日あり、要確認
予算 1泊2食付2万5450円〜

1.内風呂でも源泉かけ流しの温泉が楽しめる。やわらかな湯が心地よい 2.かつて司馬遼太郎(しばりょうたろう)が執筆をしたという本館・雪舟の間 3.回遊式の日本庭園は、ぜひ散策したい 4.日本海の幸を中心に、四季の食材を使った会席がいただける

湯田温泉の宿

白狐伝説の美肌の湯に憩う夜

白狐が寺の池で傷を癒やし、水が温かいことに気づいた和尚が池を掘ったところ温泉が湧き出たという。「美肌の湯」としても知られ、幕末には維新の志士もたびたび訪れたゆかりの地としても人気の温泉だ。

国登録有形文化財の木造建築や国登録記念物の庭園に注目

山水園

さんすいえん

湯田温泉 MAP 付録P.25 F-1

大正時代に実業家の別荘として建築。数千坪という広い敷地には、中心に池を据えた池泉庭園、枯山水、露地という3つの様式の日本庭園が広がる。客室はわずか14室のみ。随所に遊び心が加わった和室で、静かなひとときを過ごすことができる。

☎083-922-0560
所 山口県山口市緑町4-60
交 JR湯田温泉駅から車で5分 P あり
in 15:00 out 10:00
室 14室
予算 1泊2食付1万8850円〜

1.池泉庭園。2本の滝から温泉水が池に流れ込む 2.館内随一の広さの「桐の間」。庭園と一体となった格調高い部屋だ 3.盛り付けや器にもこだわった会席 4.3本の泉源を混ぜ合わせた自家源泉かけ流しの温泉

洗練された和モダンな宿で くつろぎのプライベートタイム

やまぐち・湯田温泉 古稀庵

やまぐち・ゆだおんせん こきあん

湯田温泉 MAP 付録P.25 F-1

豊かな自然に囲まれたリゾートのような雰囲気。すべての客室に源泉かけ流しの露天風呂が付いており、プライベートプールの付いた離れもある。芝生のソファでくつろいだり、ロミロミのマッサージを受けたり、さまざまな過ごし方ができる。

☎083-920-1810
所山口県山口市湯田温泉2-7-1
交JR湯田温泉駅から徒歩10分
Ⓟあり in14:00 out11:00 室16室
予算1泊2食付3万6300円〜

1.内湯、露天風呂の両方が楽しめる大浴場　2.広々とした客室は和洋室が基本で、庭園を楽しめるテラスも備える　3.山口県ならではの魚介や旬の食材を使った、見た目の彩りも楽しめる料理の数々　4.迎門をくぐって敷地内に入れば、そこは自然の息吹が感じられる隠れ家のような空間

こだわりの温泉と料理で 体の外も内も美しくなる

梅乃屋

うめのや

湯田温泉 MAP 付録P.25 F-1

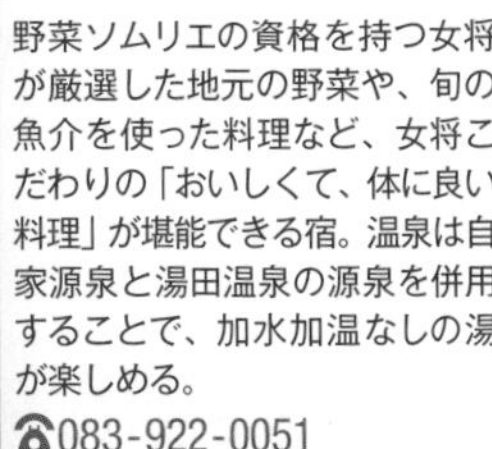

野菜ソムリエの資格を持つ女将が厳選した地元の野菜や、旬の魚介を使った料理など、女将こだわりの「おいしくて、体に良い料理」が堪能できる宿。温泉は自家源泉と湯田温泉の源泉を併用することで、加水加温なしの湯が楽しめる。

☎083-922-0051
所山口県山口市湯田温泉4-3-19
交JR湯田温泉駅から徒歩10分
Ⓟあり in15:00 out11:00
室41室 予算1泊2食付1万5000円〜

1.和室・洋室のほか、バリアフリーの和洋室(希望の場合は要問い合わせ)もある　2.入れば入るほど肌がつるつるになる美肌の湯。とろとろとした湯が心地よい　3.こだわりの食材を、おいしいときに、いちばんおいしい方法でいただける　4.広々とした大浴場。遠赤外線のサウナや冷源泉風呂も付いている

TRANSPORTATION

交通

玄関口となる空港や駅は山陽側に集中している

萩・津和野・下関・山口へのアクセス

まずは主要空港や新幹線の駅が集まる山陽側へ向かい、そこから目的地へ北上するのが基本プラン。高速バスや特急列車に乗り換えれば、日本海側もそれほど遠くない。レンタカーも有用だ。

飛行機でのアクセス

路線は多くないが4つの空港を利用できる

主に首都圏から出発する旅行者に便利。飛行機は搭乗までにやや時間がかかるが、それでも鉄道に比べると短時間で移動できる。萩・石見空港からは萩や津和野へ、山口宇部空港からは山口県内各地へアクセス可能。目的地が下関なら福岡空港も候補に入れたい。便数が多く、時間帯の選択肢が豊富なのが魅力的だ。

出発地	到着地	便名	便数	所要時間	運賃
羽田空港	萩・石見空港	ANA	2便／日	1時間35分	3万6400円～
	北九州空港	ANA ／ JAL ／ SFJ*	14～15便／日	1時間40分	4万3010円～（SFJ＝4万2100円）
	山口宇部空港	ANA ／ JAL ／ SFJ**	10便／日	1時間40分	4万590円～（SFJ＝3万9600円）
	岩国錦帯橋空港	ANA	5便／日	1時間40分	3万5100円～
那覇空港	岩国錦帯橋空港	ANA	1便／日	1時間50分	3万7300円～

※ ANA…全日空輸、JAL…日本航空、SFJ…スターフライヤー、
* 一部ANAとのコードシェア便
** 全便ANAとのコードシェア便

●問い合わせ先
ANA（全日空）
☎0570-029-222
JAL（日本航空）
☎0570-025-071
SFJ（スターフライヤー）
☎0570-07-3200

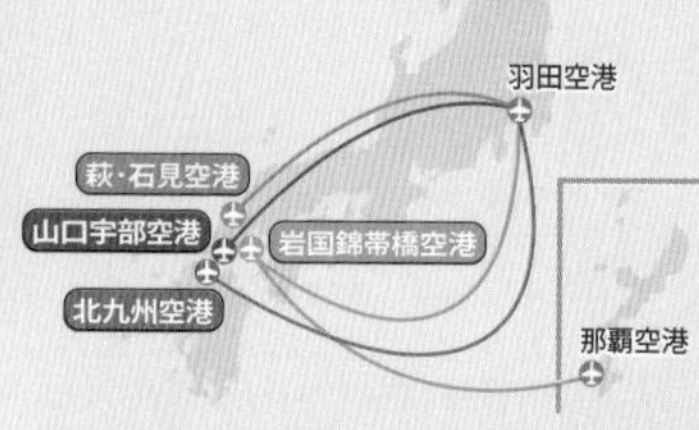

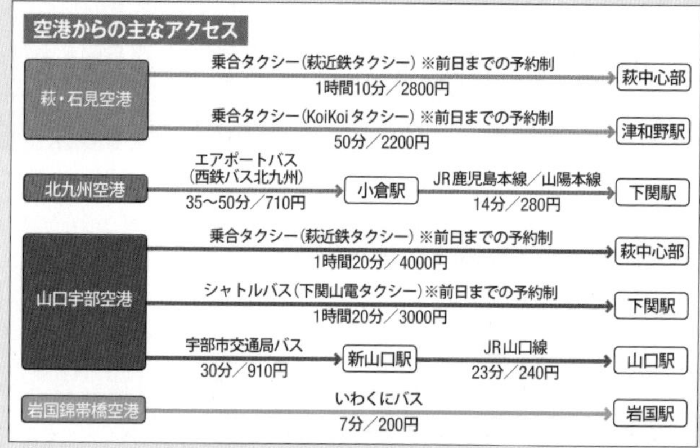

●問い合わせ先　**萩近鉄タクシー** ☎0838-22-0924　**KoiKoiタクシー** ☎0856-72-3700
西鉄お客さまセンター ☎050-3616-2150　**下関山電タクシー** ☎083-231-3419
いわくにバス ☎0827-22-1092　**宇部市交通局** ☎0836-31-1133

車でのアクセス

到着後のエリア内移動もしやすいのが利点

中国自動車道や山陽自動車道を利用。大阪の中国吹田ICから下関ICまでの距離は最短で510km余り。下関や山口市内は高速道路沿いだが、萩へは中国自動車道から分岐する小郡萩道路を経由し、絵堂ICから一般道に入って20kmほど北上。津和野へも中国自動車道の六日市ICや鹿野ICから一般道に入り、35～40kmほど北上する。駅や空港でのレンタカーも検討したい。

●問い合わせ先　**日本道路交通情報センター（山口情報）** ☎050-3369-6635　**NEXCO西日本お客さまセンター** ☎0120-924-863

新幹線でのアクセス

各方面から利用できる王道の交通手段

萩や津和野、山口タウンへ向かう場合は新山口駅で新幹線からバスや在来線に乗り換え。便数は多くないので、うまく乗り継げる新幹線を選びたい。東京・大阪方面から下関へ向かう場合は、料金が少々高くなっても小倉乗り換えが便利。

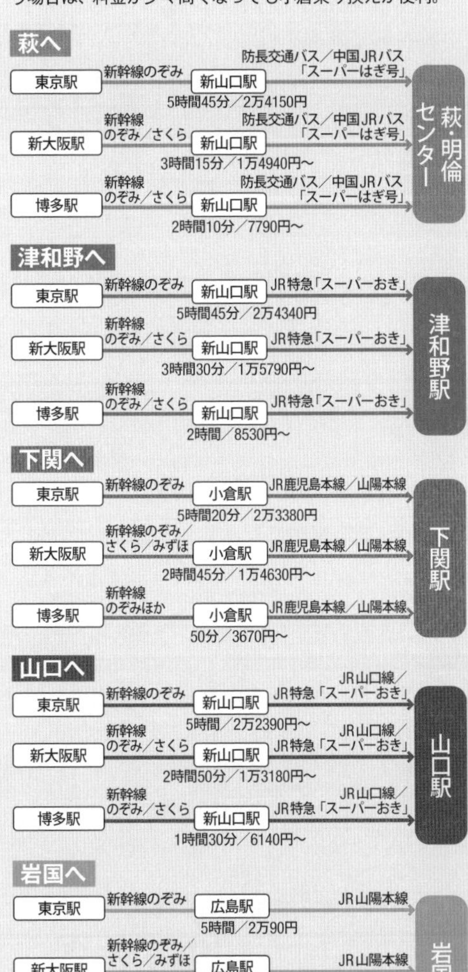

●問い合わせ先
JR西日本 ☎0570-00-2486　JR東海 ☎050-3772-3910

高速バスでのアクセス

交通費を節約したいときに検討したい

東京からはかなり長時間の旅になるが、夜行なので時間は有効活用できる。福岡からは比較的近いので利用しやすい。

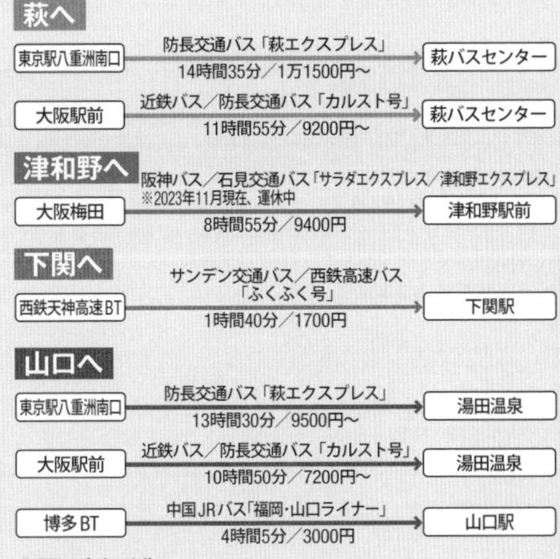

●問い合わせ先
防長交通（高速バス予約センター）☎0834-32-7733
防長交通（萩営業所）☎0838-22-3811
近鉄高速バスセンター ☎0570-001631
阪神バス予約センター ☎06-6411-4111
石見交通予約センター ☎0856-24-0085
サンデン交通（下関駅前案内所）☎083-231-7133
西鉄お客さまセンター ☎050-3616-2150
中国JRバス電話予約センター ☎0570-666-012

お得な割引きっぷ

●レール＆レンタカーきっぷ(JR)
目的のエリアの起点となる駅までの移動はJRを、到着後は駅レンタカーを利用することで、JRの乗車券や特急券が割引になり、レンタカーもお得に利用できる。
JR駅レンタカー www.ekiren.co.jp/

※情報は2023年11月現在のものです。鉄道は通常期に普通車指定席を利用した場合の料金、飛行機は通常期の運賃です。

エリア間をスムーズに動くために知っておきたい

主要区間の移動

高速道路や新幹線などの交通網は山陽側に集中。比べて山陰側は移動手段が限られているので、事前に綿密なプランを立ててから現地に出発したい。

萩～秋吉台

バス **約1時間10分**
東萩駅前～秋芳洞(防長交通バス急行)

車 **約40分／32km**
萩市街～秋芳洞(県道32号、国道262号、県道32・242号経由)

萩～萩往還

バス **約33分**
萩駅前～佐々並(中国JRバス)

車 **約25分／19km**
萩市街～佐々並(県道32号、国道262号経由)

萩～下関

鉄道 **約3時間**
JR萩駅～JR長門市駅(山陰本線※長門市駅で乗り換え)、JR長門市駅～JR下関駅(山陰本線)。またはJR萩駅～JR長門市駅(山陰本線※長門市駅で乗り換え)、JR長門市駅～JR厚狭駅(美祢線)、JR厚狭駅～JR下関駅(山陽本線)で約2時間35分

バス＋鉄道 **約3時間**
東萩駅～新山口駅(防長交通バス※スーパーはぎ号の場合は約1時間15分、萩・明倫センターからは約1時間)、JR新山口駅～JR新下関駅(新幹線こだま)

車 **約1時間25分／88km**
萩市街～下関市街(国道262号、県道32号、小郡萩道路、中国自動車道、県道57号、国道9号経由)

萩～角島

鉄道＋バス **約2時間20分**
JR萩駅～JR滝部駅または特牛駅(山陰本線※長門市駅で乗り換え)、滝部駅または特牛駅～学校横(ブルーライン交通バス)

車 **約1時間10分／57km**
萩市街～角島大橋(国道191号、県道275号経由)

萩～長門・仙崎

鉄道 **約32分**
JR萩駅～JR長門市駅(山陰本線)

車 **約30分／24km**
萩市街～長門市街(国道191号経由)

下関～角島

鉄道＋バス **約2時間30分**
JR下関駅～JR滝部駅または特牛駅(山陰本線 ※小串駅乗り換えの場合あり)、滝部駅または特牛駅～学校横(ブルーライン交通バス)

車 **約1時間10分／51km**
下関市街～角島大橋(国道191号、県道275号経由)

山口～下関

鉄道 **約1時間30分**
JR山口駅～JR新山口駅(山口線)、JR新山口駅～JR新下関駅(新幹線こだま)、JR新下関駅～JR下関駅(山陽本線)

車 **約1時間15分／77km**
山口市街～下関市街(国道9号山口バイパス、中国自動車道、県道57号、国道9号経由)

下関～門司

船 **約5分**
唐戸桟橋～マリンゲートもじ(関門連絡船)

下関～長府

バス **約23分**
下関駅前～城下町長府(サンデン交通バス)

山口～秋吉台

バス **約40分**
新山口駅～秋芳洞(防長交通バス)、または山口駅～秋芳洞(中国JRバス)で約1時間

車 **約40分／26km**
山口市街～秋芳洞(国道435号、県道242号経由)

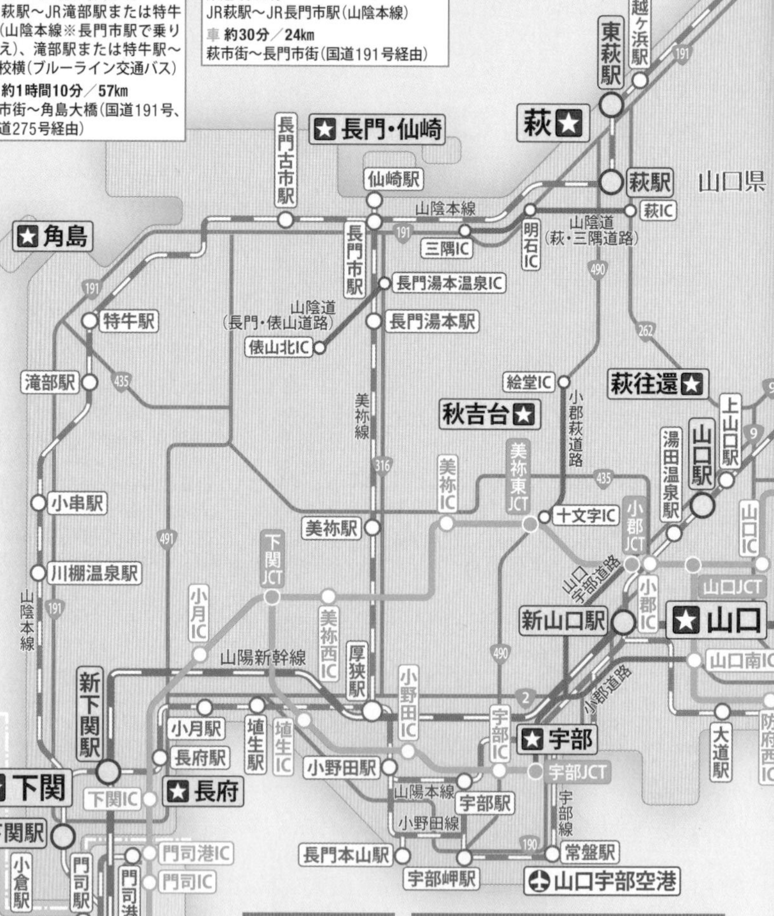

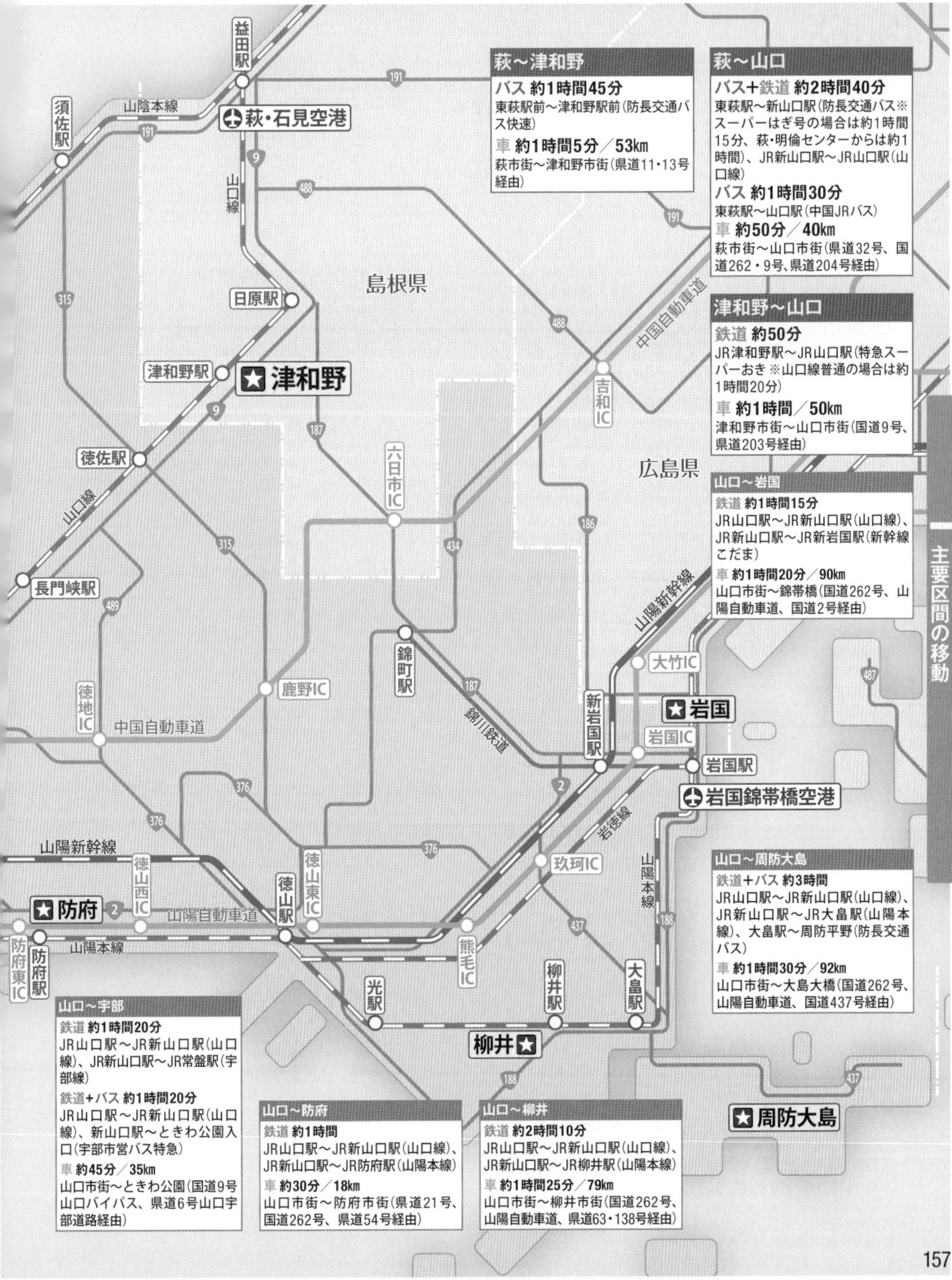

萩～津和野

バス 約1時間45分
東萩駅前～津和野駅前(防長交通バス快速)

車 約1時間5分／53km
萩市街～津和野市街(県道11・13号経由)

萩～山口

バス+鉄道 約2時間40分
東萩駅～新山口駅(防長交通バス※スーパーはぎ号の場合は約1時間15分、萩・明倫センターからは約1時間)、JR新山口駅～JR山口駅(山口線)

バス 約1時間30分
東萩駅～山口駅(中国JRバス)

車 約50分／40km
萩市街～山口市街(県道32号、国道262・9号、県道204号経由)

津和野～山口

鉄道 約50分
JR津和野駅～JR山口駅(特急スーパーおき ※山口線普通の場合は約1時間20分)

車 約1時間／50km
津和野市街～山口市街(国道9号、県道203号経由)

山口～岩国

鉄道 約1時間15分
JR山口駅～JR新山口駅(山口線)、JR新山口駅～JR新岩国駅(新幹線こだま)

車 約1時間20分／90km
山口市街～錦帯橋(国道262号、山陽自動車道、国道2号経由)

山口～周防大島

鉄道+バス 約3時間
JR山口駅～JR新山口駅(山口線)、JR新山口駅～JR大畠駅(山陽本線)、大畠駅～周防平野(防長交通バス)

車 約1時間30分／92km
山口市街～大島大橋(国道262号、山陽自動車道、国道437号経由)

山口～宇部

鉄道 約1時間20分
JR山口駅～JR新山口駅(山口線)、JR新山口駅～JR常盤駅(宇部線)

鉄道+バス 約1時間20分
JR山口駅～JR新山口駅(山口線)、新山口駅～ときわ公園入口(宇部市営バス特急)

車 約45分／35km
山口市街～ときわ公園(国道9号山口バイパス、県道6号山口宇部道路経由)

山口～防府

鉄道 約1時間
JR山口駅～JR新山口駅(山口線)、JR新山口駅～JR防府駅(山陽本線)

車 約30分／18km
山口市街～防府市街(県道21号、国道262号、県道54号経由)

山口～柳井

鉄道 約2時間10分
JR山口駅～JR新山口駅(山口線)、JR新山口駅～JR柳井駅(山陽本線)

車 約1時間25分／79km
山口市街～柳井市街(国道262号、山陽自動車道、県道63・138号経由)

INDEX

萩

遊ぶ・歩く・観る

食べる・買う・泊まる

萩から足をのばして

津和野

遊ぶ・歩く・観る

食べる・買う・泊まる

下関・門司

遊ぶ・歩く・観る

食べる・買う・泊まる

下関・門司から足をのばして

山口

遊ぶ・歩く・観る

食べる・買う・泊まる

山口から足をのばして

STAFF

編集制作 Editors
(株)K&Bパブリッシャーズ

取材・執筆・撮影 Writers & Photographers
ザメディアジョンプレス
(谷田真由美、上総毬椰、高雄翔也)
小野理枝　藤井香織　北尾洋二　中谷奈奈
兼行太一朗　戸田千文　平山佳世子
遠藤優子　本田泉　加藤由佳子　伊勢本ゆかり
竹島良　好川康博　中野一行
兼行太一朗　平山佳世子　好川康博

編集協力 Editors
(株)ジェオ

本文・表紙デザイン Cover & Editorial Design
(株)K&Bパブリッシャーズ

表紙写真 Cover Photo
PIXTA

地図制作 Maps
トラベラ・ドットネット(株)
DIG.Factory

写真協力 Photographs
山口県観光連盟
島根県観光連盟
関係各市町村観光課・観光協会
関係諸施設
PIXTA

総合プロデューサー Total Producer
河村季里

TAC出版担当 Producer
君塚太

TAC出版海外版権担当 Copyright Export
野崎博和

エグゼクティヴ・プロデューサー
Executive Producer
猪野樹

おとな旅 プレミアム
萩・津和野 下関・門司 第4版

2024年3月5日　初版　第1刷発行

著　　者　TAC出版編集部
発 行 者　多 田 敏 男
発 行 所　TAC株式会社　出版事業部
　　　　　(TAC出版)

〒101-8383 東京都千代田区神田三崎町3-2-18
電話　03(5276)9492(営業)
FAX　03(5276)9674
https://shuppan.tac-school.co.jp

印　　刷　株式会社　光邦
製　　本　東京美術紙工協業組合

ISBN978-4-300-10986-1
N.D.C.291

本書に掲載した地図の作成に当たっては,国土地理院発行の数値地図(国土基本情報)電子国土基本図(地図情報),数値地図(国土基本情報)電子国土基本図(地名情報)及び数値地図(国土基本情報20万)を調整しました。